JIAOSHI DE CAOXIN

教师的 操心

余闻婧○著

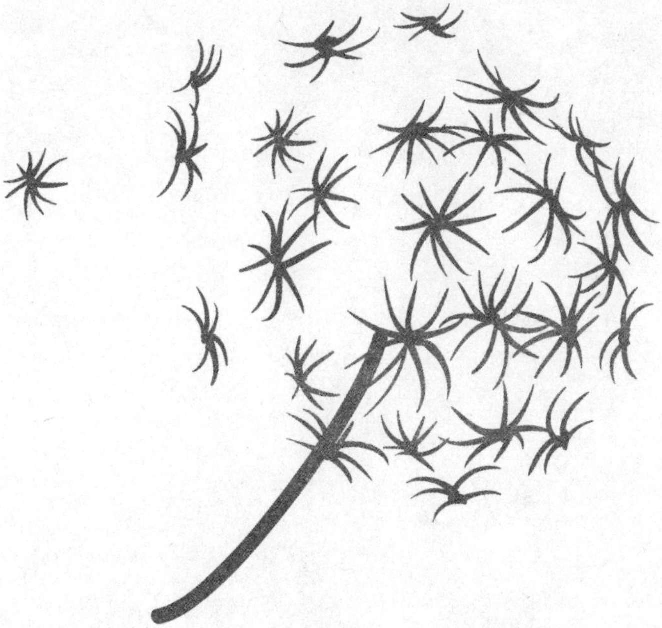

华东师范大学出版社

目 录

第一章　作为研究问题的教师操心

操心是中小学教师在教育生活中的基本生存状态。中小学教师往往将自己为学生用心用意所做的一切都浓缩在"操心"二字中，同时又会不同程度地陷入到"操错心"、"操碎心"、"瞎操心"等困境中。这些困境揭示了教师操心的教育意义被遮蔽。解蔽意义的研究问题是：中小学教师如何操心才能促进学生主动学习。这就需要重新理解教师操心的存在方式，形成教师如何操心才能促进学生主动学习的教育原理，进而揭示教师操心的教育意义是发现与解放。

一、从"中小学教师最操心学生成绩"说起

2011 年 9 月 6 日，上海教育报刊总社《东方教育时报》与复旦大学新闻学院联合发布了"上海中小学教师的幸福感"调查报告。研究结果表明："中小学教师最操心学生成绩。""调查发现，沪上中小学教师中因为担忧学生成绩而寝食难安的人不在少数。学生考试成绩是教师工作压力的最大来源。持这个观点的初中教师和小学教师的比例，分别达到 60.7%和 53.8%，均居于压力源的首位。"①这份报告从压力源的角度，关注到中小学教师因为学生成绩不理想而操心的现象。其实，中小学教师操心学生学习成绩是当前中国教育领域的普遍现象。

(一) 操心的教师在做什么

教师操心学生的学习成绩，对教师而言，是"不知道怎么教才好，抓成绩很难抓得起来"②

① 王蔚. 最幸福：小学教师　最操心：学生成绩[EB/OL]. http://xmwb.news365.com.cn/kjw/201109/t20110906_3129223.htm.(《新民晚报》)

② 刘见闻，郭政. 一位小学教师的操心事[EB/OL]. http://fjrb.fjsen.com/fjrb/html/2011-09/03/content_269503.htm.(《福建日报》)

的压力；对家长而言，是“老师抓得特别紧，生怕孩子的成绩上不去”[①]的额外付出，是“孩子经常带回来老师给她的奖励，大大提高孩子学习兴趣”[②]的良苦用心；对学生而言，是“帮上课不认真的同学补课”[③]的无私帮助；对学校领导而言，是“重在自律，把工作落到实处”[④]的工作主动性。对教师操心的不同理解，既表明了操心对于确认教师存在的重要性，又展现了操心现象本身的复杂性。

1. 和自己建立关联

这些操心的教师将学生学习成绩和自己建立关联。他们绝不会像有些教师那样“该教的我都教了，剩下的就是学生自己的事了”，也很少轻易给学生贴上“智力低下”的标签。在他们看来，学生的学习成绩是可以通过努力提高的，这里的努力一方面是学生自己的努力，另一方面则是教师的努力。在操心的状态中，有的教师努力改变自己的教学方法，有的教师努力监督学生完成学习任务，还有的教师努力督促家长抓紧和管好他们的孩子。不管怎样，这些教师总是用自己的实际行动努力为提高学生学习成绩做着什么。由此，学生学习成绩的高低就与教师自身努力的程度建立起正比例关联。

2. 花了不少时间精力

这些操心的教师愿意花上比课程表上规定的教学时间更多的时间用来提高学生的学习成绩。事实上，这些时间教师本可以用来做其他事情，但他们选择了为提高学生学习成绩做些什么。哪怕是课间时不厌其烦地跟不写作业的学生“磨”，或是放学后坚决彻底地跟作业不过关的学生“熬”，这些教师毫不吝惜地把自己能力范围内最宝贵的东西——时间，给了那些成绩不理想的学生。同时，这些教师还愿意花心思和想办法，愿意为了提高学生学习成绩绞尽脑汁地尝试一些新的做法，甚至愿意一计不成、又生一计地跟不好好学习的学生斗智斗勇，跟不服管教的学生比耐力、比毅力。

3. 提高学生成绩不易

这些操心的教师通常不会操心那些学习成绩一贯很好的少数学生，对那些学习成绩一贯不好的少数学生也是轻度操心。所谓轻度操心是指教师在尝试若干次提高这

---

① 网友. 放心、开心、操心[EB/OL]. http://blog.66wz.com/?uid-197198-action-viewspace-itemid-218011.

② 李睿. 尽量让老师少操心[EB/OL]. http://epaper.sxqnb.com.cn/shtml/sxqnb/20110122/34134.shtml.(《山西青年报》)

③ 方海涛. 江老师，您操碎了心[EB/OL]. http://www.taizhou.com.cn/tzxjz/2011-09/10/content_441924.htm.

④ 茅卫东，李炳亭. 从能做事到会操心——杜郎口中学的管理之道[N]. 中国教师报，2007-12-12(A01).

些学生学习成绩的努力失败后，降低了对这些学生的学习成绩期待，有时只是为了抑制不良影响的扩散而“顺带着留意一下”。相较而言，教师重度操心的是班上大多数学习成绩忽高忽低、反反复复、“一抓就上，一放就下”的学生。提高这些学生的学习成绩非常不易：“这些学生非常喜欢偷懒，学习起来偷工减料，就是有人在旁边盯着、抓着，他们还是会偷懒”；“这些学生不是学不好，就是心思没有用在学习上，上课思想不集中，听不进去”；“这些学生学习不是为自己学，是为父母学、为老师学，完全需要老师和家长双重监管，一点都不自觉”；“这些学生少了点学习基因，书上的‘死’东西抓一抓还行，但一遇到灵活点的就转不过来了”……①

（二）操心的教师在想什么

1. 始于担心学生今后的学习

这些操心的教师都在担心那些学习成绩不理想的学生。这些学生在单元测验、期末考试、学科作业、课堂反馈中表现出学习成绩低于班级平均水平或自身应有水平，由此引起了教师的担心。这种担心并不是为已经发生的成绩不好的事实而担心，而是为尚未发生的今后学习成绩不好的可能性而担心。教师所担心的是：如果照此发展下去，以后的学习成绩会一直不好，或者会更糟糕。为了防止这种可以预见的可能性出现，就必须现在对这些学生做些什么，阻止他们的学习成绩一直不好下去。为此，教师开始展开操心。

2. “为了学生好”的朴素信念

教师担心学生学习成绩可能会存在各种各样的外在原因，比如，教师个人的评优和晋升、学校领导对教师的印象、同行之间的比较、家长和学生对教师的认可度，等等。但是仅仅从外在原因去分析教师的操心，可能会导致两种情形：一是使教师因屈从外在束缚而蒙蔽自己操心的初衷，最终走向功利主义的无意义。另一种是使教师因怀疑操心的价值而扭曲自己操心的初衷，最终放弃操心。这就是归因于外的弊端，也是当前教师发展难以深入的顽疾所在。其实，这些教师操心的初衷并不是什么外在的原因，而是一种“为了学生好”的朴素信念。这一点在不少初任教师的身上得到了印证：“我不是图什么，既然是他们的老师就要帮帮他们，让他们的成绩好起来”；“我不能眼看着他们就这样下去，对他们袖手旁观，我做不到”；“我想这是我应该做的，老师就是

---

① 此处引文出自笔者的研究笔记，是对一些中小学教师的访谈摘录。

应该为自己的学生好”；……[①]

3. 对教师角色的效用判断

“为了学生好”的朴素信念，自然推衍出一种对于教师角色的定位。这些教师操心学生的学习成绩并不是出于一种血缘关系之间的抚养义务或特殊关系之间慎重承诺的“义务的”价值判断；也不是出于职业条例对教师行为的约束和规定的“权利的”价值判断；而是基于教师所作所为对学生福利造成影响的“效用的”价值判断。“效用包括对所有人的一切有利或有害的方面，而不是只涉及行为者对他们有特殊关系或承担特殊义务的人。”[②]效用的价值判断让这些操心的教师获得了对教师角色的朴素理解，那就是：给学生带来好处。而这里的好处就是指，学生的学习成绩能够在教师的作用下得到提高。一方面，这些教师将自己角色的作用定位在提高学生学习成绩上；另一方面，这些教师也在用学生的学习成绩评估着自己的价值。

(三) 操错心、操碎心和瞎操心

1. 困境表现

承载教师操心的根基是求好的，但是这些为了学生好的操心却常常收效甚微，甚至适得其反。这些困境主要表现在：

(1) 操错心

所谓“操错心”是指教师的操心考虑欠妥，自以为是，结果差强人意。例如：“像这种类型的题目，讲了练了，订正了改了，可还是会错，我都不知道要怎么教他们了”；“这和我平时讲过的内容就是变了一点点，他们就不会了，怎么这么不知道变通呢”；“这些学生是‘按了葫芦，起了瓢’，上次文言文阅读问题大，我抓了一阵子，哪晓得这次现代文阅读一塌糊涂”……[③]

(2) 操碎心

所谓“操碎心”是指教师的操心一厢情愿，意气用事，结果痛苦心碎。例如：“你们家长太不像话了，我牺牲自己的休息时间辅导你们孩子学习，你们非但不领情还去校长那里告我”；“你没做作业还理直气壮啊，好啰，我就看看咱们谁拗得过谁啰，我就看看最后是谁倒霉啰”；“真是好歹不分了，罚你抄写是为你好都不知道啊，不听我的，好

---

① 此处引文出自笔者的研究笔记，是对一些中小学教师的访谈摘录。

② (美)托马斯·内格尔. 人的问题[M]. 万以译. 上海：上海译文出版社，2004：151.

③ 此处引文出自笔者的研究笔记，是对一些中小教师的访谈摘录。

嘛，我不管你了”……①

（3）瞎操心

所谓“瞎操心”是指教师的操心盲目跟风，随意行事，结果忙中出乱。例如：“我把我师傅的课复制到我班上，结果学生不但没有一点反应还乱了教学秩序”；“我不是没有抓学生，你看我一天一刻都不得停，我也不知道为什么越忙越乱”；“今天校长说我带班没有新意，明天教务主任说我工作不到位，后天年级组长又说我要管好学生纪律，我是跟都跟不过来”……②

2. 反思困境

从提高教师实践技能、调整教师工作量、加强教师思想道德建设等方面出发，可能会解决上述困境中一些浅表的问题。但是，“不曾首先充分澄清存在的意义并把澄清存在的意义理解为自己的基本任务，那么，无论它具有多么丰富多么紧凑的范畴体系，归根结底它仍然是盲目的，并背离了它最本己的意图”③。由此，在触及操心困境产生的根源和始基处，我们的发问不是“为什么会产生教师操心的困境”，而是“教师操心的教育意义是什么”。

（1）清晰中的模糊

当我们在实践层面追问这些中小学教师操心的教育意义时，会发现一种理所当然的盲目。教师操心是为了学生好，但是，教学生不要撒谎是为了学生好，教学生如何完善地应对检查和考试也是为了学生好；教学生要有甘于奉献的远大理想是为了学生好，让学生明白“书中自有黄金屋，书中自有颜如玉”还是为了学生好。而这些价值对立的教育事件看起来都理所当然。这些理所当然反映了教师基本认识的模糊不清和主导思想的急功近利。与其说是急功近利的浮躁腐蚀了教育意义，不如说是教育意义的模糊让急功近利的浮躁得以着床。当教师操心的教育意义长期被遮蔽时，它所带来的是人性和感觉的蒙昧。当人性和感觉开始蒙昧时，“现代教师的生存状态在总体上是倦怠的、被动的和疏离的”④。

（2）积极中的消极

---

① 此处引文出自笔者的研究笔记，是对一些中小教师的日常观察笔记。

② 此处引文出自笔者的研究笔记，是对一些中小教师的访谈摘录。

③ （德）海德格尔. 存在与时间（修订译本）[M]. 陈嘉映，王庆节译. 北京：生活·读书·新知三联书店，2006：13.

④ 张培. 生命的背离：现代教师的生存状态透视[J]. 教师教育研究，2009，(1)：50—55.

这些操心的教师都希望在自己的积极行动中让学生的学习成绩有所提高。但是，这些积极行动却大多由这些教师个人的意愿和喜好决定，是在一种很少追问依据和道理的情况下展开的。“教师一般教育效能感水平不高；教师教学反思深度和广度略显不足；教师的离职意向水平比较高。”①这些现象正是由教师对自身所处教育现状缺乏合理解释和理解所造成的。此外，当前的教师培训未能为教师提供恰当的帮助，“现在的教师培训主要是讲座的形式，讲他的一些观念，很少考虑我们的实际需要，我们能学到什么”②。由此，教师的操心往往是一种日常经验上的勤勤恳恳、对他人成功经验的模仿和依照以往经验的就范。这些缺乏科学依据和充分理由的随意行动不仅收效甚微，甚至事与愿违，而且在面临行动挫折和失败后也极易陷入缺乏自信的消沉中。

(3) 关注中的忽略

这些操心的教师都将关注点放在学生的学习成绩上。围绕着学生学习成绩不好展开的追因路线图主要从端正学习态度和加强应试能力等方面展开。这些追因看起来似乎符合因果联系，但是却始终无法解决教师操心的症结：学生学习成绩的反复。这些教师在关注学习成绩中忽略了学生自身主动性在学习中至关重要的作用和地位。主动性是人发展的内在本质，毕竟没有人可以替代别人的发展。而学生在学习活动中所呈现的一切特性都是以主动性为出发点、以主动性为核心力量的。离开了主动性，学生就会失去学习活动的始基，就无法将自身能量汇聚起来，就会在与学习活动分离的状态下飘摇迷失。学习成绩的反复易变恰恰是学生学习主动性缺失的表征。

(四) 希望解决的研究问题

中小学教师如何操心才能促进学生主动学习?

操心困境揭示了教师操心意义的被遮蔽。研究问题发端于从这种被遮蔽状态中苏醒过来。“这种苏醒必然被理解为一种对从来未曾被思的东西的回忆。”③尽管中小学教师在操心中存在，但却从未认真思考过操心，甚至用其他一些概念，如反思、关心等，掩盖了操心状态的存在。通过追问教师操心的教育意义是什么，能让教师的操心从未曾被思的回忆中得到苏醒，能在重建回忆中解蔽教师操心的教育意义。“‘是’后

① “全国中小学教师专业发展状况调查”项目组. 中国中小学教师专业发展状况调查与政策分析报告[J]. 教育研究，2011，(3)：3—12.

② 袁桂林. 关注农村教师的生存状态，三大困境待破除[EB/OL]. http://news.xinhuanet.com/edu/2011-09/08/c_121999154.htm.

③ (德)海德格尔. 面向思的事情[M]. 陈小文，孙周兴译. 北京：商务印书馆，1996：35.

面的一切‘什么’都是可以怀疑和排除的，而排除了一切‘什么’以后的‘是本身’则是不可怀疑和无法排除的。因此这个‘是’就是现象学还原的最后剩余物。”①可见，这种对最终前提的追问在于“是”的活动作用，在于以追问“是”的活动揭示出对“什么”的可能性认识。教师操心的教育意义是抽象的，“是本身”只是一种意向行为和追问活动，但是一旦将“是”后面的宾语具体化，那就等于将教师操心的教育意义从抽象转化为具体，这种具体是从无到有的显现。这种显现落实在还原教师操心的存在方式中，因为“一切‘所是’的本质在于其‘是’的方式中，也即在人的生存方式中”。② 由此，本研究问题需要满足两个前提条件：一是指向教师操心的教育意义是什么的发问；二是能够寻问出教师操心活动的分析框架。满足这两个条件的研究问题是：中小学教师如何操心才能促进学生主动学习？

这一研究问题的提出首先指向了教师操心的教育意义是什么，而这个“是什么”被具体化为“促进学生主动学习”。这一具体化是可以揭示教育活动的一切可能性的，因为“教育的最高原理在于激发人的主动性”③。《国家中长期教育改革和发展规划纲要(2010—2020)》的战略主题是：“坚持以人为本、推进素质教育。重点是面向全体学生、促进学生全面发展。”④主动学习不仅界定了教育在促进学生全面发展中“促进”对于“发展”的限度，而且还原了“学生全面发展”中人的发展的始基。同时，这一研究问题的探寻点落在了“如何操心”。“世界所指的与其说是存在者本身，还不如说是存在者之存在的一种如何。”⑤探问“如何”就是在询问这些操心着的中小学教师是如何存在的，这种如何的存在状态是如何规定着他们的整体性，又是如何在分解和分析的基础上获得一种整体的存在。探问“如何”是探求操心有别于任何其他存在状态的依据，是探求教师操心之所以存在的依据，是显现教师操心的展示方式，更是揭示教师操心的教育意义。

本研究力图澄明教师操心的教育意义是：发现与解放，即发现和解放学生，进而发现和解放教师。发现学生在自身发展中的核心地位，最终使学生能够成为他/她自己，成为学习的真正主人。与此同时，教师的发展和学生的发展是紧密联系在一起的，发

---

① 萧诗美. 论“是”的本体意义[J]. 哲学研究，2003，(6)：19—25.

② 俞宣孟. 论生存状态分析的哲学意义[J]. 社会科学，2004，(5)：79—90.

③ (德)第斯多惠. 德国教师培养指南[M]. 袁一安译. 北京：人民教育出版社，1990：22.

④ 中华人民共和国教育部. 国家中长期教育改革和发展规划纲要(2010—2020)[EB/OL]. http://www.gov.cn/jrzg/2010-07/29/content_1667143.htm.

⑤ (德)海德格尔. 路标[M]. 孙周兴译. 北京：商务印书馆，2000：166.

现与解放学生也就是发现与解放教师自身。教师正是在促进学生主动学习的过程中走出操心的困境，实现自身的发展。

二、什么是操心

操心是人应对担心的反应。

（一）操心的主体：人

操心是人存在的基础，操心的主体是人。"'操心'（Sorge）[①]这一术语指的是一种生存论存在的基本现象。"[②]"操心"这一学术概念是由海德格尔正式提出的。海德格尔在追问人在世界之中存在的整体结构时发现了操心，将操心作为人的日常存在状态，论证了操心相对于其他存在现象的奠基性，又将其他存在现象基础性的始基植根在操心源始的整体结构中。然而，发现操心的结构并不是海德格尔的最终目的，只是海德格尔存在论体系的预备性前戏，他的目的在于寻找人存在的意义，而他找到的答案是——时间。但是，追问出的这个答案并不是海德格尔真正感兴趣的，他更在乎的是追问意义的过程，而意义至多是一种导入，引导追问者进入能够帮助理解事物的开放领域。在这条探寻存在意义的路上，"海德格尔得出的最后结论是：存在就是存在本身"。[③] 因此，当我们认识操心时，就需要将操心置于人存在的基础，从时间性上去认识操心存在的结构，而最终探究出操心着的那个"人"，也是海德格尔非常钟情的那个"此在"（Dasein）。

操心展现了人构成自我的时间模式。"操心的规定是：先行于自身的——已经在……中的——作为寓于……的存在。"[④]依据海德格尔对操心进行的这三方面规定，操心存在结构的基本要素是：（1）"先行于自身的"。这里的"先行"是指未来的可能性。人对未来是处于一种开放状态的，这个未来的可能性时刻走在自身之前，并预先设定着自身。（2）"已经在……中的"。这里的"已经"是指过去的事实性。人其实一直都处于由过去的事实构建的存在之中，并早已规定着自身。（3）"寓于……的存在"。这里

① "操心"，在海德格尔的著作中德语为"Sorge"。本研究遵照陈嘉映和王庆节先生译著的《存在与时间》中的翻译，将其他著作中的"Sorge"都统一译为"操心"。

② （德）海德格尔．存在与时间（修订译本）[M]．陈嘉映，王庆节译．北京：生活·读书·新知三联书店，2006：226.

③ （美）施皮格伯格．现象学运动[M]．王炳文，张金言译．北京：商务印书馆，2011：509.

④ （德）海德格尔．存在与时间（修订译本）[M]．陈嘉映，王庆节译．北京：生活·读书·新知三联书店，2006：226.

的“寓于”是指现在的过程性。尽管人的存在有未来的设定和过去的规定，但人不是在仅仅为了充实未来的设定或满足过去的规定中存在，而是在与世界打交道中不断创造自我、超越自我的存在。由此，“时间性的自我构成自我超越的模式就是时间性的本质在绽出的统一性当中发生的一个时间化过程”。① 其中的“绽出”也就是“自身绽开，说的是揭开自身的开展，说的是在如此开展中进入现象，保持并停留于现象中。”②这便是此在的敞开。当操心着的人向自我敞开并对其自身发问时，这种唤醒式的追问就让操心着的人开始真正洞见自我，洞见自我的这个人由此获得了主体性。

人在操心中获得主体性，这种着眼于自我敞开的兴趣类似于哈贝马斯所说的“解放的兴趣”。“解放的兴趣就是人类对自由、独立和主体性的兴趣，其目的就是把主体从依附于对象化的力量中解放出来。”③解放的兴趣强调“交往的条件”，这与海德格尔所说的“去存在”有异曲同工之妙，都表达了主体“Sorge与周围世界的关系，并不能等同于主体与被构造的客体世界的关系，因为与前一种关系相关的是‘存在的被敞开’，而与后一种关系相关的只是‘存在者的被发现’”。④ 这里的“被敞开”指的是存在者的“自身—敞开”是一种类似镜面光学作用的反射。反射和反思的不同在于，反思是存在者通过转身回顾发现自身与世界的关系，在已经被构造的客体世界之中发现自我的存在；反射是存在者直接在与事物的联系之中，在与事物的交往中，在扬弃自我的固定性之前，先将自我从与正在照面的这个事物中抽离出来，以一种“照镜子”的方式在事物的种种反映中认识自己，从这个正在交往着的事物中自行发现自己。只有人才能拥有这种绽开又持留的强力，也只有操心着的人才能在这种反射过程中获得主体性。

（二）操心的缘起：担心

操心缘于担心。海德格尔是由“畏”的现身情态引出此在之在绽露为操心。“寓于畏中的全部内容都可以从形式上列出来：生畏作为现身情态是在世的一种方式；畏之所畏者是被抛的在世；畏之所为而畏者是能在世。”⑤这里的“畏”也就是担心。操心之所以缘于担心，是因为操心是寓于担心存在的：(1)“生畏”。人能够生畏是人作为现身情态的在世方式。畏本身并不由任何具体的东西引发出来，人只要在世界之中存在就

---

① (英)马尔霍尔.海德格尔与《存在与时间》[M].亓校盛译.桂林：广西师范大学出版社，2007：191.

② (德)海德格尔.形而上学导论[M].熊伟，王庆节译.北京：商务印书馆，2005：16.

③ (德)尤尔根·哈贝马斯.认识与兴趣[M].郭官义，李黎译.上海：学林出版社，1999：13.

④ 倪梁康.自识与反思：近现代西方哲学的基本问题[M].北京：商务印书馆，2002：486.

⑤ (德)海德格尔.存在与时间(修订译本)[M].陈嘉映，王庆节译.北京：生活·读书·新知三联书店，2006：221.

会生畏。这种生畏创造了一种整体的可能性，一种把世界作为世界开展出来的可能性，一种在沉沦中领会自身的可能性。(2)“畏之所畏者”。人并不知所畏者究竟是什么，畏是没有具体的对象，是完全不确定的。而这种不确定又从一个确定的方向临近而来，这个确定的方向就是畏本身，就是世界本身，也是人本身。这是因为人是被抛的在世，是沉沦的存在。(3)“畏之所畏而畏者”。人为什么能畏，是因为人能在世。此在的存在就是能在，能在是在未来的可能性和过去的事实性中筹划自身的存在。人将自己作为可能的存在开展出来，并在一种“为了什么”的解释结构中领会自身的存在，这个结构先行于自身存在，并对自身进行实际性规定。

担心是一种准备状态。从海德格尔对畏的三重分析来看，担心和焦虑有着相似性。“焦虑是因为某种价值受到威胁时所引发的不安，而这个价值则被个人视为是他存在的根本。”①担心和焦虑就情境而言是不问对象的，这与恐惧集中注意于对象是不同的；担心和焦虑就效用而言可以视为一种类似本能的自我保护。但是，担心并没有发展到焦虑可能造成的恐怖和伤害，担心类似于焦虑的准备。弗洛伊德曾提出过“焦虑的准备”，“焦虑的准备状态也愈易过渡而成为行动状态，从而整个事件的进行也就愈有利于个体的安全”②。担心是对于可以意识到的不希望发生事情的准备。这是一种期望的准备，一方面这种期望就是为了阻止不希望发生的事情发生，让事态向希望的方向发展，以最终达到放心；另一方面这种期望所带来不是停留在头脑中的空想，而是经过渡转化的行动状态，一种立足改变现状的行动状态，一种努力达到期望的行动状态。正是因为有了这一准备状态，才为操心意义的生成腾出了时间和空间。

操心是一种忧虑(concern)，而不只是关心(care)。“关心最重要的意义在于它的关系性。关心意味着一种关系，它最基本的表现形式是两个人之间的一种连接或接触。”③诺丁斯将操心释义为关心，是伦理学的视角。这一视角凸显了关心当中所蕴含的人与人之间的关系存在，以关心的视角看待人与人之间的关系就形成了同情的纽带。这种关心伦理学能唤起教育领域中的人道主义精神。但是，就操心本身而言，关心一词并不能很好地诠释作为现象存在的操心。这是因为操心具有时间性的本质，这种时间性不仅表现在前文所论述的操心结构分环勾连的时间性，而且表现在操心的

① (美)罗洛·梅. 焦虑的意义[M]. 朱侃如译. 桂林：广西师范大学出版社，2010：172.
② (奥)弗洛伊德. 精神分析引论[M]. 高觉敷译. 北京：商务印书馆，1984：316.
③ (美)诺丁斯. 学会关心：教育的另一种模式[M]. 于天龙译. 北京：教育科学出版社，2011：30.

"向死存在"。"操心的这一结构环节在向死存在中有其最源始的具体化。"[①]向死存在,也就是向着终结存在。这种终结性存在对此在而言是最本己的,也是确定无疑的,但作为存在者本身而言既是不可逾越,又是不确定的可能性。因此,与其说人们所担心的是人终有一死,倒不如说人们是担心在向着一种终结存在、在一种有限性的规定中如何生存。"向死存在,就是先行到这样一种存在者的能在中去:这种存在者的存在方式就是先行自身。"[②]正是因为这种虽然"向死"但是"能在"的存在,因为这种虽然有限但是领会自身的生存,才有了畏的现身情态,才有了寓于畏中的操心。可见,忧虑一词更能展现操心的时间性,更能体现出向着终结存在的有限性对存在者开放的可能。

(三) 操心的表现:应对性反应

操心表现出一种心境。"Sorge的态度不是直接实用的,也不是静观的,而是一种复杂的、茫然的、忧心忡忡的心境。"[③]这种心境的复杂性表现在人们可以在与他人的交往关系中发觉到这种心境的存在,但却很难言表其内涵。难以言表是因为个体极少在自我意识中将操心作为意识的对象加以认识,大多数情况下只是凭借一些零散易逝的踪迹和若隐若现的线索体验这种心境,而这些不完整的体验又往往极易误导个体进入伦理上的关心和事理上的反思,使得这种心境本身长期处于被掩盖状态。同时,操心也是一种既涉及情感,又涉及理智的情理混合体;既是一种理智性情感,又是一种情感性理智。这种情即是理、理又是情的混然状态使得操心往往只是受到原始情感的驱动,一味在做中寻求保护和安慰,以"在做"消解对"做"本身的理解。

操心表现出对世界的应答。操心是对世界本身的应答,因为操心揭示了操心者与世界的关系,展开了世界作为世界存在的方式,显现了操心者的存在。由于操心是"已经在……中"的存在,受其过去事实性的规定,操心对世界的应答非常具有历史文化特性。如果让蒂利希来注解操心,他也许会用"存在的勇气";而如果让徐复观来注解操心,他也许会用"孔子的自觉"。在蒂利希看来,"存在的勇气是人在其中肯定他自己的存在而不顾那些与他的本质性的自我肯定相冲突的生存因素。"[④]勇气和柏拉图的《理想国》中精神化的勇敢相关联,和亚里士多德所赞许的具有不顾性质的牺牲相关联,和

---

① (德)海德格尔.存在与时间(修订译本)[M].陈嘉映,王庆节译.北京:生活·读书·新知三联书店,2006:288.

② (德)海德格尔.存在与时间(修订译本)[M].陈嘉映,王庆节译.北京:生活·读书·新知三联书店,2006:301.

③ 叶秀山.思·史·诗:现象学和存在哲学研究[M].北京:人民出版社,2010:151.

④ (美)蒂利希.存在的勇气[M].成穷,王作虹译.贵阳:贵州人民出版社,2007:2.

托马斯·阿奎那所表述的参与对智慧创造的心灵所具有的力量相关联，和斯宾诺莎提出的为某事物而奋斗的自我肯定相关联，和尼采描绘的自我拥有自己但同时又力图达到自己的生命意志相关联。在徐复观看来，孔子以自觉开辟了一个人格内在世界，“此一世界的开启，须要高度的反省、自觉；而这种反省、自觉，要继之以切实的内的实践、外的实践的工夫，才能在自己的生命中开发出来”。[①] 自觉与周初时期蕴蓄着坚强意志和奋发精神的忧患意识相关联，与春秋时代强调文饰和节制的礼相关联，与孟子为求放心践行以尽心相关联，与《中庸》中戒慎谨慎、深刻省察的慎独和诚则明矣、明则诚矣的诚明相关联。东西方在操心上的差异恰恰反映出东西文化中，“西方化是以意欲向前要求为其根本精神的”，“中国文化是以意欲自为调和、持中为其根本精神的”[②]。也就是说，西方人在应对担心之事时优先考虑的是对外界事物的理智分析，以奋发求解的姿态应对，在追求人的要求不断满足中改变局面；中国人在应对担心之事时优先考虑的是对内界生命的直觉感受，以向内调和的姿态应对，在调和人的要求满足于当前现状中安处自身。本研究界定操心表现出的对世界的应答就是这两者之间的对话：在向内自觉和向外拓求的对话中自然浑融；在涵养更新和伸展个性中全面发展。对话的前提是“自身置入”。“自身置入，既不是一个个性移入另一个个性中，也不是使另一个人受制于我们自己的标准，而总是意味着向一个更高的普遍性的提升。”[③]选择两种文化的适应情境，追求中西文化之间的普遍共通感，是本研究的基本立场。

操心表现出一种应对行为。只有当操心表现出应对行为时，操心才能在担心的准备状态中开发出积极的因素。“应对这个词本身就意味着努力去解决或至少应付一个问题。”[④]可见，操心作为一种应对行为，需要为完成某件事而作出努力。这种努力不是完全由操心者意志所左右，而是更多受到外界环境的影响，因此这种应对必须在与周围世界打交道的过程中进行，而且对环境和他人的认识程度往往会决定操心的质量、目的和样式。当操心作为一种应对行为时，操心处于被意识的状态具有知识性理解和可控性运作，由此操心是可经验、可习得的。此外，将操心作为一种应对性行为，也就是在将操心作为一种试探和排错的活动。“生命就是通过试验在我们的想象中构

---

① 徐复观.中国人性论史[M].上海：华东师范大学出版社，2005：44—45.

② 梁漱溟.东西文化及其哲学[M].北京：商务印书馆，1999：33，63.

③ (德)伽达默尔.诠释学Ⅰ：真理与方法(修订译本)[M].洪汉鼎译.北京：商务印书馆，2010：431.

④ (美)马斯洛.动机与人格(第三版)[M].许金声等译.北京：中国人民大学出版社，2007：82.

思出来的各种可能性来解决问题和作出发现。”①作为应对性行为的操心，就是在通过想象性猜测，对已有经验进行批判，从而发现新的事实，创造新的可能性。

三、如何研究教师操心

（一）寻找研究生长点

教师操心是教师在教育生活中应对担心的反应。针对“教师操心”的研究，国内外较为罕见，在一些关于教师心理、教学关注、师生关系等方面的文献资料中略有提及，几乎没有将“教师操心”作为存在问题进行研究。在教师发展领域，与教师操心相关的研究大致包括三个方面：教师生存状态、教师工作内涵和教师体验意向。通过对这三方面的研究综述可以找寻出本研究的生长点。

1. 生存状态和操心

（1）“后操心”状态

“后操心”状态指教师已经对一些担忧问题作出反应之后所表现出的状态。对这些状态的研究大体有两种思路：A. 平铺式研究。其关注点包括：“身心健康状态、物质生活状态、专业发展状态和精神世界状态”②等生存状态；“经济待遇低下、社会地位不高、工作压力强大、教育权利萎缩”③等生存困境。其落脚点大致归结到“梯度工资、按需设岗、实践导向培训、赋权增能”④等教师管理和政策方面。B. 专题式研究。例如，“中小学教师状态焦虑研究”⑤、“教师职业倦怠的形成机制研究”⑥等。相较于平铺式研究的表象描述、内外归因、寻求对策等平面化研究特点，专题式研究的专题多为一些心理学概念，整个研究多为心理学研究的范式，以找寻心理现象的规律为己任。尽管专题式研究比平铺式研究更加科学化，但仍然只是对现象的表象感兴趣，而对承载现象的本质很少追问。由于缺少对状态背后本质的追问，这类研究只能停留在“后操心”状态，而无法返回追寻真正导入这些问题产生的根源。

（2）“前操心”状态

“前操心”状态指在教师担心之前对教师反应状态的理想化。对这种理想状态的

① （英）波普尔. 客观知识：一个进化论的研究[M]. 舒炜光等译. 上海：上海译文出版社，2005：171.

② 陈丽萍. 中学教师生存状态及改进对策研究[D]. 东北师范大学博士学位论文，2009.

③ 李冲锋. 教师生存困境分析及改进建议[J]. 当代教育科学，2008，(20)：3—6.

④ 常宝宁，崔岐恩. 农村中小学教师生存状态变革：2000～2007[J]. 教育科学，2010，(3)：58—63.

⑤ 王力娟. 中小学教师状态焦虑研究[D]. 西南大学博士学位论文，2008.

⑥ 胡谊. 教师心理学[M]. 北京：中国轻工业出版社，2009：196—204.

研究大致从三方面进行梳理：A. 劳动的特点。“教师劳动具有创造性和灵活性、复杂性和繁重性、长期性和长效性。”① B. 发展的特点。“发展型的教师主要是从自身和社会需要出发，站在超功利的角度，以完善自我、为社会做贡献的立场看待自己的职业。”② C. 生命的特点。“自由自觉的生存是一种理性的生存、创造性的生存、个性化的生存。”③通过这些角度的转变，可以发现该研究领域对教师自身发展的重视，反映出教师主体性的不断确立。但是教师发展的依据何在，对这一问题的回应仍然只是外源性的，将外界对教师角色的要求作为教师发展的主要依据是难以让教师获得自身发展主体地位的。由于缺乏对这些外界直接给予前见的悬搁，这类研究只能止步于“前操心”状态，而无法前进探究真正促使教师发展得以实现的依据。

(3) 研究生长点：从忽视操心到理解操心

在有关教师生存状态的研究中，有“后操心”状态的研究，也有“前操心”状态的研究，却没有“在操心”状态的研究。这是因为当我们关注这些状态的成因、寻求改变对策时，是不需要关注“在”的过程的。然而，本研究关注的是教师操心背后的本质，即教育意义的生成，这就需要用一种理解的姿态对待“在操心”。“谁要寻求理解，谁就必须反过来追问所说的话背后的东西。”④只有抱着理解的态度，才能还原出现象中的真相，才能分辨出现象中的假象；只有采用理解的方式，才能发现现象背后的本质，才能把捉住现象存在的根基；只有持有理解的信条，才能悬置那些阻碍和蒙蔽我们接近现象本身的教条，才能赢获研究的真诚和信任。本研究中“促进学生主动学习”这一意义的确定就是教师操心的前理解，由此进入到一种理解的循环中：当我们遵照“促进学生主动学习”的前理解把握教师操心现象时，就会进行一种类似验证性的活动，在验证中加深理解操心的根基，把握操心的规定性，结构操心者的言行，以此论证将“促进学生主动学习”作为教师操心前理解的合理性，进而揭示教师操心的教育意义。

2. 工作内涵和操心

(1) 任务视角

从任务视角看待教师工作：A. 工作目的。“搞好教学；做好学生的思想工作；关心

---

① 黄菊美. 教师劳动价值的再探讨[C]//李涵生，马立平选编. 教育学文集・教师. 北京：人民教育出版社，1991：35—46.

② 王枬. 智慧型教师的诞生[M]. 北京：教育科学出版社，2006：306.

③ 张传燧，谌安荣. 论教师生存方式及其现代转型[J]. 教师教育研究，2007，(3)：6—11.

④ (德)伽达默尔. 诠释学 I：真理与方法(修订译本)[M]. 洪汉鼎译. 北京：商务印书馆，2010：522.

学生的健康;推动社会的发展。教学是教师最基本的劳动任务。"①"基础知识和基本技能是教学的基本任务。"②B. 工作内容。"教学任务是一个有机的整体,它所包括的各个方面:知识的掌握、能力的获得与思想品德的形成等。"③C. 工作方法。"确定单元或单课的具体的教学目标;对教学目标中的学习结果进行分类;揭示实现教学目标所需要的先行条件;确定与教学目标有关学生的起点状态。"④从这一视角出发,教师操心的对象是"任务"。这有一种类似"制造"的意味,也就是说,教师在操心之前已经有了一种可以物质形态化的蓝图或模型,其实际工作就是在这个模型的引导下塑造工作对象。然而,制造模型、追求效用很可能滑入功利主义无法摆脱的内在困境,即无意义。摆脱这一困境的出路是,放弃对模型的使用和制造转向活动者本身的主观性,由此转向研究视角。

(2) 研究视角

如果说任务视角期望通过外在的规定给教师工作带来可控的边界和内涵,那么研究视角就是期望通过内在的反省给教师工作带来主体的回归和创造。A. 工作目的。"教学作为学习专业。"⑤"教师更积极地参与实践,不仅是研究的消费者,也是研究的批评者和生产者。"⑥B. 工作内容。既包括认知层面的研究:"初任教师关注日常教学的节奏、顺序、演示和内容。"⑦也包括情感层面的研究:"女教师在学校情境中的愤怒。"⑧C. 工作方法。教师工作的方法既包括遵循反思性思维的问题解决法:"实践——反思、实践——研究双维互动、实践反思——同伴互助——专业引领三维立体。"⑨也包括以表达和推理为表征的叙事性描述和探究,在一种整体性的思维框架下,依靠对话和行动将叙事的意义暗示出来:"教师研究逐渐从科学取向转变为叙事取

---

① 陈永明. 现代教师论[M]. 上海:上海教育出版社,1999:143.

② 顾明远. 实用教育学[M]. 北京:北京师范大学出版社,1990:53.

③ 苏春景. 概念与教学任务的关系[J]. 教育理论与实践,1988,(1):64.

④ 吴红耘,皮连生. 任务分析与教师的教学技能成长[J]. 心理科学,2004,(1):66—68.

⑤ Darling-Hammond, L. Sykes, G. (Eds.). Teaching as the learning profession[M]. San Francisco: Jossey Bass. 1999.

⑥ Little, J. W. Teachers' professional development in a climate of educational reform[J]. Educational Evaluation and Policy Analysis , 1993, vol. 15, 129—151.

⑦ PAUL E. ADAMS. GERALD H. KROCKOVER. Concerns and Perceptions of Beginning Secondary Science and Mathematics Teachers [J]. Science Education, 1997, vol. 81, 29—50.

⑧ (美)舒尔茨等. 教育的感情世界[M]. 赵鑫等译. 上海:华东师范大学出版社,2009:240—255.

⑨ 王鉴,李泽林. 教师研究课堂:意义、路径和模式[J]. 教育研究,2008,(9):87—92.

向，从作品走向文本。”[①]从这一视角出发，教师操心的对象是“研究”。这有了一种类似“行动”的意味，也就是说，教师开始以自身的主动性去开创一些新的东西，这种开创着眼于眼前和当下的一些教育实践问题，但是其实际工作并没有任何具有前提意义上的指导，只是依赖和凭借已有的教育习惯和习俗。这无形中将教师卷进了一张由各种不确定因素编织的繁琐杂碎的事务领域网，教师一方面享受着编织中“作为”的乐趣，另一方面遭受着编织中“无尽”的折磨。

(3) 生活视角

从生活视角认识教师的教学工作，源于对教育生活世界的认识。这一视角从一开始就将实现学生个体层面的生活意义作为教师工作的全部意蕴。A. 工作目的。“教育的生活意义体现在：教育本身就是人的生命存在的一种形式，本身就是实现人的价值生命过程的重要环节。”[②]B. 工作内容。“以教师文化为基础来理解专业教育生活，努力构筑一种文化汇流、意义交织、指向总体化的教育生活世界，是重建教师专业教育生活的现实出路。”[③]C. 工作方法。教师工作的方法主要强调伦理和信仰的导向，“伦理的导向是学会创造伦理型文化和在实践中运用伦理知识”[④]。从这一视角出发，教师操心的对象是“生活”。这有一种类似“活着”的意味，也就是说，教学成为了可以不通过物质的介入，直接在人与人之间发生的活动，在强调人的平等性的同时凸显出人的差异，并且将人的差异性存在作为其独特生活意义的体现。由此，教师开始陷入一种由事务的不可预见性和人的不可靠性构成的黑暗之中，这使得教师“脆弱”和“空虚”地活着。

(4) 研究生长点：从由外向内看到由内向外看

从任务视角到研究视角，再到生活视角的演变，反映了研究眼光从由外向内看到由内向外看的转换。由外向内看的特点是将教师工作看作抽象单一的物理世界，教师是外在于这个世界的工程师。担任工程师的好处是与这个世界打交道的方式更加简洁易行，更加实用有效，因为他们所看到的世界本身就是由原子和粒子构成的排列组合，是可以按照既定的程序完成的工序。在这种思维模式下，教师是很难察觉和体验

---

① 姜勇. 作品到文本：论教师研究的叙事转向[J]. 全球教育展望，2005，(12)：25—27.

② 郭元祥，胡修银. 论教育的生活意义和生活的教育意义[J]. 西北师大学报(社会科学版)，2000，(6)：22—28.

③ 折延东，龙宝新. 论教师的专业教育生活重建[J]. 教育研究，2010，(7)：95—98.

④ (加)伊丽莎白·坎普贝尔. 伦理型教师[M]. 王凯等译. 上海：华东师范大学出版社，2010：169.

操心的，因为这样的程序操作是无需担忧什么的，甚至在看到学生所呈现出的不尽如人意的事实后，也会很快被“大家都这样做”的习惯势力所影响，将自己抛进既定的安排中沉沦。与之相对，由内向外看的特点是将教师工作看作具体丰富的精神世界，教师是内在于这个世界的创造者。“让我们现在把这种对于我们的生存状态的无所事事的扩展集中起来，并且集中注意一个关节点；在各种各样的可能性的包围下，我们决心把其中的一种可能性付诸实现。”①由此，本研究中“操心”成为了教师对学生发展发挥作用的诸多可能性中的关节点。由内向外看的“操心”也是进入教师意识循环、展现教师认知图式、扣问教师意志源泉、表达教师情理结构的关节点。

3. 体验意向和操心

(1) 指向效能

指向效能的这类研究将教师应当“如何”的指向放在有效教学上。A. 特征描述。“高效能教师的十大特征”②。B. 知识分解。教师知识的三个领域：“学科内容知识、一般教学知识和教学内容知识。”③教师知识的三种类型：“为实践的知识、在教学中的知识、实践的知识。”④教师知识的转化机制：“解释、表征、适应。”⑤教师知识的构成要素：“主体、问题情境、行动中反思、信念。”⑥从这一指向出发，教师的操心应着眼于“效能”。这类研究将着眼点放在对教师知识的系统分解，为教师发展提供了一些现实可感的抓手。但是，这类研究主要建立在对高效能教师或者优秀教师的特征分析基础上，其基本假设是：通过对一些优秀教师的经验结果进行系统分解，依据部分相加等于整体的逻辑，就能培养出高效能教师。这类研究可能带来的后果是他人成果经验和教师自身的格格不入，以及“听起来不错，可还是用不上”的尴尬。

(2) 指向智慧

指向智慧的这类研究意识到复制别人经验的弊端，“那些关注内容的活动不仅不

---

① (德)狄尔泰. 历史中的意义[M]. 艾彦译. 南京：译林出版社，2011：57.

② (美)麦克伊万. 培养造就高效能教师——高效能教师的十大特征[M]. 胡荣堃等译. 北京：北京师范大学出版社，2007.

③ Elmore, R. F. Bridging the gap between standards and achievement [M]. Washington, DC: Albert Shanker Institute. 2002.

④ Cochran-Smith, M. Lytle, S. Relationships of knowledge and practice: Teacher learning in communities [J]. Review of Research in Education, 1999, vol. 24, 249—306.

⑤ 童莉. 舒尔曼知识转化理论对教师知识发展的启示[J]. 上海教育科研，2008，(3)：10—13.

⑥ 陈向明. 对教师实践性知识构成要素的探讨[J]. 教育研究，2009，(10)：66—73.

能提升教师的知识和技能，而且会对教师实践中的变化产生负面影响”①。这类研究将教师应当“如何”的指向放在教师自身的智能提高上。A. 静态智能。转向节点：“作为反思性实践家的教师比之作为技术熟练者的教师，能够投身于更复杂的情境，与儿童在平等的关系之中，寻求文化含义的建构和拥有高度价值经验的创造。”②构成因素：“教育智慧是教师教育理念、知识学养、情感与价值观、教育机智、教学风格等多方面素质高度个性化的综合体现。”③认知水平：“对教学计划、监控和反思运用高阶执行过程；发展问题的模式并提出有见地的解决方案。”④B. 动态智能。生成框架：“选择特定的问题；分析资料，形成该问题的一般框架；建立各种假设；实施行动计划；形成有效的反思环。”⑤实践策略：“表现为克制；对孩子的体验的理解；尊重孩子的主体性；润物细无声；对情境的自信；临场的天赋。机智通过沉默、眼神、动作、气氛、榜样加以调和。”⑥从这一指向出发，教师的操心应着眼于“智慧”。这类研究较之指向效能的高明之处在于，以“优秀教师如何做到优秀”替代了“优秀教师如何优秀”的研究思路。将研究的着眼点推进到教师意识形成的层面，更容易寻找到教师“如何”的生成结构和机制。但是，这类研究的基本假设仍然放在对优秀教师成功经验的效仿上，只不过这种效仿是对优秀教师思维方式和认知模式的效仿。这类研究可能带来的后果是与自我分离，即使是研究自己，也是在借用别人的眼睛看自己，忽视了自己的表达和理解，忽视了自己的初衷和信念。

（3）指向变革

指向变革的这类研究开始将关注的焦点落实在教师自身，从社会环境的发展变化中寻求教师自身发展的立足点，这类研究将教师“如何”的指向放在如何改变自身以适应环境的需要。A. 变革方向。强调教师对社会意义的反思：“遇到任何问题，第一反

---

① Garet, M. Porter, A.C. Desimone, L. Birman, B. Yoon, K.S. What makes professional development effective? Results from a national sample of teachers [J]. American Educational Research Journal, 2001, vol. 38, 915-945.

② 钟启泉. 教学研究的转型及其课题[J]. 教育研究，2008，(1)：23—29.

③ 田慧生. 时代呼唤教育智慧及智慧型教师[J]. 教育研究，2005，(2)：50—57.

④ Sternberg, R. J. Horvath, J. A. A prototype view of expert teaching [J]. Educational Researcher, 1995, Vol. 24, 9-17.

⑤ 刘岸英. 反思型教师与教师专业发展——对反思发展教师专业功能的思考[J]. 教育科学，2003，(4)：40—42.

⑥ （加）马克斯·范梅南. 教学机智：教育智慧的意蕴[M]. 李树英译. 北京：教育科学出版社，2001：111—245.

应就是这将污染学生的心灵，造成教育危机，从而动摇立国的根本。"[①]B. 变革途径。从教师个体走向教师群体："个体被动；个体主动；群体共同。"[②]教师学习共同体的建立："专业学习共同体在成员内部改造知识和学习；倡导共同探究；利用证据和数据来改进实践；鼓励教师根据地方特点设计教学获取进步；让群体参与继续学习以改进教学。"[③]C. 变革样式。强调教师适应变革中的动态性，教师似乎应成为"意义建构者、教育哲学家、价值守护者、促学者、探究者、桥梁、变革者"。[④] 从这一指向出发，教师的操心应着眼于"变革"。这类研究将教师的适应性和尝试性体验作为关注的焦点，将着眼点放在教师如何变革。尽管有涉及教师对教育意义层面的思考，但更多的是将意义作为教育的附生物，而并不是教育本身的如何呈现。这类研究可能带来的后果是意义被当作标签性内容，与现象本身脱节，远离了现象的本质。

4. 研究生长点：从赋予意义到生成意义

在有关教师体验意向的研究中，指向效能、指向智慧、指向变革的三种取向在教育意义的探寻之路上呈现出从赋予意义到生成意义的研究转向。赋予意义是指，在对现象进行表象描述后，以粘贴标签的形式告知现象的意义何在。然而，"意义的问题，亦即筹划领域的问题，亦即敞开状态的问题，亦即存在之真理的问题"[⑤]。意义是从被遮蔽中以解蔽的方式自现出来的；意义是立身于现象之中，既预先规定着现象，先行导引着现象，又在现象中创生出新意。生成意义是指，以一种微妙敏感的方式进入事实和经验，追问其价值和依据时，在事实和价值、经验和依据之间勾连呈现出意义的流动性结构。由此，本研究就需要首先对体验到的有关"教师操心"的具体表象进行直观把握，并在分析考察的基础上展开分类描述。接着对其中有助于生成教育意义的类型展开结构相似性观察，探寻出其中内在结构的构成因素和运行机制，并对结构的不同变式进行类型化。然后再回过头来看未能生成教育意义的现象，观察它们与本质内容之间的差别寻找转变的突破口。最后对已呈现教育意义的教师操心进行反思，发现教师操心的有限性，让教师摆脱操心的束缚，从而得到真正的解放和发展。

（二）确立研究思路

围绕研究问题，以理解操心为内核、以由内向外看为视角、以生成意义为架构，本

---

① 钱理群. 做教师真难，真好[M]. 上海：华东师范大学出版社，2009：27—31.

② 胡惠闵. 从实践的角度重新解读教师的专业发展[J]. 上海教育科研，2004，(8)：14—16.

③ (美)安迪·哈格里夫斯. 知识社会中的教学[M]. 熊建辉译. 上海：华东师范大学出版社，2007：164.

④ (美)拉里斯等. 动态教师——教育变革的领导者[M]. 侯晶晶译. 北京：北京师范大学出版社，2006：19.

⑤ (德)海德格尔. 路标[M]. 孙周兴译. 北京：商务印书馆，2000：232.

研究思路是：走近操心——走进操心——走出操心。走近操心，解决教师操心的存在根据和存在坐标的问题；走进操心，解决教师操心的内在结构和可能选择的问题；走出操心，解决教师操心的人性追求问题（见图1-1）。这里交织着两条理解路线：

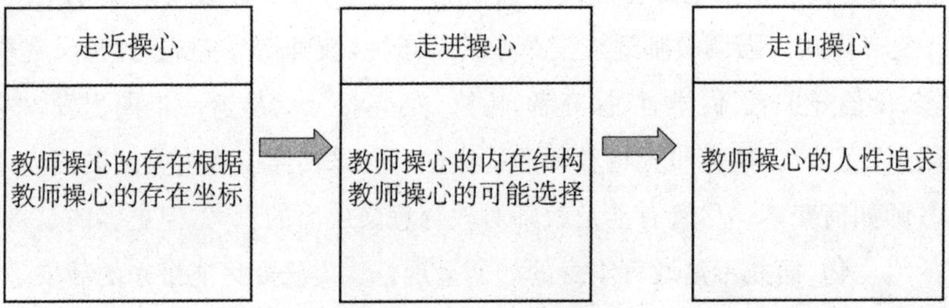

图1-1　本研究路线图

1. 从外在理解到内在理解

外在理解是“把事物看作是一个统一体，并获得关于它对其环境起作用的能力的证据”；内在理解是“按照这一事物的因素以及将这些因素构成这一整个事物的交织的方式，来理解这一事物”。[①] 外在理解是内在理解的前提。本研究的外在理解强调教师操心作为统一体存在的基础和外在规定。内在理解突出能够呈现教育意义的教师操心的构成因素、运作机制、结构类型，以及教师操心通过自身转变得以创生意义的可能选择，再进一步深入到教师操心的人性情理结构，探寻其存在的有限性。

2. 从整体理解到部分理解

“理解的运动经常从整体到部分，再从部分返回到整体。”[②]本研究先从整体理解着手，扣住意义的前提性和基础性，确立认识坐标，为部分理解提供平台。然后进入部分理解，还原教师操心的内在结构，使教师操心的意义得到分解、展开和转化。最后回到整体理解，回归教师操心的人性追求，凝结出教师操心意义的黄金定律。

（三）选择研究方法

本研究需要以整体论的观点分析教师的操心现象；研究者需要在自然情境中关注教师操心的背景；研究者需要获取被研究对象的感受。因此本研究采取日常研究和正式研究相结合的质性研究。日常研究是指研究者在日常交往中，获得有助于本研究的资料。正式研究是指研究者以正式的研究者身份进入到研究场景，对一些中小学教师

① （英）怀特海. 思维方式[M]. 刘放桐译. 北京：商务印书馆，2010：44.
② （德）伽达默尔. 诠释学 I：真理与方法（修订译本）[M]. 洪汉鼎译. 北京：商务印书馆，2010：412.

进行有目的、有计划、有要求的研究，获得直接研究资料。本研究主要选择三种质性研究方法：个案研究、行动研究和叙事研究。

1. 个案研究

(1) 借助心理工具

个案研究是贯穿本研究始终的基本研究方法。“所谓个案研究是指在进行实地研究之前，有个理论命题指引研究所要观察的范围，借着各种资料搜集及分析的方法，对有界限的系统作深入详实的描述、诠释与分析。”①本研究的全部旨趣在于探寻教师操心的教育意义，这是基于真实生活中现时现象的理解。尽管这种理解是由理论命题指引的，但这种指引只是进入现象的一个凭借，对教师操心的理解需要深入详实的描述、诠释和分析。为此，本研究需要借助一些心理工具帮助研究者更好地展开研究。“心理工具是在个人的认识活动以及这些活动所需的符号及社会文化的前提之间架起的桥梁。”②本研究的心理工具包括三类：第一类是在访谈中帮助被访谈者回忆的图片和文字；第二类是在观察中便于研究者实况详录、日记描述、轶事记录、事件取样和时间取样的图表；第三类是在查阅文献时帮助资料编码和分析的标记符号。“当人们运用语言、经验和信息这样的工具时，他们会生成新的认识、图像和问题，而这些会重塑他们使用的工具。”③

(2) 样本选择

本研究将采用“典型个案抽样”的方法抽取样本。“选择研究对象中那些具有一定代表性的个案，目的是了解研究现象的一般情况。”④本研究选择的研究样本应满足以下几个条件：A. 从事中小学语文、数学、英语学科教学。部分样本需要有班主任工作经历或年级组长、教研组长等学校中层管理经历。B. 教龄分布在 0—3 年、4—14 年、15 年以上三个时段。C. 个人性别、年龄不限，但尽量比例均衡。D. 个人学历基础、成长经历不限，可以不局限在一所学校。E. 个人有主动要求参加本研究的意愿，愿意学习，愿意改变。部分样本要有参加区级以上教学竞赛的获奖经历。根据上述条件，本研究确定研究对象的数量为 9 名教师：初中 3 名，小学 6 名，分布在各年段；语文教师 5

① 潘慧玲主编. 教育研究的取径：概念与应用[M]. 上海：华东师范大学出版社，2005：184.

② (以)柯祖林. 心理工具：教育的社会文化研究[M]. 黄佳芬译. 上海：华东师范大学出版社，2007：1.

③ Moje, E. B. Wade, S. E. What case discussions reveal about teacher thinking [J]. Teaching and Teacher Education, 1997, vol. 13, 691 - 712.

④ 陈向明. 质的研究方法与社会科学研究[M]. 北京：教育科学出版社，2000：107.

名、数学和外语教师各2名。

(3) 研究条件

本研究确定的9名个案研究对象和研究者本人之前建立过一些联系。被研究者们都有一个共同的意愿就是希望自己的教育教学越来越好,因此乐意接受研究。校方也希望研究者能参与他们的课题研究、听课评课等教研活动,以推动学校的教学研究。这些都为本研究者进入研究现场提供了便利条件,也为本研究的顺利开展奠定了良好、可靠的研究基础。为了保证研究的顺利进行,研究者在研究之前会告诉被研究者可能持续的时间和开展的各项活动,并郑重承诺不公开被研究者的个人隐私,研究结果均以匿名方式呈现。

2. 行动研究

(1) 合作共赢

行动研究是本研究的重要研究方法之一。“教育行动研究,是教育实践者通过自身的实践进行研究的形式。立足于实践者的反思,由不同的实践者及促进者组成的合作研究。”①行动研究强调被研究者也是研究者,他们既是教育实践工作者,也是与专门研究者一起合作的研究者。这种合作建立在互相帮助、相互需要、互惠互利的基础上。研究者帮助中小学教师发现教育教学中存在的问题,在共同解决问题的过程中获得研究资料。双方在以解决教育教学实际问题为目的的共识中形成共赢体。就本研究而言,行动研究适用于在动态中观察教师的操心过程,以便分析其中的构成因素和运行机制;也适用于在变化中观察教师的操心转变,以便凝炼转变策略和发现转变动力源。

(2) 研究环节

本研究大致按照以下四个环节展开行动研究:“开发一个行动计划来改善已经发生的;行动以实施计划;在行动发生的情境中观察其结果;反思结果,以作为进一步规划的基础和循环的继续。”②需要说明的是:A. 本研究采用的行动研究计划均围绕“促进学生主动学习”展开,均采用一些已得到实践验证的成功教学方略作为行动研究的先行方案,以保证行动的前瞻性和策略性地对待行动中的冒险,以便将研究重心落在教师操心本身。B. 行动实施过程中,研究者观察被研究者操心内容和形式的真实研究任务是隐藏在行动计划背后的。有时因受到一些现实环境的限制,行动计划难以继续

① 陈桂生. 教育学的建构[M]. 上海:华东师范大学出版社,2008:20.

② (澳)马什. 理解课程的关键概念:第3版[M]. 徐佳,吴刚平译. 北京:教育科学出版社,2009:198.

完成时，研究者的关注重点仍然落在教师操心的应变和转移上。“研究者可以把这些变化考虑进去，形成新的看法和理解，并采取新的做法。”①本研究者与情境之间的互动性体现在：对既定研究计划的调整；重新结构具体研究问题；增换行动模式和策略，等等。C. 在行动观察阶段，本研究需要借助语用学的视域帮助深入分析教师在行动研究中展现出的操心经验。“行动是可理解的；行动在社会上是正当合宜的；行动者在行动时有一些特定的主观状态；行动者有一个特定的认同；一些特定事件的客观状态是存在的。”②这五种宣称将语用学的合作原则和得体原则巧妙地融合其中，为行动研究观察提供了一个解读教师操心行动发生、发展、变化过程的分析支架。D. 在反思结果阶段，研究者可以将自己撰写的反思纲要交给被研究者并请他们批评指正。从研究的角度考虑，这样做一方面是为了吸收被研究者的批评建议以便修正研究结果，另一方面在获得修改信息后也可以进一步观察这些被研究者在修改中透露出的真正意图，以便对接下来的研究进行调整。

(3) 行动中生成

行动研究中需要关注教师在行动中的生成，为了便于研究者把握被研究者的生成过程，可以从两类联系入手。“一类是在信息材料之间生成文内联系。另一类是在信息材料与已有知识经验之间生成文外联系。”③也就是说，行动研究中，研究者一方面要引导被研究者不断回归研究的主题，在回顾问题、概括主题、归纳研究路径等形式中把握生成的“文内联系”；另一方面指示被研究者不断重温已有的认识，在隐喻说明、举例比较、自我诊断、重新释义等形式中把握生成的“文外联系”。这种联系的生成是一种唤起。“唤起既不是表现，也不是再现。它通过不在场让人得到了可以被构想但却不能被表现的东西。”④

3. 叙事研究

(1) 融合文化特征

叙事研究也是本研究的重要研究方法之一。“叙事探究强调与人类经验的联系，

---

① (美)舍恩. 反映的实践者：专业工作者如何在行动中思考[M]. 夏林清译. 北京：教育科学出版社，2007：65.

② (美)卡斯皮肯. 教育研究的批判民俗志——理论与实务指南[M]. 郑同僚审订. 上海：华东师范大学出版社，2005：137—139.

③ 陶炳增，孙爱萍. 论威特罗克的生成学习理论的教学含义[J]. 开放教学研究，2004，(6)：61—64.

④ (美)斯蒂芬·A·泰勒. 后现代民族志：从关于神秘事物的记录到神秘的记录[C]//(美)克利福德，马库斯编. 写文化：民族志的诗学与政治学. 高丙中等译. 北京：商务印书馆，2006：163—181.

并以叙事来描述人们的经验、行为以及作为群体和个体的生活方式。”[①]本研究中有关教师操心的情感、意志等方面的内容需要通过叙事研究展现。因为被研究者的这些经验不能完全依靠研究者的观察分析获得，也不能完全在研究者和被研究者之间的互动中构建，需要被研究者个体作为故事的行动者和遭遇者，依靠回忆，通过再现和复述，编织出个人的教育生活故事。这些教育生活故事强调语言、情境对自我建构的重要性，同时注重被研究者的自我一致性和行为连续性。叙事研究让教师在时间和事件的前后关系中，在个体和社会的内外作用中，在文化和生活的积淀影响中，展现教师的情意体验。在我国文化特征中，人际交往往往体现出语言表达的隐晦性。为此，本研究强调叙事视角的贯通流动，以形成整体性思维；借助不同表象的选择，在暗示和联想中让意义蕴含其间。

(2) 叙事方法

根据研究需要，本研究主要采用主题叙述和系统分析相结合的叙事方法。主题叙述主要是以一个主题问题为主旨展现叙事。叙事形式体现以下特点：“叙事要有情节；明确而详细；将事件置于一定的时间和空间的框架内；人的行为和意图是核心内容；反映了事件发生的社会和文化背景。”[②]系统分析是在主题深描之后，借助分析框架对叙事材料进行系统分析，这一系统分析所展现的是问题解决的思路和方法。此外，对于教师操心转变的动力源和教师操心的人性追求等研究，本研究需要在主题叙述中展现出研究材料的经验结构、事物关系、影响因素等内容，所以将采用复调写作的方式。“复调不是一个人的意识，而是互相关联的不同意识、看待生活和世界的不同态度组合起来的。”[③]本研究的复调写作主要体现在对话交流、自我表达、独白注解、景物描写等形式的交错。复调是意识的交织，也是一种默默接受研究对象自行敞开的姿态和等待研究对象自行显现的距离。

(3) 研究策略

由于本研究的内容多为一些教师有意无意封闭、掩盖的内容，叙事研究的原材料以正式或非正式访谈为主。“应该忽略它的确指、命名、指明、显示以及成为意义或真实的这种能力，而是相反地把注意力集中在决定它的特殊和被局限的存在的时刻

---

① 丁钢. 声音与经验：教育叙事探究[M]. 北京：教育科学出版社，2008：9.

② (美)舒尔曼主编. 教师教育中的案例教学法[M]. 郅庭瑾等译. 上海：华东师范大学出版社，2007：21.

③ 邹广胜. 自我与他者：文学的对话理论与中西文论对话研究[M]. 北京：中国社会科学出版社，2009：34.

上。”[①]为了在语言的存在发生处探究语言，在访谈中研究者会采取以下研究策略：A.“指桑说槐”。不少被研究者在谈论自己的事情时总是格外小心。因此，有的研究事例不需要直接指向被研究者本人，可以提供一些类似或相反案例，让他们在对“别人”的案例进行阐述分析时揭露出自己的观点和真实感想。B.“大胆假说”。考虑到有的研究内容对被研究者来说是有心理阴影或不便说出的，可以让被研究者以“如果可以再来一次”或者“要是当初能”的方式重新叙事，以展露出其思想的转变和当初的隐情。C.“寻找台阶”。大多数被研究者在接受研究时都有一种粉饰自己的心态，对一些感到对自己不利的信息是不会轻易说出的，即使不小心说出，也会以某种形式遮掩和修饰。为此，研究者不必刨根问底。不仅不要穷追猛打，而且还要适时为被研究者“找台阶”。既让被研究者畅所欲言，又维护被研究者的自尊心和自信心。D.“意犹未尽”。有时硬要被研究者说出“答案”或“结论”，反而会让研究陷入不知所云的尴尬境地。所以，当觉察到被研究者无法言表时，研究者需要作出以下判断：如果所获得的研究信息已经足以说明问题就应当转移话题；如果研究信息模棱两可先由研究者进行概括再交由被研究者进行判断。有时意犹未尽的研究氛围往往最能显现本真状态。

① (法)福柯. 知识考古学[M]. 谢强，马月译. 北京：生活·读书·新知三联书店，2003：122—123.

第二章 教师操心的存在根据

"根据是同一与差别的统一。"①教师的操心作为介入学生学习的基础，能够转化学生的学习，以此体现出教师操心和促进学生主动学习之间的同一性。同时，教师的操心虽然可以促进学生主动学习，但也有可能阻碍学生主动学习，因而又体现出教师操心和促进学生主动学习的差别性。由此，教师操心的存在根据是：操心是介入学生学习的基础；操心可以转化学生学习；操心可能阻碍主动学习。

一、操心是介入学生学习的基础

介入是教师进入学生学习的关联点。"这种进入是我的生命和其他生命的交错、我的身体和可见物的交错所引起的，是我的知觉场和他人的知觉场的交叉所引起的。"②可见，介入能让教师和学生学习之间建立一种原初的关联，能在摒弃各种前见时观察学生的学习，能在教师和学生学习的境遇交互中理解学生的学习，能以在与他人生命交错、交叉、混合中呈现自我的方式表达存在的意义。因此，操心是教师介入学生学习的基础。基础意味着起点、前提和根本。

(一) 介入的起点

1. 以建立原初关联为起点

教师介入学生学习的起点在于建立一种原初的关联。所谓原初的关联是指，"此世界不是我所思考的，而是我生活其中的"。③ 也就是说，教师是存在于学生学习世界中的教师。教师就存在于学生学习世界中，教师无需通过反思就可意识到这种存在，

① (德)黑格尔. 小逻辑[M]. 贺麟译. 北京：商务印书馆，1980：259.

② (法)梅洛-庞蒂. 可见的与不可见的[M]. 罗国祥译. 北京：商务印书馆，2008：66.

③ (英)哈维·弗格森. 现象学社会学[M]. 刘聪慧等译. 北京：北京大学出版社，2010：86.

因为教师所有的行动都在这个学生的学习世界中，只有在这个世界中教师才能了解自己。那么，学生的学习世界是一个怎样的世界呢？

学习是人与生俱来的本能，是人的主动需要。“人使自己的生命活动本身变成自己意志的和自己意识的对象。”①人在有意识的生命活动中将世界对象化，与此同时，主动地创造一个与自我产生关联的世界。可见，主动性是人的本质。主动学习是人得以生存的条件。“婴儿是非常有能力的生命个体。行动和语言是使蹒跚学步的儿童能够走向独立与自治的基石。”②儿童学会行走和语言是为了满足其衣食住行的基本生存需要，为了适应其日常生活的基本交往需要，所以婴儿期儿童学习的主动性尤为强烈。可是，一旦进入学校教育，学生的学习往往是在教师的预先规定下展开的。这种预先规定的依据是心理学和教学论的一般原理，是成功教师的教学模式，甚至只是教学参考书中的教学建议。而这样做的前提假设是：按照教师说的做就可以学得快、学得好，因为教师比学生更懂该怎样学习。教师期望以一种强制学生服从的方式，让学生听命于他们的教训，受制于他们的安排。他们心目中期待的学生类型是一讲就听、一教就会，甚至严格自律的。但残酷的现实是：教师们往往极少遇见这样听话懂事、勤学聪颖的学生，他们所遇到的大多数学生都是上课交头接耳、下课远离书本、作业马马虎虎、成绩晴雨不定的。难怪一些教师面对这类学生总会发出这样的感叹：“为什么你就不能像某某同学那样听话认真呢？”其实，这类学生也很苦恼：“我为什么要像某某同学那样听话认真呢？”这就导致了与教师介入学生学习相对的一种状态：教师平行于学生的学习。看起来教师是在参与学生的学习，但实际上，漠视他人主动性，自以为是地强行进入学生学习，无法与学生的学习产生内在的关联。

可见，恢复学生学习的主动性是教师与学生学习建立关联的起点，而落实这一起点的关键在于教师凭借自己最初的观察，以切身的体验，感知学生的学习。

2. 操心启动介入

如果教师一直沉浸在自己的预先规定和期望假设中，对外界的变化漠不关心，这是无法真正介入学生学习的，那么教师从什么时候开始出现一种介入的态势呢？“操心作为源始的结构整体性在生存论上先天地处于此在的任何实际‘行为’与‘状况’‘之

① (德)马克思. 1844 年经济学哲学手稿[M]. 中共中央马克思恩格斯列宁斯大林著作编译局编译. 北京：人民出版社，2000：57.

② (美)莫里森. 当今美国儿童早期教育(第八版)[M]. 王全志等译. 北京：北京大学出版社，2004：172.

前’，也就是说，总已经处在它们之中了。”[①]由此，操心是教师介入学生学习的开端。教师的操心启动着教师介入学生的学习。

怎样让学生“在状态”[②]

教师J是文艺学硕士生，一毕业就来到SDF小学担任小学语文教师，工作不到两年。她是学校重点培养的青年教师，也是一位愿意思考教学的教师。她的语文基本功扎实，而且最吸引我的是她对文本的独立解读能力。

随堂听教师J的二年级语文课《我要的是葫芦》，整堂课J老师都在和二年级的学生纠结于“蚜虫、叶子和小葫芦三者之间什么关系”。在J老师看来，“这课的‘关系’教学，教参里提到了，但是没有我这样理解。我关注了课文怎么写，但是对学生积极性的调动不够。怎样调动学生积极性，总觉得学生不在状态。”围绕着J老师的问题“怎样让学生在状态”，以作文课《放风筝》为课例展开行动研究。（见表2-1）

表2-1　让学生在状态

我过去……	但是我意识到……	所以现在我……	因为……
跟着我的教案（我的理解）走。	学生没有学习的积极性，学生的学习不在状态，没有和我产生共鸣。	和学生一起学。《放风筝》就是和学生围绕一句话，以自问自答的扩句方式，由一句话扩展出一段话。	学生写作文经常无话可说，写不下去。我想让学生明白什么内容是可以放进作文里去的。

起初，教师J和学生的学习是平行的，用她的话说“学生不在状态，没有和我产生共鸣”。但是，当教师J意识到“学生不在状态”时，就意味着她开始将自己置身在学生的学习中，体验到自己和学生学习的一种原初关联，进入到一种担心状态，担心学生这样学下去是学不好的、学不长久、学不到东西。当教师观察到学生所反映出的他们本来的学习状态，并对这种状态萌生出一种担心时，教师才开始产生介入的态势。这种担心是源于教师对学生学习自然状态的观察，这种观察比反思更前一步，因为还没有到达由现实状态与理想状态之间差距所构成的问题情境，更谈不上对问

① （德）海德格尔. 存在与时间（修订译本）[M]. 陈嘉映，王庆节译. 北京：生活·读书·新知三联书店，2006：223.

② 原始材料来自对教师J的个案研究和行动研究。

题作出合理的决策并评价这些决策的后果。这种观察只是教师一进入学生学习就产生的一种关于学生如果这样学习下去会怎样的可能性猜测。由此,教师J开始慢慢悬置“我的教案”,在观察学生“作文无话可说,写不下去”中获得对学生原初学习状态的认识,并将操心的着眼点放在“怎样让学生在状态”。而教师J真正开始介入学生学习的转折点在于“和学生一起学”,这是教师在教学作文课《放风筝》时关注的焦点,也是教师操心的展现。这意味着教师承认学生主动学习并将学生的学习与自己建立内在关联,将自己置身于学生的学习中考虑学生的需要,并将这种需要转化为自己的教学行为。看起来教师J在行动中改变的是教学的思路,从“跟着我的教案走”到“怎样让学生学”,但真正发挥启动作用的正是教师对“学生不在状态”的操心。

3. 教师操心的无可替代

启动意味着开始。以往,我们对教师开始进入学生学习的认识是教师在教学前的分析。那么,教学分析能不能替代教师的操心呢?教学分析替代不了教师的操心。一般来说,教学分析大致从三方面展开:教学任务分析、学习者分析和教学情境分析。分析教学任务解决的是:教学中所要实现的知识和技能、过程和方法、情感态度和价值观的三维目标的设定。分析学习者解决的是:学习者在进入教学任务前的起点水平,这可以进一步分解出认知、情感、生理、社会性等方面的特征。分析教学情境解决的是:人力、器材、设备、座位、组织等各种教学现场的支持系统。看起来教学分析是教师教学的开端,但实际上却是形同虚设。很多教师在撰写教案时,“教学目标”照抄教参、“学情分析”可有可无、“教具准备”就米下锅。就其根本在于,这种分析缺乏教师与学生学习之间的原初关联,缺乏对学生学习的切身体验。如果教师只是以布置任务的心态看待教学分析,就不可能在分析学习者的环节摒弃那些关于学习者认知、情感、生理和社会特征的空洞之物,也就不能真正认识到一个会呼吸、有生机的教学情境。可是,一旦教师开始承认学生学习的主动性,将学生的学习还原到一种主动的状态,以自己的切身体验感受学生凭借已知进入学习的种种可能性,那么,这时的教学分析就会呈现出一张动态的教学之网,随时捕捉学生的学习体验,为学生学习提供需要性帮助。而这就需要教师的操心,也只有教师的操心才能启动真正的教学分析。可见,教学分析不仅替代不了教师的操心,而且植根于教师的操心。因为操心使教师与学生学习之间建立的原初性关联是无可替代的。

教师操心的无可替代性也反映出教师“理智的正直诚实”,“因为它创造了义务的意识、清明的头脑和责任感。”[①]当教师以操心介入学生学习时，教师坚持的是忠实于自己，忠实于自己的学习体验，忠实于自己与处境之间的关联，忠实于自己内心的声音和内在的意义。教师始终保持一种谦逊的态度和沉静的头脑，清楚明白地知道自己的所做对学生的意义，并对自己的行为负起责任。

（二）介入的前提

1. 以理解学生学习为前提

教师介入学生学习的前提是理解学生的学习。“介入的意识是在世界内或出现在世界上，在于企图观察、描述被感知的世界，在于指向世界与世界对之显现的主体之间的关系。”[②]可见，理解学生的学习，就是教师将学生的学习世界作为体验的场域，在观察和描述学生学习中洞察到自己与学生学习之间的关联。只有依循对这种关联的理解，教师才得以介入学生学习。

在不少中小学教师看来，进入学生学习就是要采取行动以作用于学生学习。这种行动的前提假设是：学生的学只有在教师教的作用下才能完成，教师教了学生才会，教师不教学生就不会。这就导致了对学生学习的两点误解：第一，误以为学生的学习是一个被动的过程。例如：当那些刚入学的学生欣喜兴奋地翻看刚发下来的新书时，我们的教师是怎么做的？是以教导学生爱惜书本的名义不让学生“乱翻”书本，是告诉学生“这些课文老师以后会一篇一篇教大家的”，是告诫学生“按照老师的要求去做”。教师在担心什么？担心“学生把书本弄坏了”；还是担心“学生把老师上课要讲的东西都事先弄明白了那老师上课还干什么”；或者是担心“学生乱翻乱看不仅学不出什么名堂还会出现很多错误”。[③] 这是在抑制学生学习的主动性，教学生依附于教师的教。尽管如此，学生的主动学习并未真正停止，因为学生的学习只有他们自己才能完成，再有本事的教师永远无法钻进学生的脑子替学生学。第二，误以为学生的学习是从零开始的。“学习一个主题并非是从无知开始，然后进行全新的学习。”[④]教师介入学生的学习并不是在学生的未知世界建设已知，而是帮助学生改造或改组已知世界。而且这种帮助式介入也并不是学生时时处处都需要的。教师在迫不及待地推倒性重建和干预

---

① （德）韦伯. 学术与政治：韦伯的两篇演说[M]. 冯克利译. 北京：生活·读书·新知三联书店，2005：44.

② （美）施皮格伯格. 现象学运动[M]. 王炳文，张金言译. 北京：商务印书馆，2011：735.

③ 此处引文出自笔者的研究笔记，是对一些中小学教师的日常观察和访谈摘录。

④ （美）布兰斯福特编著. 人是如何学习的：大脑、心理、经验及学校[M]. 程可拉等译. 上海：华东师范大学出版社，2002：267.

性阻止学生学习之前敏感一下什么时候给予学生帮助似乎更为重要。有时候，静静地站在一旁关注学生的学习比直接采取行动帮助学生学习更重要。观察式介入往往比行动式介入更能体现教师对学生学习主动性的信任，更有助于学生主动学习。

可见，消除教师对学生学习的误解是教师介入学生学习的前提。因为能否置身于学生学习世界的前提是得到学生的理解，而教师只有首先理解学生的学习才能赢得学生的理解。

2. 操心先决于介入

如果教师一直自以为是地将学生看作是学习上的乞讨者，一直自以为是地将自己的作用凌驾于学生的学习主动性之上，那么教师是无法处于介入状态的。"人的一切行为举止在存在者层次上统统是充满操心的而且是由对某种事情的'投入'所引导的。"[①]操心之所以能成为介入的先决条件，在于操心作为一种投入时刻引导着介入的状态，而这种投入本身就是一种理解学生学习的表现形态。

不再照本宣科[②]

教师R在XZS小学已经工作14年了，之前她一直从事小学音乐教学的工作，长期指导该校学生合唱团和舞蹈队，后来因为一些个人原因她主动要求转岗到小学数学教学工作中来。转岗后的短短三年时间，教师R就获得了全区青年教师数学教学竞赛二等奖。

R：我刚转教数学时家长到校长面前告我"照本宣科"。我不服气，我怎么就照本宣科了？以前带合唱团有个习惯就是录下学生的练唱然后放给学生听，结果学生一听就知道自己错在哪了。当时我就给自己上的课录音，后来回家仔细一听，发现我是照着书上的顺序讲解题型和练习的，书上怎么说我就怎么上。我想这可能就是照本宣科。那我怎么不照本宣科呢？我就想如果我自己来学，怎样学才能学得和书本上不一样？于是第二天我在另一班就换了一种教学方法，一堂课下来，我惊喜地看到：我在教学生想问题，而不是做题目。

以下是研究者根据教师R执教两次《按比例分配应用题》的教学设计、课堂实录和教学反思整理出两种教学方法得以转变的前提。（见表2-2）

---

① （德）海德格尔. 存在与时间（修订译本）[M]. 陈嘉映，王庆节译. 北京：生活·读书·新知三联书店，2006：230.

② 原始材料来自对教师R的个案研究。

表 2-2　两种教学方法

教法一	转变的前提	教法二
1. 出示：白球的个数和黄球的个数之比是 2∶3 让学生说说“看到这个条件，可以想到什么？”	比例的关系很抽象，但如果一说分东西，学生就很容易理解了，这个开场白就要和书本上的联想题不一样。	1. 教师先从口袋中掏出一大把糖，然后和同学们一起数了数，共有 12 颗。让学生帮老师把这些糖分成两堆。
2. 出示：白球和黄球一共 20 只，白球和黄球的个数之比是 1∶3，白球和黄球各有多少个？集体练习，并讲解分析。	反正学生上节课接触过“比”的概念，为什么不让学生自己先说说。	2.“用比来说一说。” 根据学生的回答，教师板书： 1∶5　1∶11　3∶1
3. 出示：如果这个袋中球的总只数不变，除了白球和黄球还有黑球，它们的个数之比是 2∶5∶3，三种球各有多少个？ 集体练习并讲解归纳方法。	第一个班的学生在做应用题时，经常不知道怎样验算自己的答案是否正确，其实验算就是把问题反过来想想。	3.“你们还能说出这 12 颗糖分配成两堆的颗数比吗？” 生 1：还可以按 3∶4、4∶5、6∶5……来分配。 生 2：老师不可以用上面的比分配这堆糖。 师：为什么？ 生 3：因为这样摆放不出来。3＋4＝7、4＋5＝9、6＋5＝11……总份数都不是总颗数的约数。
4. 教师分析比较本类应用题的题目结构特点和解答方法，最后进行配套的练习。	我觉得我已经不要再多讲解题步骤了。	4. 根据黑板上的各比计算出两堆糖的颗数，进而归纳按比例分配应用题的结构特点和解题方法。

教师 R 从教法一转向教法二的关键在于将操心作为介入学生学习的前提。这种操心是教师 R 对数学教学工作的投入。具体来说，这主要体现在教师 R 立足于“不再照本宣科”的操心，以“如果自己学，会怎样学”的经验再现方式指导和支持具体的教学方法。导入新课不再是书本上的题，而是教师以一种类似常识的方式解读数学上的比例关系，并由此转化成让学生分糖果。接着，教师并没有逐个出示书本上的应用题，而是先让学生自己用学过的数学知识说说自己分糖果的结果。再联想到之前学生在这类应用题上出错是因为不会验算，教师 R 提出“反过来想”的教学思维。以让学生尝试出错的方式，将学生可能出现的学习问题在学生主动学习的过程中自然地暴露出来，然后进行纠正。教师 R 的操心是将自己置于学生学习之中的操心，是将自己置换成学习者探究学生会如何学的操心。从操心教学内容怎样贴近学生生活，到操心什么内容是学生学过的，再到操心学生经常在哪里出错。整个操心的过程就是教师 R 对

学生学习的理解过程，也是指引教师怎样转变教学方法的过程，更是教师体验什么是数学教学的过程。用教师 R 的话说，“我在教学生想问题，而不是做题目”。操心在教师介入学生学习的过程中，总是悄悄地跑在教师每一步教学决策的前面，指引着下一步该做些什么；然后又在教师执行教学决策时，给出一些暗示，提示着具体教学行为的线索。

3. 教师操心的无以复制

理解学生学习的实质就是理解学生的学习经验。如果从刺激反应的角度理解学生的学习经验，那么，教师的初级理解就是了解能够引起学生注意和反应的有哪些刺激；教师的中级理解就是预见这些刺激是否能引起学生产生预期的学习反应；教师的高级理解就是置换同类教育经验以引起学生更好的学习反应。这种认识的突出特点是将教师的教育经验和学生的学习经验作为一对刺激和反应关系看待，其前提假设是只要选择可以引起学生反应的教育经验，就能控制学生学习经验的产生。这一认识一直主导着当前中小学的教学，因为这样做一方面简化了教师的教学工作。在教学这个相对保守和传统的领域，并不缺乏成功的教学经验，在学科教学内容更新缓慢的情况下，复制别人的教育经验似乎未尝不可。另一方面分解了教师的教学责任。将教师的教育经验前置于学生的学习经验，意味着这是教学活动的前后接续发生的两个环节，能否呈现清楚教育经验是教师的责任，但是能否对这些教育经验产生良好的反应这就是学生的责任。这样一来，学生由于学习经验的主题化而变得抽象，由于刺激反应的机械化而变得被动。

教师的操心是无可复制的，就是反对将学生作为抽象、被动的人；就是恢复一种“科学的人道主义”。“科学的人道主义所指的人是指一个具体的人，一个在历史背景中的人，一个生活在一定时代的人。”①学生的学习经验是不可复制的，这种不可复制表现在学习境遇的不可复制和学习机能的不可复制。学生的学习境遇是在变化中不断推陈出新的，再好的计划也赶不上变化的速度，教师的操心只有在敏感这种变化发生时发挥作用才能保证教师一直处于介入学生学习的状态。同时，学生的学习机能是先天遗传的，再好的教师也改变不了遗传基因，但这些学习基因密码并不如同人的相貌一样一目了然，这种发现和探索是在教师不断观察学生学习变化中自现的。学生学

① 联合国教科文组织国际教育发展委员会编著. 学会生存：教育世界的今天和明天[M]. 北京：教育科学出版社，1996：185

习经验的不可复制意味着教师在介入学生学习中的操心也是不可复制的。当然，这并不是说教师操心只有在一对一的个别教学中才能实现，而是提醒教师在介入学生学习中所依赖的前提不是仅靠已有的教育经验，而是凭借现场的教学体验。教师的天职在于“明确的工作领域的意义”[①]，操心让教师明白，教师工作的全部意义在于无以复制地创造。

(三) 介入的根本

1. 以呈现自我为根本

教师介入学生学习的根本在于呈现自我。“我是呈现给我自己的。我的自由，我作为我的所有体验的主体具有的基本能力，就是我在世界中的介入。”[②]教师面向学生的学习呈现自己，这一呈现由学生学习的处境形成。因此这种呈现自我其实是在与他人生命交错、交叉、混合中呈现的自我。由此，教师介入学生学习，既是教师对学生的介入，也是学生对教师的介入。

呈现自我不等于自我表演。本研究发现：不少中小学教师非常喜欢自我表演，尤其喜欢在学生面前自我表演。他们在学生面前，喜欢表演出一副“无所不知”的模样。他们喜欢像裁判观看比赛一样看学生的学习，学生在学习的比赛中会有输赢，但是裁判从不会有输赢。他们还喜欢把自己擅长的东西一而再、再而三地在学生面前炫耀，仿佛自己是“超人”。毫无疑问，这样的自我表演有时的确能赢得不少单纯可爱孩子们“崇敬的目光”。这样的教师对学生的伤害并不太大，顶多就是学生的自信心受到些打击，学生的认识能力受到些蒙蔽。其实，真正受伤害的是教师自己。喜欢这类自我表演的教师，往往都有一种极度渴望得到别人尊重甚至追捧的心态。他们围绕着想象中虚假的自己，不断以美化自己的面目出现在学生或众人面前；他们唯恐学生不怕自己、不服自己、不听自己；他们容不得学生对自己的一丝不敬，受不了学生对自己的一分质疑；他们觉得只有这样才能维持教师的权威，才能维护教师的形象。他们无形中给自己修了一座监狱，然后将自己关闭其中，就为了保护自己的自尊心，而甘愿忍受自己对自己的折磨。他们的内心世界是封闭的，更是脆弱的。

呈现自我恰恰是开放自己的内心世界，将自己置身于学生学习之中，以学习者的姿态和学生一同感受这个学习的世界。在这个世界里，教师并不是依靠权威的力量让

---

① (德)韦伯. 新教伦理与资本主义精神[M]. 李修建，张云江译. 北京：中国社会科学出版社，2009：51.

② (法)梅洛—庞蒂. 知觉现象学[M]. 姜志辉译. 北京：商务印书馆，2001：453.

学生顺从自己，而是通过真诚和接纳与学生建立彼此间的信任。权威会随着学生自身能力、实力、权力的增长而逐渐消退其支配作用，然而信任却会随着时间的积攒、积累、积淀而历久弥坚。

2. 操心就是介入

时时处处以自我为中心、热衷于自我表演的教师不仅无法介入学生的学习，也无法介入自己的存在。因为这种故作出来的外表和假象是无法展示自身意义的。“此在的生存结构从本质上包含着一般展开状态。展开状态界定着存在的结构整体；这个结构整体通过操心的现象成为鲜明可见的。”①操心着的教师能在介入学生学习中存在，这是因为教师的展开状态将教师何为教师的本质展示出来了。这种展示自身意义下的出现既包含着教师从自己的最本己的能在方面体验到的自己的存在，又包含着教师寓于学生的学习世界，在与学生打交道中把握到的自己。教师就是在自我和他者的合二为一中呈现出自身的意义。

“时尚”教师②

教师T是SEB中学的科教处主任，一直担任初中语文教学兼任班主任。在17年的教学生涯中，T教师取得的成绩令人称羡：全国优秀教师、全国优秀语文教师、省师德先进个人、全国语文教学一等奖获得者、省市语文学科骨干教师、市中考语文阅卷组组长……

T教师完整地带了5届初中生，这些初中生都非常喜欢他，亲切地称他为“T哥”。当问到“你们的T哥是个什么样的老师”时，这些已毕业和未毕业的学生都纷纷发言：“T哥很时尚，一点都不死板，现在社会上流行什么，他的课上就能出现什么”；“T哥上课形象百变，有时像百家讲坛的学者，有时像娱乐节目的大哥大，有时像访谈节目的主持人，还有时像一个魔术师”；“不管我们班同学数学、英语怎么样，反正我们班语文绝对是一流的”……

T：我应该不是那种传统意义上的好老师，我不会神圣庄严地教学生学知识，也不会正襟危坐地跟学生讲道理，更不会如临大敌地跟学生谈错误。我觉得那样不仅学生看着累，我自己总这么“提着”也很累。我一直就是一个喜欢冒险、喜欢

① (德)海德格尔. 存在与时间(修订译本)[M]. 陈嘉映，王庆节译. 北京：生活·读书·新知三联书店，2006：254.

② 原始材料来自对教师T的个案研究。

探索、喜欢新奇的人，我受不了自己在学生面前总“提着”自己，我也觉得自己没有必要这样。

M[①]：不喜欢在学生面前“提着”自己，是不是可以理解为你在学生面前表达真实的自己。

T：可以这么理解。因为我觉得教师和学生本来就是平等的。这不是我唱什么高调。你想，现在的学生都很早熟，网络媒体这么发达，社会关系这么多样，他们什么没见过。你越拿腔拿调，你在他们眼里就越算不上什么。而且，学生在你身边就是三年，三年以后谁怕谁。所以，我觉得不要自己把自己架得太高了。但是，和学生相处一定要“zhèn”住他们。

M：有些老师谈“镇住”学生，一般是指管住学生，让学生服自己。不知道你指的是不是这个意思？

T：我说的“zhèn”住他们，不是说管住他们，让他们听我的，我的意思是要让他们有“震动”的感觉：原来我们知道的这个老师都知道啊，而且这些东西里面还有学问。一个老师要想真正走进学生的世界，一定要明白学生的世界究竟是一个什么样的世界。他们每天上网，每天接触各类媒体，他们所关注的是什么，他们会被什么而吸引，什么会让他们眼前一亮，什么会让他们会意一笑，什么会让他们屏息凝视，什么会让他们义愤填膺。还有，我是教语文的，语文本来就是学生的生活工具。生活本身就在教学生语文。我的语文怎么对他们的生活有用，他们接触的生活语文世界和我的语文教学世界有什么联系，哪些是可以嫁接的，哪些是可以移植的，哪些是可以曝光的，哪些是可以回避的，哪些是可以筛选的，哪些是可以提炼的，哪些是可以暴晒的，哪些是可以阴干的。

M：这么说来，你的语文教学需要做大量的准备工作了。

T：恰恰相反，我课余的大多数时间都是在做和备课关系不大的事。学生唱什么歌，我听什么歌；学生说什么电影，我看什么电影；学生喜欢什么段子，我搜什么段子；甚至学生推荐什么游戏，我玩什么游戏。我觉得这是我的习惯，不是我的准备。

在教师T看来，“一个老师要想真正走进学生的世界，一定要明白学生的世界究

---

① 全文中的M均指笔者。

竟是一个什么样的世界”。这是教师T能够介入学生学习的重要信念，而这一信念的建立来自于教师T的操心：“我的语文怎么对他们的生活有用，他们接触的生活语文世界和我的语文教学世界有什么联系”。这些一连串的“什么”和“哪些”构建着教师T和学生建立关联的全部线索，但是真正起到决定作用的并不是这些分析综合本身，而是教师T的一种自觉：一种“这是我的习惯，不是我的准备”，将自己一直置身于学生当中的同感理解式自觉；一种“喜欢冒险、喜欢探索、喜欢新奇”，勇于表达真我，愿意与学生赤诚相待的自觉；一种“不要自己把自己架得太高”，时刻用一个学生的眼光审视自己的自觉。这种将自我与他者合二为一的操心是教师的自我呈现，也是教师与学生的共同介入。由此，教师T展示出“对话性他者”①：教师T的操心是教师先于行动和状况之前注视学生主动学习的本真状态，与学生保持适当的距离，维护着学生学习的主动性；教师T的操心是教师在学生的学习中理解学生，有时走在学生前面补充代理，有时走在学生中间搭建支架，有时走在学生旁边为学生牵线搭桥，有时让学生注意到自己，有时隐藏在学生背后；教师T的操心是教师寓于学生的学习，教师和学生都是共同学习的学习者，教师和学生的学习在彼此的关注中交错，在彼此的认知中交叉，在彼此的信任中混合。

3. 教师操心的无法回避

教师之所以称为教师的全部意蕴都在教师介入学生学习中实现，而教师介入学生学习的根本就在于操心。如果教师不操心，那么教师如何先于自身引导着自己的存在，如何在学生的学习中发挥不可替代、无以复制的作用，如何寓于学生的学习与学生共同创生。当然，现实生活中有认为自己不操心的教师。这些教师一般分为两类：一类教师一直在操心，只是他们从来没有意识到自己在操心。他们将那些因担心而引起的应对行为遮蔽在自己的意志、能力、情感之后，殊不知这些全部都是以操心作为始基的，离开了操心这一切都无以立足。所以，这类教师并不是不操心，只是没有意识到自己的操心。另一类教师是不操心的，他们把自己所做的一切都交付给“照章办事”。有没有把这种规定传达下去、布置下去，是他们在意的；至于学生有没有做，做的效果如何，这样做会怎样，这是他们不在意的。他们对学生的共同假设是：学生与自己是无关的。“我不生气不着急，这是别人的孩子，关我什么事”；“我抓得再好家长觉得这是应该的，我要一时不好，家长就横挑鼻子竖挑脸，那我还是省省吧，反正我把我该做的都

① (日)佐藤学. 学习的快乐——走向对话[M]. 钟启泉译. 北京：教育科学出版社，2004：47.

做了";"好学生用不着操心,差学生操心也没用"。[①] 看得出来,这类教师并不是从当教师的第一天起就表现出这种逃避的,他们也曾为学生生气,为学生着急,为学生付出,但是他们在遭受一些挫折和打击后,将所有的问题都归结在自己做了那么多不值得,由此他们开始逃避。逃避是他们的一种排解方式,他们想通过这种方式将自己与学生变得不相干,再用这种不相干来摆脱自己因挫折和打击所受到的伤害,来摆脱自己曾经自觉承担的责任,以为这样就可以保护自己、保全自己。

教师的操心可以回避掉吗?教师的责任可以回避掉吗?不可以。因为"自由是选择的自由,而不是不选择的自由。不选择,实际上就是选择了不选择"[②]。教师在入职之前可以自由选择其他职业,但是既然选择了当教师,教师就成了被选择的存在基础。作为教师,最基本的存在是介入学生的存在。如果以为将自己与学生变得不相干,将自己与学生割裂开来,就可以逃避掉自己的责任,这其实只是一种自欺罢了。因为当我们在选择当教师的那一刻,这一自由的选择就已经让我们在自由面前无可选择,我们已经负起了我们行动的一切责任。那种所谓的"与我无关"实质上正是"与我相关"的另一种表述方式,因为没有联系恰恰就是一种联系。试问这些不操心的教师真的就不操心吗?不,他们在说自己不操心的时候,恰恰表明了他们内心的一种掩饰,一种不安,一种故作镇定。倘若他们真的可以心无丝毫愧意地坦然面对自己的不操心,那说明他们已经另有选择了,教师这一称谓对他们来说形同虚设,他们作为教师已是名存实亡。因此,教师的操心无法回避,因为这是教师的责任。

二、操心可以转化学生学习

教师介入学生学习的本质就是有转化形式的过程。这里存在两种转化:学生的转化和学习活动状态的转化。学生的转化是指"不断从潜在可能向现实发展的转化过程"[③],这种转化关涉人自身能量的交替,是教师无法介入的。教师只能介入学生学习活动状态的转化。具体来说,教师的操心可以调节学习样态、联结学习层级和保留学习运算。

---

① 此处引文出自笔者的研究笔记,是对一些中小学教师的日常观察记录和访谈笔记。

② (法)萨特.存在与虚无[M].陈宣良等译.北京:生活·新知·读书三联书店,2007:584.

③ 叶澜.论影响人发展的诸因素及其与发展主体的动态关系[C]//瞿葆奎主编.教育与人的发展.北京:人民教育出版社,1989:567—591.

(一) 操心调节学习样态

1. 学习样态的转化

学生的学习样态是学生学习的总体精神面貌；是一种生命的趋向，一种发展形式的集束，一种生命冲动的方向。从生命冲动的方向看，“植物般的麻木、本能和智能，这些就是与植物和动物共同生命冲动相一致的元素。它们是一种活动在其发展过程中分裂出来的三个分支方向。”①由此，学生的学习活动可分为三种样态：一是麻木的学习样态。当学生在学习中被动摄入外界刺激，并要求产生机械的动作反应时，表现出目光呆滞、表情痛苦、行动迟缓的精神面貌。他们为了能迎合教师的刺激环境，不得不麻痹自己的神经，让自己处于一种被动机械的无意识接受状态。二是本能的学习样态。当学生在学习中受到一系列指令的指引，并要求产生一连串自动化运动时，表现出目光空洞、表情僵硬、行动迅速的精神面貌。他们随时都在等候教师的一声令下，然后遵照指令自动化地完成各项只与自己颈部以下发生关联的动作任务。三是智能的学习样态。当学生在学习中将着力点放在将知识转变成为行动的工具和自我创造的力量时，表现出目光炯炯、表情生动、行动灵活的精神面貌。他们在有意识地思考外界的一切，对各种变化保持一种敏感性和适应性，他们的学习已经成为一种生命力量。麻木、本能和智能的学习样态反映了三种不同的学习推力。麻木的学习样态是源于迎合的推力；本能的学习样态是源于执行的推力；智能的学习样态是源于需要的推力。不同的推力给定了不同的学习样态。如果教师能够改变推力，那么教师就可以调节学生不同的学习样态。

2. 操心能调节样态

智能学习样态中需要的推力来自教师对学生需要的感受，而这种感受是寓于担心之中的。只有在担心中才能感受学生的需要，才能发现学生学习样态之间的差异，才能基于学习样态形成的推力给予调节。因此，操心能调节学习样态。

我可以让学生成为提问者②

教师S参加工作12年，3年村小，又3年村小，3年县小，到SDF小学已3年。在搭班老师的眼里，教师S是一位很有干劲的小伙子；在同行的眼里，教师S是一

---

① (法)伯格森. 创造进化论[M]. 肖聿译. 南京：译林出版社，2011：132.

② 原始材料来自对教师S的个案研究和行动研究。

位很有悟性的老师；在校领导的眼里，教师S是一位很有思想的年轻人。尽管如此，教师S对自己的教学并没有像旁人看来那么满意，他觉得自己可以做得更好。

教师S谈到，“我觉得自己课堂上太强势了，担心学生不明白教师的意思。我在想是不是有那么一种智慧，就像是无为而治”。能想到“无为而治”这本身就已经开始走出之前对“学生不明白教师意思”的担心，那么，该走向哪里呢？为此，我和教师S展开了行动研究。以下是教师S在行动研究中的认识和体验。（见表2-3）

表2-3 “有为”和“无为”

我看到的	我不想看到的
这是我第三次教《只有一个地球》，但却是我第一次真正观察学生学习时的精神面貌。说实话，他们对这篇说明文并不感兴趣，而且他们整堂课都在跟着我的问题跑。	我不想看到他们这样学，因为他们已经六年级了。马上进入初中，初中语文是不会像我讲得这样细的。如果他们没有了我，那么他们怎样学？
我想改变的	**我改变不了的**
有些学生明明可以通过自己的独立思考想出问题，但是他们就是坐在那里等着别人告诉他们答案。我想改变他们。	我让他们自己自学，让他们先按照学习目标自学，再小组学，最后全班交流。但是，我发现，我改变不了他们的惰性。
我可以做到的	**我做不到的**
我尝试了研究者推荐的“鼓励学生的问题”①。整堂课我做了两件事：一是教学生怎样提出好问题；二是鼓励学生怎样针对理解课文内容提问。那些之前一直在等待的学生也开始动起来了，因为我让他们明白了，答案是等不来的，只有自己给自己提问，自己寻找自己问题的答案。	我可以告诉学生什么是好问题，结合课文内容告诉好问题的标准有些什么，但我不能左右学生提出什么样的具体的问题，这完全靠他们自己。

教师S的操心始于因自己教学太强势而使学生学习缺乏主动性的担心。这里的强势聚焦在教师由于担心学生不明白自己的意思，而独自掌握课堂上的所有发问权和终极解读权。由此，围绕着“我看到的——我不想看到的”；“我想改变的——我改变不了的”；“我可以做到的——我做不到的”的对举，教师S不断地将自己的视线进行具体化的聚焦和范围内的限制。通过操心，教师S开始改变自己的观察视角，由学生不会自主学习具体到学生的学习精神面貌，并对这种样态持续发展的可能后果产生担心，

① （美）沃尔什，萨特斯．优质提问教学法：让每个学生都参与其中［M］．刘彦译．北京：中国轻工业出版社，2009：115.

将改变的目标集中到具体的一部分学生身上。教师在行动中观察到无法改变学生内在的惰性，只能改变学生外在的学习方式，而且这种学习方式还必须首先源于学生自己的需要先行。通过操心，教师S让学生在“自己给自己提问，自己寻找自己问题的答案”中改变了以往麻木的学习样态。

3. 教师操心的调整性

教师操心的调整性体现在：操心能让教师将观察的层面返回到与学生进行教学交往的原初状态，将应然的学生学习状态悬置起来，将质疑的担心点置放在学生学习的本真样态，将操心着的教师处于一种与学生建立交往、共创意义的结构中，并随着教师理解结构本身的平衡状态变化而相应发生调整和变化。具体来说这种调整性包括两方面：其一，当教师的担心方向发生改变时，随之而来的是打破了教师已有教学理解结构的平衡。正如“我可以让学生成为提问者”中体现的，教师凭借操心将以往对学生学习自主的认识逐步调节到对学生成为提问者的认识，不断地在追问和质疑中充实和修缮教学环节。其二，当教师的担心性质发生改变时，随之而来的是教师整个理解结构的重建。由“担心学生学不会”到“担心学生不会学”，这是教师对自己信念和习惯的质疑和改变，这种重构的实质就是担心性质的改变。当然，从回归人主动性的角度看，这一改变所带来的是将教师已有对“担心学生学不会”的教学理解结构进行扩展，并逐渐纳入到“担心学生不会学”的新的教学理解结构当中。教师操心的调整性使得教师拥有一种“返回的步伐”，“在返回步伐中，敞开状态本身作为有待思的东西闪现出来”①。教师在场于学生的学习中，不断通达于学生的学习样态，不断拥有待平衡、待发展的思考空间，不断离开已有的教学理解，去往应合那些有待思考的东西所暗示的道路。

（二）操心联结学习层级

1. 学习层级的转化

皮亚杰区分了人在认识水平上的三个等级：“第一，存在着一般协调作用所共有的特点。第二，存在着行为内容在遗传时的程序化。最后，存在着个体对多种多样的环境的适应。”②由此，我们可以将学生的学习层级分为三级：第一级是学会学习对象。表现为学生在教学活动的顺序、格局、对应、替换的一般协调下顺利地将各种学习内容进行内化，以复述、转述、阐释等表征出内化状况。第二级是学会如何学习。表现为学

① （德）海德格尔. 面向思的事情[M]. 陈小文，孙周兴译. 北京：商务印书馆，1996：36.

② （瑞士）皮亚杰. 发生认识论原理[M]. 王宪钿. 北京：商务印书馆，1981：71—72.

生在学会学习对象之后，能对学习行为进行程序化的还原，以学习程序和学习策略的方式表征出对内在学习过程的自我观察、判断和反应。第三级是学会适应。表现为学生在获得了学习本身的技能之后，能根据环境的需要选择、处理和修改在学习过程中获得的一切。学习的三个层级之间的转化都是建立在低一层级的基础上，对过去力量的转化。"从已获得的现实性向获得之中的现实性的转化，是从现实的到纯粹实在的转化，是直接生效的。"①与其说这是一个不断累积的叠加式层级，不如说是一个不断质疑已有经验、尝试开辟运用知识新环境的超越式层级。学习层级越高，学生的认识活动就越复杂、精细、灵活，学生建立的认知关系就越具条理性、想象性、创造性，学生学习的主动水平就越高、主动能力就越强、主动意识就越明。教师可以为学生建立学习层级之间的联结，让学生能够从低层级学习转化到高层级学习。

2. 操心能联结层级

联结学生的学习层级是一种类似于绵延的过程，在已经表露的学习层级中察觉到具有关联意义的标志性痕迹，同时领会到现在必须"领先"的可能性。也就是说，这种关联既是组成学生学习层级的原初材料之间的关联，也是一种时间意义上的关联。操心在时间中一一接续上学生学习层级中具有关联意义的标志性痕迹，从而使得学生的学习层级得以顺利递进。

让改变发生②

教师Q参加工作已经14年了，一直在XZS小学从事小学语文教学，兼任班主任。和同年龄的教师相比，她没有什么值得夸耀的教学竞赛奖，也没有在学校谋上个一官半职，但她刚刚完整带完的一届毕业班学生和家长在临毕业之际为她举行了一个隆重的毕业庆典暨谢师活动。

在一次课后交流中，教师Q谈到，"课堂上，我的一个问题下去，我知道学生会给我什么回答，学生好像也知道我要什么答案。我心里其实很没有底，因为我真的不知道我究竟给我的学生带来了什么"。为此，我们以建立学生的理解层次为突破口，以"课堂教学六种水平提问"③为研究依据，设计课堂教学提问，展开行

① (英)怀特海. 过程与实在：宇宙论研究[M]. 杨富斌译. 北京：中国城市出版社，2003：391.

② 原始材料来自对教师Q的个案研究和行动研究。

③ (美)鲍里奇. 教师观察力的培养：通向高效率教学之路[M]. 么加利，张新立译. 北京：中国轻工业出版社，2006：303.

动研究。(见表2-4)

表2-4 "冒"的教学提问层级

《荷花》中"白荷花在这些大圆盘之间冒出来"的教学			
教师意图	提问水平	教师提问	学生表现
理解"冒"的字面义。这是学生以前熟悉的提问,也是学生学习的起点。	低级水平——理解领域——让学生解释字面义。	既然大家都觉得这个"冒"字很美,那我们就来好好地体会体会。你们觉得,这个"冒"字还可以换成别的什么字?	学生在换词中变化对"冒"字的解释形式。
分析"冒"的内蕴意。分析联系,互文见义,让学生学会联系"挨挨挤挤"理解"冒"。	高级水平——分析联系——让学生发现词语之间的关联。	你觉得荷花从挨挨挤挤的荷叶之间怎么样地长出来,才可以叫做冒出来?	学生将"冒"和"挨挨挤挤"联系起来理解,以"荷花……地长出来"的句式表达出"冒"的内蕴意。
生成"冒"的扩展文。整合创造,如果学生能自己写出一段关于荷花的描写,就是一种最好的创造。	高级水平——整合创造——让学生围绕关键词想象整合出新的内容。	你就是一朵白荷花,白荷花就是你自己。现在,你最想说些什么?最想做些什么?请写在练习纸上。	学生的思维得到发散,以撰写成文的形式产生出新意。

教师Q的操心始于不知道自己究竟给学生带来什么的担心,在应对担心中着眼于学生理解层次的变化。这一变化具体体现在从理解"冒"的字面义,到分析"冒"的内蕴意,再到生成"冒"的扩展文。这一变化反映出学生理解层级之间的联结。从教师的意图来看,教师的每一步提问设计都体现两个支撑点:一是每一步问题本身的关联性,是不是体现了学生认识水平的提升,是不是前一个问题是后一个问题的前提和基础;二是凭借学生以往的学习,哪一步是学生学习的起点,那么接下来学生的认识水平可以有怎样提升的可能性,理想的状态是怎样的,这样的未来现实性有没有构成与现实关联的基础,又是怎样关联的。看起来,教师Q只是借用一个提问水平的框架重整自己的教学提问,但实际上是教师的操心在将这些体现不同水平的提问关联起来,在关联中将学生的学习层级由第一级学会学习对象向第二级学会如何学习转化。正如Q教师在之后的访谈中指出:"学生在后面课文的学习中都喜欢用这种分析联系、联想创造的方式理解词语。学生真正体会到了学习的用处和乐趣。"

3. 教师操心的传递性

教师操心的传递性体现在:教师的操心是一个意义网络,这个网络的重要作用在于一方面要以统一的意义编整网络，另一方面要将网络中每一个节点处获得的体验返回到意义的整体中。这种网络与节点之间的传递性，使得教师的操心之网不断处于生成变化的状态。“将每一个点上的意义体验与整体相联系，在任何一个位置上所体验到的会通过整个意义网络迅速延伸。”①当教师以操心的姿态介入学生的学习，并期望转化学生的学习层级时，教师的操心意义之网就因为其“先行于自身”的结构有了一个能够统一一切的统整体，那就是立足于学生认识水平的提升。这是教师在接下来一切教学活动中起到灵魂作用的一个要旨。围绕着如何在教学中提升学生的认识水平，教师的操心开始展开这张意义之网。这种意义之网约束着教师的各种考虑和选择，同时又将教师教学交往中各种体验传递给整体意义。这种传递性真正展现了教师和学生的主动要求。“当我们作为自己思维活动的主体和客体筹划未来的行为，我们被过去的经验决定并对未来的经验开放。当我们作为自己思维活动的主体和客体反思我们的行为，我们被过去的世界活动决定并对未来的行动方案开放。”②操心的传递性让教师在自己的思维与行动之间建立了相互作用：教师现在的思维与过去的行动关联，向未来的行动开放；教师现在的行动与过去的思维关联，向未来的思维开放。这种关联性与开放性促使了教师在介入学生学习活动中实现了思维和行动之间的相互作用和相互转化。同样，教师的操心也在指向学生主动性提升的学习层级关联中促成了学生思维和行动的相互作用与转化。

(三) 操心保留学习运算

1. 学习运算的转化

学习运算是指学生在学习中表现出来的思维运动。在皮亚杰看来，学生的学习运算是“一种内化的动作；一种可逆的内化动作；具有守恒性；不是孤立存在的”。③ 这种内隐性的思维特征在不同年龄阶段表现出不同特征。处于儿童中期的中小学生正值具体运算阶段向抽象推理阶段发展的时期，守恒、等级分类、序列、传递推理、空间操作是这一时期儿童可以进行的认知处理。尽管小学生的认知特征是具体运算思维，但是他们的运算中也会表现出形式运算阶段的抽象思维和假设演绎推理的形态；尽管中学生的认知特征是形式运算思维，但是他们的运算中也可以总是依赖具体运算阶段的传

① (德)罗姆巴赫. 作为生活结构的世界——结构存在论的问题与解答[M]. 王俊译. 上海：上海书店出版社，2009：31.

② (德)本纳. 普通教育学[M]. 彭正梅等译. 上海：华东师范大学出版社，2005：66.

③ 施良方. 学习论[M]. 北京：人民教育出版社，2001：176—177.

递推理。归根到底，学生最基本的学习运算其实就是两种：组合和选择。学生学习运算中不同的选择和组合，构成了不同的运算。教师无法直接进入学生的学习运算，但是教师可以通过一种排除和保留的形式，对学生已呈现的学习运算给予抑制和强化，通过削弱一种学习运算进而增强另一种学习运算。“教育不仅仅只是学习的帮手，而且还包括那些其意义旨在帮助受教育者保留所达到的学习结果的社会行动。”①需要教师保留的是学生较高层次的心理素质和支撑这些心理素质得以实现的学习运算。如果教师能对学生主动呈现的学习运算进行相应地排除，就是在促使学生自行选择和组合其他的学习运算，也就是在对学生可能的高级学习运算进行保留。

2. 操心能保留运算

教师要想保留学生的某种学习运算，就需要以排除学生的另一种学习运算的形式出现，否则，保留就无从说起。操心着的教师抑制着自身限制在介入学生学习的在场中，这样才能够让学生的学习运算得以与教师照面，才能够在介入中抑制和削弱某种学习运算以助长和强化另一种合适的学习运算。因此，操心能保留学习运算。

“没做什么”的教师②

教师Z是XZS小学的一年级年级组长，担任小学一年级语文教学，兼任班主任，已工作30年。教师Z刚带完的毕业班上有几位学生多年来都只是上午在学校上课，下午都在外面上各种兴趣班。这个班的家长都很感激教师Z很宽容他们的孩子，让孩子有足够的时间做自己想做的事。

教师Z总是强调：“我其实真的没有做什么，我也没有什么教学经验。我是说真的。因为有时我看到教育杂志上那些教师的提炼和总结，觉得自己真的没什么值得一提的。”那她是相对什么而言说“没做什么”的呢？她的“没做什么”是建立在“做了什么”的基础之上的呢？她为什么能够一直秉持“没做什么”呢？带着这些疑团，我对教师Z展开了个案研究。

小学一年级的识字教学，识字量大，时间密集，学生难掌握，这是让不少语文教师头疼的一件事。教师Z的识字教学是从考查开始的，她告诉学生明天要学习哪些生字，让学生在课本上把这些生字圈出来，再告诉学生明天早读课就会听写

---

① (德)沃尔夫冈·布列钦卡. 教育科学的基本概念：分析、批判和建议[M]. 胡劲松译. 上海：华东师范大学出版社，2001：68.

② 原始材料来自对教师Z的个案研究。

这些生字。别的老师是教学之后再听写巩固,教师Z是先听写再教学。早读课一听写完,教师Z就利用早操和第一节课的时间改出了听写,而且在自己所用教材的生字栏内密密麻麻地作出了很多标记。第二节课一上课,教师Z把听写了的课后生字一个一个写在黑板正中的田字框内,然后让学生拿着自己的听写本,开始讲解。教师Z可以记得哪些学生错了哪个生字的哪一笔画,然后让那些没错的学生说说自己是怎么记住这一笔画的。这下,那些在这个字上没出错的学生可来劲了,什么猜谜语、拆字联想、编故事比较笔画,等等,可谓奇思妙想。就这样,把学生听写时的错字讲完了,学生订正完了,识字教学环节也就结束了。

M:小学一年级,很多老师都比喻为需要教师"抱着学生走"的年级。你怎么看呢?

Z:我不这么认为。我觉得老师如果想要"抱着"学生走,那学生就会让你一直"抱着"。我觉得现在的学生在上一年级以前就已经能力很强了。我甚至觉得我要教的东西,他们都已经学会了,或者他们自己学也能学会。

M:所以,你说自己"没做什么"。你不做,是不是担心做了反而会抑制学生?

Z:我是真的这么想的。我是真的觉得自己没有学生的接受能力强,没有学生的想象能力强,没有学生的模仿能力强。那我要做什么呢?我觉得我只要把他们这些优势让他们都发挥出来就可以了。

M:那你的关注就集中在了怎样发挥他们的优势?

Z:那倒也不完全是。因为学生就像一个宝藏,他们的优势我一下子还真的很难全都发现出来。但我这么多年的教学经验让我很容易发现他们的不足倒是真的。不过纠错应该是学生自己纠错才对。我就是一个告诉他们错在哪里的人。

教师Z的"没做什么"指的是不会将教学内容先自己"消化"一遍以后再教给学生。教师Z担心这样做会抑制学生。但是,没做什么是以"做"为依托的,这才是教师Z真正展开操心的钥匙:"我觉得我只要把他们这些优势让他们都发挥出来就可以了。"这才是教师Z"不教"的真正独特所在,不做什么是为了让学生将自己的学习优势发挥出来。教师Z的操心链条不是学生究竟有哪些优势,而是哪些学生有哪些不足,这些不足在其他学生那里是怎么表现为优势的。这就是操心的保留功能。教师Z着眼于学生学习中的不足、反映出的错误,然后将这些错误明示出来,让其他没有出错的学生展现出自己之所以没有出错的学习运算思维,这时教师Z再将这些学习运算思维凸显出来、表彰出来，让这些支撑不出错的学习运算思维得以保留。至于如何纠正那些错误就是出错学生自己的事情了，教师Z只是在让学生展现学习运算思维时给出排除和保留，或者说是排除中的保留。

3. 教师操心的流动性

教师操心的流动性并不是由高往低地流动，而是在排除与保留、稳定与进化、复制与创造的博弈张力中产生的流动。“在所有的人类活动中我们发现一种基本的两极性。我们可以说它是稳定化和进化之间的一种张力。”[①]教师的操心在排除中保留学生的学习运算，正是致力于发现学生学习过程中稳定性和进化之间的张力，发现学生学习运算中坚持固定不变的倾向和打破僵化格局的倾向。教师在介入于对这两极力量的外在作用中，给予一种阻碍的条件排除学习运算中不良的选择和组合，给予一种促进的条件保留学习运算中适当的选择和组合。在这一排除—保留的过程中，激起了师生之间传统与改革、复制力与创造力之间的张力能量，这一斗争的结果是为了达到促进和阻碍条件之间不断的平衡，本身就让教学处于一种流动当中。教师的操心正是在让学生在积聚、保留学习运算中形成习惯，让学生在重复习惯中排除不适合的学习运算从而得以超越。这既是教学的流动，也是教学的生成。教师的操心不是一劳永逸的劳作，不是固守偏见与习惯的重复，而是始终处于两极力量之间的排除和保留，处于新旧力量之间的交替和生成。“新与旧的交汇不仅仅是一个力的结合，而且是一个再创造，在其中，当下的冲动获得形式和可靠性，而旧的、储存的材料真正复活，通过不得不面对的新情况而获得新的生命和灵魂。”[②]教师操心的实质也是在流动中进行着再创造，创造让生命悦动的教学。

三、操心可能阻碍主动学习

尽管操心可以转化学生学习，但是教师的操心并不能自然促进学生主动学习，相反，教师的操心还可能阻碍学生的主动学习。这是因为教师在教学活动中通常会遭遇三类“不确定”。这些不确定犹如矛与盾的关系，两者之间相互砥砺又相互依存。而教师如何将自己置身于这些不确定性当中，却是教师能否真正促进学生主动学习的关键所在。因为教师的操心之所以未能自然促进学生主动学习的症结就在于看不见这些

---

① (德)卡西尔. 人论[M]. 甘阳译. 上海：上海译文出版社，2004：308.

② (美)杜威. 艺术即经验[M]. 高建平译. 北京：商务印书馆，2005：84.

不确定之中的可能性。

(一) 难以分辨的界域

1. 已知与未知:教学内容的界域

依照课程分析的五种视角——"传统的视角、经验主义的视角、学科结构的视角、行为主义的视角和建构主义的视角"[①],相较于传统视角、学科结构视角和行为主义视角,以"促进学生主动学习"为意义导向的教学应该属于经验主义的视角和建构主义的视角。这就意味着操心着促进学生主动学习的教师一进入教学首先面对的问题就是需要对学生经验进行分辨和选择。例如,从学生已有的经验中分辨出哪些是对建构学科知识有促进作用的经验,哪些是有阻碍作用的经验;哪些是可以作为教学前提的经验,哪些是可以作为教学拓展的经验;哪些是推动深层理解的经验,哪些是转化知识类型的经验。在这种分辨和选择中,教师们开始停顿和迟疑:"看起来教学内容就是课本上列出来的知识点,但是从我的学生的实际情况来看,这些知识点哪些先教、哪些后教;哪些重点教、哪些可以一笔带过,不同的班情况是不一样的";"尽管我知道学生不是无知的,但是在同一个教学内容上,有的学生可能已经提前学了,可有的学生还没有接触过,这让我很为难"。[②]

由此,教师们在分辨学生已知与未知处停顿。这种停顿的根源在于教师对"促进学"和"要求学"的选择。"要求学"的教学起点是非常明确的,这个"要求"当中已事先假定学生对教学内容是未知的,教学内容的编排是从未知到已知的过程,由此教师对这些给定的内容只需要逐一完成即可。与之相对的是"促进学"的教学起点却是不确定的,这个"促进"当中预示着学生的学习是从已知到未知的过程,这样一来教师就需要分辨学生对教学内容的已知与未知,由此寻找出教学的起点。这也正是教师的迟疑所在。在这一停顿处,让教师们迟疑的是什么呢?首先,已知与未知是相对于教材内容而言的。"要求学"是将教材内容等同于教学内容,将知识的学习等同于对知识的记忆和掌握。循着这样的思路教学,先假定学生都是未知的,再逐个知识点教学,直到学生理解和掌握,这是不会让教师迟疑的。"促进学"需要将教材内容转化为教学内容,从学生的已知处开始教学,在净化和清理已知的基础上,将知识的学习不仅停留在将知识作为工具的外在发展,更"追求以知识的鉴赏力、判断力与批判力为标志的内在发展"[③]。

---

① (美)乔治·J·波斯纳. 课程分析(第三版)[M]. 上海:华东师范大学出版社,2007:45.

② 此处引文出自笔者的研究笔记,是对一些中小学教师的访谈摘录。

③ 石中英. 知识转型与教育改革[M]. 北京:教育科学出版社,2001:162.

这样一来，教师就开始迟疑了，迟疑的原因集中在两方面：其一是缺乏学生知识。教师往往只能从感觉和已有经验上判断学生可能知道什么、不知道什么，而不能从学生学习状态的样态、层级和运算上进行精细化处理。其二是缺乏活性知识。大部分中小学教师真正掌握的只是关于如何记忆知识的教学知识，而缺乏如何在知识学习中培养鉴赏力、判断力和批判力的教学知识，甚至不少教师自身就非常缺乏这种对知识的鉴赏力、判断力和批判力。这种学生知识和活性知识的缺乏让教师在感觉到教学内容存在已知与未知界域的时候只能难以分辨、迟疑不决。

2. 为了求全的操心

教学并不会因为教师的迟疑而停滞，毕竟教师还得面对学生，还得展开教学。这样一来，教师们就必须在这种迟疑不决中作出一个决定。

公开课后的补课①

教师H是SDF小学的一名英语教师。英语语言学硕士毕业，这是她步入教学生涯的第三年。教师H很喜欢介绍她各种激发学生学习兴趣的好方法。

一星期后，教师H迎来了她本学期的第一次校内公开课。这是一堂三年级英语课，教学内容是学习彼此见面打招呼的简单问候语。教师H花了两个星期准备各种油画、头饰和图片等教具，以及教学课件。公开课后，我本打算找教师H聊聊，但是教师H说刚借了一节课，得赶紧到刚才那个班去"补课"。教师H先将这堂课要求学生默写的五个单词列在黑板的左边，将要求学生背诵的七个句子(其中一个是书本外的)列在黑板的右边。然后，让学生先自己记10分钟，再在默写本上默写。在默写全对的学生中选出八位组长，一个一个到教师这里来背诵。这八位学生顺利过关以后，再分派到每个小组，让他们检查组员的背诵情况。

M：怎么会想着在公开课以后再补课呢？

H：其实我也是没有办法。现在的公开课总是强调学生的自主学习，老师们看的就是学生们的良好表现，那我只有在形式上出新招，变换着各种方式让学生表现自己。但实际上，真正表现的都是一些英语基础很不错的学生，你不知道，现在家长很重视孩子的英语，我们班很多学生都在外面一些知名的培训班学过英语。可还有一部分学生是没有在外面上培训班的，他们就等着在我的课上学。这

① 原始材料来自对教师H的个案研究。

其实让我很为难。

M:这的确是个问题。班上学生已有的英语水平不一,这给你的教学一定带来了不小的难度。那你是怎么处理的呢?

H:你也看到了,公开课上真正在表现的都是一些学过英语的,他们有基础,根本不用学都会,那就让他们在公开课表现好了,这样既体现了学生的自主学习,又能制造良好的学习氛围。可还有一些学生在公开课上是"坐飞机"的,那我怎么办。我不能不管啊。所以,我只好"补课",把那些要他们掌握的知识点让他们一个一个过关。

教师H原本期望自己的教学能激发学生的学习兴趣,能展现出学生的主动学习,但是,在教学实践中,她感受到来自学生已有英语水平不一造成的困惑。但是,真正让教师H为难的是她的一套教学方式不能同时对这两类学生有效。由此,教师H采取了"求全"的方式,将自己的教学分成两部分,一部分集中在已学过学生的"表现",另一部分集中在未学过学生的"补课"。这种求全式操心背后隐含着一个重要的学生假设就是:担心学生没学到。在教师H看来,自主学习并不是学生学习的常态,而是学生学会后的表现。而教师H真正信赖的是学生对知识的默写、背诵等静态知识的掌握。只有当学生能够默写、背诵要求掌握的知识点以后,学生才能称得上学到了知识。所以,尽管教师H在公开课上让学生尽情展现自己的自主学习,但是课后的补课才透露出教师H的真实想法。这种公开课后的补课,是教师H在面对学生未知和已知难以分辨的境况下作出的应对性回应。这种在已知与未知难以分辨的情况下采取的"求全"之策看起来似乎"内外互补"、"两全其美"了。

3. 操心的分辨之痛

教师在感受到未知与已知的难以分辨之后求全式操心的做法,表明了教师操心的分辨之痛。当教师对自主学习的理解存在偏差,当教师缺乏恰当的学生知识和活性知识时,教师的操心很可能滑向自主学习的另一端——机械学习。在公开课上,学生们的表现并不是学生真正自主学习的表现,充其量不过是学生学习成果的展示和表演,与学生自我调控的主动学习相去甚远。在补课中,由于担心学生没学到就让学生死记硬背知识点,更是以牺牲主动学习为代价换来一些所谓看得见、摸得着的知识点的掌握。这种教学在短期内很难发现其弊端,因为"求全"会掩盖一些事实。长此以往,求全就很难真正求得全面。因为那些已学过的学生在求全的幌子下未能真正在教学中学到什么，而那些未学过的学生也只是临时记住了几个单词和句子。教师越是担心学生学不到什么，学生越是真的没学到什么。导致教师操心之痛的症结在于，教师在面对已知与未知的难以分辨之后，并没有从分辨本身找寻解决的出口，而是在分辨面前采取绕弯子的回避式应对。所谓的求全就是在回避对学生已知与未知本身的分辨，而采用区别对待的方式，绕开了学生已知与未知之间的矛盾。这种回避式应对使得教师在不知不觉中改变了自己的初衷，使得教师的操心发生了变异。

（二）难以把握的间隙

1. 主体与主体：教学过程的间隙

教师在教学中始终处于两种活动的博弈中：一方是教的活动；另一方是学的活动。在教的活动中教师是主体，在学的活动中学生是主体。教师在确证其主体性时，学生是作为客体存在的，是教师能动意识支配下的客体；学生在确证其主体性时，教师是作为客体存在的，学生是在努力摆脱教师意志强加中确证自身主体性的。教师作为操心的主体，期望能通过自己的行为介入和干预学生学的活动，以防止担心的情况发生。学生作为学习的主体，在教师不断释放学习权利给学生的同时也表现出与教师介入和干预的不符、不适和不合。这种不符、不适和不合，就是教学过程中教师主体与学生主体相互博弈产生的间隙。由此，教师开始遭遇一种尴尬局面："现在强调以学定教，结果我的课堂有时就会被学生打乱计划，有时一个原本按计划走可以一下子就解决的问题，计划一打乱就要绕一个很大的弯子"；"如果学生真的能自己学，那要我们老师干什么，问题就是学生自己能自主学吗，能自觉学吗"。①

教师感受到尴尬的焦点在于教师对自身指导意义的把握。学生必须主动地学习，是因为教师无法代替学生去学习，但并不表示学生的学习可以完全离开教师的指导。学生的学习活动需要教师的指导，这一指导作用确认着教师存在的意义，同时也赋予教师确证教学活动中主体性的依据。但是，"'指导'是一个比较中性的词。指导表达一种基本的功能，这一功能的一个极端变为方向性的帮助，另一个极端变为支配"②。一方面，教师的指导蕴含着理性的计划行为。为了防止学生的主动学习误入一种无目的的分散状态，教师的指导可以指引着学生的主动趋势朝着凝聚某种文化理解的方向发展。另一方面，这种计划也将学生的发展限制在了一个可控制的范围内，教师可以

① 此处引文出自笔者的研究笔记，是对一些中小学教师的访谈摘录。
② （美）杜威．民主主义与教育[M]．王承绪译．北京：人民教育出版社，1990：30.

支配学生掌握知识和发挥能力的范围和程度。由此,教师的计划意识愈加强烈,学生的理解、自由和人性就愈加受限。可见,教师的尴尬就表现在对指导尺度的难以把握:其一,理性计划中不确定性的难以把握。“这种不确定性包括,具体教学决策的影响,承担风险的意愿,以及积极参与学生学习过程的各种方式。”①其二,学生发展中不可计划力量的难以把握。这种不可计划的力量不仅来自学生的生理心理机能和发展顺序等心理圈,而且来自学生个体与社会相互作用的社会圈和精神圈。这种人的发展的自由度和人能够达到的境界在本质上是不可计划的,也是难以把握的。

2. 为了求稳的操心

如果教师无视学生的主动学习,坚信自己的控制力量,那么这类教师是不会察觉到教学过程中教师的教和学生的学之间是存在间隙的。只有当教师操心着学生的主动学习,又必须以一种确定的姿态进入教学时,这种难以把握才显露出来。

不让学生停下来②

教师D已经是一位教龄26年的老教师,现在是SEB中学的英语教研组副组长。她任教两个班的英语成绩不仅在全年级数一数二,而且在全市的排名也是遥遥领先;她指导学生参加各级各类英语竞赛都能获得非常优异的比赛成绩,为学校争得了不少荣誉。

M:D老师,大家都说您抓学生特别有一套,而且您带出来的学生取得的丰硕成绩也是有目共睹。不知道您是不是有什么诀窍啊?

D:诀窍,如果说我有什么诀窍,那就是不让学生停下来。大多数学生学习是喜欢偷懒的。这是人的天性。但是,学生如果在学习问题上偷懒,那就是自毁前程。所以,我就得想办法让他们偷不了懒。这个办法就是让学生停不下来。我说的停不下来,就是让学生的脑子停不下来,让学生一下懒都偷不成。别的老师都是老师比学生忙,结果学生的事情老师代办了,我就是让学生自己的事情自己做,自己做不了的也让他们自己想办法自己学会。有的人不相信学生会自主学习,我的观点是学生一定要自主学习。

M:学生自主,那教师干什么呢?

---

① Arlin, P. K. The wise teacher: A developmental model of teaching [J]. Theory into Practice, 1999, vol. 38, 12 - 17.

② 原始材料来自对教师D的个案研究。

D:我的教学就是给学生布置一个个学习任务，然后一个压一个地看着学生完成。我布置的学习任务可以说是我多年教学经验的总结。毫不夸张地说，每个知识点，按照我布置的学习任务一个一个做下去，可以让学生少出错、少走弯路。

M:能具体说说您的学习任务是怎么形成的吗?

D:首先，我会参加历年中考的阅卷，我很清楚下一年中考的命题趋势。所以，我的教学有超前性。我不会书上有什么，我教什么，我都是以中考为导向。中考关注的一些知识点，哪怕是出现在初一，我也会让学生有一个前瞻性的视野，让学生知道这个知识点在中考题目中会以什么样的题型出现，甚至给初一的学生出中考题，让他们提前练习。

M:不知道这在您的课堂教学中是怎样体现的呢?

D:比如教“动词不定式”，课文中的动词不定式有哪些，这个知识点会出现在哪些考试题型当中，每种题型的解题要点是怎样的。然后，就让学生自己学课文:第一步，学生上课前一天回家预习今天上课的内容，完成课后练习;第二步，一上课，给学生自学8分钟的时间，我发一张和课后练习一模一样的试卷，让学生10分钟内完成，然后同学互评互改;第三步，让学生自学文中的几句含有动词不定式的句子，并告诉学生我将要考什么;第四步，以“动词不定式”为考点，当堂完成我编写的测试卷，让学生10分钟内完成，然后同学互评互改。

教师D是一位操心着学生自主学习的老师，她的“让学生停不下来”，体现出了学生在一个学习任务的完成中所拥有的主动性，因为这个学习任务必须学生自己去完成，而且这个完成工作不是教师教会的，而是学生自己想办法学会的。教师D的操心缘于她不希望学生学习走弯路。所以以中考考点为线索，为学生精心计划了一条通向中考高分的学习之路，操心的着眼点就是学生如何在中考中取胜，如何先人一步地提前掌握各种考点。同时，在教师D看来偷懒是学生学习的“头号大敌”，只有战胜偷懒，学习才能取得优异的成绩，所以以抑制偷懒为线索，封锁学生一切偷懒之机。在这套机制下，学生只有进入到教师事先安排好的学习通道，才能不折不扣地完成教师布置的学习任务。可见，教师D之所以“不让学生停下来”是因为教师担心学生的变数。为了求稳而操心，教师先将学生学习的不可计划能量以负面的形式进行假定，然后以抑制负面能量的方式将其控制在可以计划的范围，再在这个可以计划的范围内，给予学生可以发挥主动性的学习空间。学生在教师求稳的操心下，无法偷懒，很少出错，直通高分。

3. 操心的把握之病

为了求稳的操心将学生的学置入一个可以计划、可以控制的空间内，然后再在这个空间内调控着学生，学生有自主学习的机会，但是无论怎么学，最终都要受到教师既定学习任务的约束，都是接受教师既定学习标准的审核。看起来，学生是在自主地学，而且学得非常有效。这种有效性体现在：一方面，相较于单单传授教材知识的固化孤立，教师通过不断更新整合教材知识点和考点命题类型，安排有针对性的训练体系，让学生能在短时间内形成一套应试知识网，由此取得不错的学习成绩。另一方面，相较于生硬讲解书本内容的机械乏味，教师通过不断设计学习任务，形成完善的任务完成情况检查反馈系统，让学生能在既定的学习通道中形成一套自学机制，由此学习成绩比较稳定。因此，这种求稳的操心在唯升学至上的教育现实中大受欢迎。但实际上，这种有效性是以牺牲学生学习主动性为代价的。在学生形成的应试知识网背后是学生对教师的内在依赖和对考点的内在崇拜。在学生形成的自学机制背后是学生将自己的所有能力限制在狭小的追分空间内畸形发展，是将学习作为赢获外在物质世界的手段。这也就是为了求稳操心的把握之病。求稳，并不代表学生就能稳稳当当地发展；相反，以抑制为目的牺牲学生发展的自由度和可能性的求稳，是无法让学生平稳发展的。因为外部的平稳，其实是内部的扭曲；短暂的平稳，其实是长期的无意义。操心着的教师在面对教师的教与学生的学之间的间隙时，害怕变数，强调可控，这并不是解决问题的良策，多数时候反而会加重病情，阻碍学生的主动学习。

(三) 难以落实的松动

1. 彻底与余地：教学方法的松动

依据安排、利用、处理教材的程度不同，有两种不同的教学方法：一种是完全彻底的教学方法。依照“教与学的彻底性原则”[①]，强调教师以一种处理细节的方式让学生彻底明白所要学的内容，以一种详尽准确的方式知道学生是否已经彻底掌握了所要学的内容。另一种是留有余地的教学方法。依照“学习者的自我指导”[②]，强调学生的自我指导、自己决断、自我反省和自我评价，目的就是促进学生的创造。显然，留有余地

① (捷)夸美纽斯. 大教学论[M]. 傅任敢译. 北京：教育科学出版社，1999：104.
② (美)埃利斯. 课程理论及其实践范例[M]. 张文军译. 北京：教育科学出版社，2005：57.

的教学方法更加接近促进学生主动学习，但是，是不是给学生留有学习余地的教学方法就能促进学生主动学习呢？“我也不希望自己的教学太琐碎，总讲总讲，学生烦，我比他们更烦，可我应该教到什么程度就不教，或者到了什么时候就让学生自己学呢”；“现在的公开课上学生的表现很精彩，我就在想，我之所以上不出这样的好课，关键在于我没有碰到那样一群自己会学习的好学生”。①

教师们的这些困惑体现了教师在考虑教学方法时对留有余地的教学方法的松动难以落实。在完全彻底的教学方法中，教师们将教学内容固若金汤地完全分解后让学生逐一掌握，再以学生是否彻底掌握为评价标准。这里的彻底掌握是可以滴水不漏地通过复述、转述、解释、应用等方式进行观察和检测，哪里没有掌握，哪里没有掌握好，都可以在第一时间内获得反馈信息并跟进修正。由此，学生对这些需要掌握的教学内容落到了实处。当教师开始意识到学生主动学习的存在，开始认识到一味地强调完全彻底会不利于学生主动性的发挥，于是开始转向留有余地的教学方法，希望能给学生一些自己学习的机会，以体现学生的主动学习。可是，仅仅局限在教学方法的改变，仅仅将学生主动学习作为教学方法的一部分时，教师们无形中将学生的主动学习孤立起来，将学生的主动学习与自己的教学对立起来，将自己排斥在了“余地”之外，对学生在留有“余地”的学习中出现的学习问题爱莫能助。由此，教师开始陷入一种难以落实的困惑当中。

2. 为了求新的操心

期望能从教学方法的改变中体现出学生主动学习的教师往往都是富有改革精神的教师，他们敢于否认习惯做法，敢于尝试一些别人没有尝试过的教学方法。

“受伤”的教师②

教师Y一年前从师范大学数学系本科毕业顺利考进了SEB中学，成为了一名初中数学教师。从教师Y进入该校的第一天起，学校领导就对他格外关注，并给他请了一位“教学师傅”专门带他。可是一年以后，教师Y所带班级的学生家长联名上书给校长强烈要求换掉教师Y，这让学校领导着实吃惊不小，也让教师Y很“受伤”。

① 此处引文出自笔者的研究笔记，是对一些中小学教师的访谈摘录。

② 原始材料来自对教师Y的个案研究。

学生对教师Y的评价褒贬不一："我很喜欢Y老师，因为他讲的数学故事非常精彩"；"Y老师，他不大管我们"；"他和其他的老师不一样，上他的课还行，可考试成绩不好"……教师Y在过去一年的主要教学事件：1.每日课前一个数学故事；2.上课的第一个十分钟学生自学，第二个十分钟教师答疑，第三个十分钟学生再自学，最后的十分钟教师讲课；3.学生自己批改自己的数学作业；4.取消单元测验，学生自己给自己出试卷考自己。

M：我发现你工作第一年就开始尝试一些新的教学方法，这在年轻教师中并不多见，大多数年轻教师都会跟着"师傅"，照着师傅的教学按部就班。不知道你当时是怎么想的？

Y：为什么我们国家建国这么多年鲜有诺贝尔奖获得者，我觉得现在的学生太没有创造性了，这是我们教育的问题。这些老师除了抓考试题目厉害，除了让学生一次次获得进入高一级学府的门票，别的什么也没给学生，更可怕的是还扼杀了学生的创造力。我记得我上初中的时候，每天就是写作业，题海战术，郁闷死我了。当时我就想，等我当了老师，一定要给学生自己学习的时间，让他们自己学。

M：好像你的教学实验的确是体现了让学生自己学。

Y：对啊。我让学生找数学故事，就是想告诉他们真正的数学思维都会在数学故事里揭示出来，数学家之所以会成为数学家就在于他们的数学思维。我让学生自己自学，就是觉得已经初中生了，再不培养自学能力，估计这辈子就要做"应声虫"了。

M：其实有很多老师也曾想过让学生自己学，但他们又会不约而同地担心学生自己不会学。你有过这样的担心吗？

Y：有，当然有过。这群家伙小学的时候已经习惯了"喂饭"，现在连自己"吃饭"的本能都没了。我也担心啊。但是，在动物界，幼狮到了一定的时候就会被母狮也就是它们的亲生母亲逐出家门，让它们独立生活。它们必须独自面对残酷的生活考验，只有经受住考验的狮子，最终才能成为真正的狮子，否则只能成为同类或其他动物的食物。

M：学生已经不会"吃饭"了，你有没有想过先教教他们怎么"吃饭"，再让他们自己"吃饭"呢？

Y：（一时语塞了）……

教师Y的担心归结为学生缺乏创造力。教师Y展开的操心就立足于怎样和以往的教学不一样,怎样出新。围绕着“让他们自己学”,教师Y让学生做的一项重要作业就是寻找数学故事,同时让学生在课堂上自学数学。这些留有余地的教学方法所遭遇的松动是,教师应该如何面对学生自学中遇到的问题,或者说,学生在不会自学的情况下如何培养学生的自学能力。这些问题是教师Y忽视的,他在考虑教学方法时往往从自己的学习经历出发,看得出来他的数学一定是非常好的,或者说他在学习数学时并没有遇到太大的学习困难,所以他的以往学习经验让他比较容易忽视学生在自学中可能遇到的问题。而这也正是教师Y为什么会遭到质疑的症结所在:他难以落实这种留有余地的教学方法带来的松动。看起来,学生是在自学了,但是这种缺乏教师指导力的自学,很可能演变成学生的放任自流,很可能导致学习的“少慢差费”。而学生在很难看到自己学习成果的情况下,也是很难保证自我指导的顺利展开的。

3. 操心的落实之伤

教师想培养学生的创造力,想让学生主动学,自主学,但是,当教师操心的着眼点落脚在“求新”上,这很可能会导致教师集中精力于“新”的教学方法,而忽视了支撑“新”本身的情境和“新”背后的意蕴——创新精神和创造因素,进而导致操心的落实之伤。学生的主动学习是培养学生创造精神的前提条件,如何培养学生的创造力也需要在学生的主动学习中得到落实。这种落实不是将学生的创造力逐一分解后的掌握性落实,而是以鼓励培养创造精神的力量和防止压抑创造精神的力量的方式落实。教师可以求新地尝试鼓励学生自学的教学方法,保持学生的首创精神和创造力量;也应充分考虑学生在自学过程中可能遇到的种种学习障碍,如何让学生学会面对学习障碍、认识学习障碍和解决学习障碍,甚至让学生将学习障碍转化为学习能量。教师可以鼓励学生通过自己的方式获得科学文化知识;也应充当学生和知识之间的媒介和桥梁。一方面,学生的主动学习是个体的行为;另一方面,教师也应让学生的学习在学习共同体的建构中具有社会化的意义。一旦忽视了这些教学中的复杂关系,教师在教学方法上的求新就会变得孤立无援,就会分散学生的认识、隔离学生的经验,进而加剧教学情境的不安定性。教学毕竟不是建筑工程,可以推倒重来,忽视教学现状存在的根基,一味求新变革,很可能会让学生和家长产生不信任感,也会让教师的教学自信受到伤害。

第三章　教师操心的存在坐标

“如果你要理解意义这个词的使用，就要去找被称为说明意义的东西。”①教师发展和学生学习说明着教师操心的教育意义。能够说明意义的说明物彼此独立，但又交相关联，是自身联系与他物联系的统一。它们各自的自身联系是以意义在自身的表现体现出来的；它们彼此的他物联系是以意义的共同诠释体现出来的。这种自身联系与他物联系的统一就构成了教师操心的存在坐标。

一、教师操心的变量

教师是操心现象的发起者，学生是被关照者，操心位于教师和学生的中间，位于关联的结合部，位于意义的揭示点。“一是定量的根本。一是自身关系的界限，统括的界限，排除他物的界限。”②教师和学生所处的位置能从意义生成的阻力方向对操心施以力，这种力能建立起自身关系；教师和学生所在的位置能统括操心的内涵和外延；教师和学生所在的位置能对操心的内涵和外延进行定量，并通过定量将他物排除出去。由此，教师发展和学生学习是教师操心的两个变量。

（一）教师发展是操心的变量

1. 教师发展推动操心

从教师的缘起来看，教师是父母教育责任的延伸，也是父母理想教育形象的化身。“由于人类职务和人类数目的增加，所以很少有人具有充分的知识或充分的闲暇去教导自己的子女。因此就兴起了一种贤明的制度，为儿童的共同教育选出一些有丰富知

① （奥）维特根斯坦. 哲学研究[M]. 李步楼译. 北京：商务印书馆，1996：226.

② （德）黑格尔. 逻辑学（上卷）[M]. 杨一之译. 北京：商务印书馆，1966：215.

识和崇高道德的人。”①当教师无法像父母一样出于血缘本能教育学生时，就需要有意识地考虑自己的言行对学生福利可能造成的影响；当教师无法像父母一样无时无处不在对个体对象产生某种类似遗传解码的感应式影响时，就需要教师从人的本源需求理解学生。这些理解是教师“有意识地和存心地与他人发生联系，并有意按照他人过去、现在和将来所期望的行为来调整自己”。② 这就是教师操心的本源。教师的操心不是教师的本能行为，而是教师的主观能动行为。因此，有教师就有操心，其实质是，有教师的主体性存在，才有教师的操心活动。而教师的主体性存在是以教师的自身发展为表征的。

教师的自身发展推动着教师的操心。这里的教师发展是指教师自我实现层面的发展。“自我实现是一种机体系统自我表现和发挥功能的倾向。通过自我实现过程，人达到和谐、完整、自由的主观感受，人可以满意地发挥作用。”③处于自我实现层面发展的教师倾听来自内在的声音，真切地感受到对学生的担心，积极地采取应对担心的反应，勇敢承担自己的教育责任。由此，在教师发展的内部产生了：全身心体验学生处境的专注力；能从学生身上预见到未来可能的洞察力；面对困境不选择防御姑息而选择迎战前进的选择力；不回避与人接触也不依赖他人的自决力；付出精力、经历勤奋、尝试改变的行动力；不矫揉造作、不隐瞒怀疑的自然力；敢于冒险、敢于尝新的创造力。这些力交织在一起，贯穿教师操心的全过程，推动着教师操心的发展。这种推动力的核心在于向着自我实现的教师发展是与教师的自我学习、自我教育、自我完善结合在一起的。教不是脱离学的教，学是教的应有之义。我国第一部比较系统完备的教育专著《学记》中写道：“是故学然后知不足，教然后知困。知不足，然后能自反也。知困，然后能自强也。故曰：教学相长也。”从教师的角度而言，“知不足”和“知困”乃是教师操心意识的觉醒。意识到“学”之“觉悟”④的不足，因担心蒙昧昏噩而自反自得；意识到“教”之“上所施下所效”⑤的困境，因担心误尽苍生而自强自修。教学相长，意为教与学实乃一体二面，互相支撑，彼此循环，共生共长，生生不息。这种强调教师内向型发展的传统与解蔽教师操心意义的洞见相吻合。教师的操心正是在这种内源性动力的

---

① (捷)夸美纽斯. 大教学论[M]. 傅任敢译. 北京：教育科学出版社，1999：33.

② (德)沃尔夫冈・布列钦卡. 教育科学的基本概念：分析、批判和建议[M]. 胡劲松译. 上海：华东师范大学出版社，2001. 57.

③ (美)马斯洛. 马斯洛人本哲学[M]. 成明编译. 北京：九州出版社，2003：304.

④ (汉)许慎. 说文解字[M]. 北京：中华书局，1963：69.

⑤ (汉)许慎. 说文解字[M]. 北京：中华书局，1963：69.

支撑下得以发展的。教师发展向内生成的不竭动力推动着教师的操心。

2. *教师发展统括操心的内涵*

教师操心的全部内涵都凝结在教师的应对性反应中。这里的反应说明着教师成为教师的意蕴，表征着教师的社会存在和文化存在。从社会存在的角度看待教师的操心反应：引起教师产生反应的是来自于学生学习的一系列状况，这些状况唤起了教师在学生身上的一组态度；这种态度是教师采取他人的态度体验时才能获得的，教师利用那个纳入自身的外界的学生学习世界进行思考；这些思考转化为唤起学生明确反应的能力。“自我既是主我又是客我；客我规定主我对之作反应的情境。主我和客我都包括在自我中，且在此互相支持。”①教师操心反应的社会内蕴正是构成教师自我结构的主我与客我之间的相互支持，相互促进，相互转化。这种具有社会结构，产生社会经验的反应恰恰就是教师自我发展的过程。从文化存在的角度看待教师的操心反应：教师按照自己的前理解观看和理解着学生的学习世界，这种观看和理解是师生相互的，也就是说，教师在观看和理解学生，学生也在观看和理解教师；教师对学生作出的反应并不是条件反射的反应，而是在释放和接受的互动作用过程中意义的外溢；这种意义的外溢使得教师用行动作出对学生学习世界的解释。教师操心反应的文化内蕴正是在特定文化语境中发生的阅读，而阅读的过程就是教师不断完善心理图式的发展过程，就是教师不断通过解释世界而塑造自我的过程。可见，教师发展既包含了教师操心的社会存在内蕴，又包含了教师操心的文化存在内蕴。

教师发展的实质是教师自身的全面发展。人的全面发展是指：“人的对象性关系的全面生成和个人社会关系的高度丰富。”②教师发展是教师对象性关系和社会性关系的全面发展，这意味着教师发展覆盖了教师专业发展的意蕴。教师专业发展侧重教师对象性关系的建立，主要解决“教师学习什么和教师如何教”③的问题；强调专业标准对教师的形塑，强调教师作为专业人士的思想和行为模式，强调教师话语和行动领域的确定性。这种以典型专业人士形象为标准塑造教师的单向度逻辑有一定的历

---

① (美)米德. 心灵、自我与社会[M]. 赵月瑟译. 上海：上海译文出版社，2008：247.

② 丁学良. 马克思的“人的全面发展观”概览[C]//瞿葆奎主编. 教育与人的发展. 北京：人民教育出版社，1989：40—82.

③ Wilson, S. M. Berne, J. Teacher learning and acquisition of professional knowledge: An examination of research on contemporary professional development [J]. Review of Research in Education, 1999, vol. 24, 173 - 209.

史阶段性意义，尤其是在教师知能低下、行为失范的时期，提出教师的专业发展对于提高教师教育教学能力、捍卫教师价值尊严等方面有着进步的意义。但是，如果只是一味受操纵于被给予的经验，一味转译别人对教育教学的理解，很可能会抑制事实的揭示、扭曲意义的呈现、压抑主体的需要。教师发展正是从专业要求的"是"和教育实践的"应当"的冲突张力之中生发出来的双向度逻辑，即"作为批判性、否定性思维的双向度哲学思想"①。在对象性关系和社会性关系的双重生成中，教师发展强调教师质疑和否定已有做法产生的现实状态，强调教师在生成意义的指引下批判和扬弃已有的合理性，强调教师内在可能性的解放，强调教师主体从潜能到具体现实的飞跃。而教师操心的全部内蕴正是建立在教师在自我发展中作为否定、批判和超越的人的存在。

3. 教师发展规定操心的程度

教师操心在内涵上展现出程度上的变化。"程度这种由自身而与他物的关系，使程度中的升降，成为一种流动，这种流动就是不断的、不可分割的变化。"②教师操心程度的变化并不是随机而发的，有一个来自于操心外面的量规定着程度上的升降流动。这个来自于操心之外又与操心自身相关联，规定着操心程度变化的定量就是教师发展。

作为定量的教师发展是如何外在地规定教师操心的呢？教师发展作为操心外物之所以能够规定操心的程度，是因为教师发展自身是有层级的。具体而言，可分为三个层次："原发层次；继发层次；整合创造性"③。当教师发展处于原发层次时，教师操心的应对是一种类似"本能"的冲动，这种本能在未被抑制的情况下释放出来。教师本能地不希望看到学生不良的学习状态持续下去，本能地积极采取行动以改变现状。当教师发展处于继发层次时，教师的应对就开始由冷静的沉思作为基础。教师在警觉中担心，在现实和期待的比较中考虑，在批判中接纳，在严密中直觉，在深思熟虑中自发。当教师发展处于整合创造性层次时，这里的整合就是将原发层次和继发层次整合在一起，也就是说，教师的操心既来源于未被压抑的本能冲动和愿望，又能表现冷静的沉思。在这种状态中，教师最易生发"第二次纯真"，最易获得"高峰体验"，这是教师理性与非理性相融合的最佳比例搭配，也是教师的解放。"教育能够是，而且必然是

① (美)马尔库塞. 单向度的人：发达工业社会意识形态研究[M]. 李继译. 上海：上海译文出版社，2008：113.
② (德)黑格尔. 逻辑学(上卷)[M]. 杨一之译. 北京：商务印书馆，1966：234.
③ (美)马斯洛. 动机与人格(第三版)[M]. 许金声等译. 北京：中国人民大学出版社，2007：208—209.

一种解放。”[①]教育是一种解放，不仅是学生的解放，而且是教师的解放。如果教师未能得到解放，学生的解放也将难以实现。

（二）学生学习是操心的变量

1. 学生学习牵动操心

学生的生长是有条件的。“生长的首要条件是未成熟状态。理解未成熟状态的两个主要特征即依赖和可塑性。”[②]学生持续的生长是主动的生长，但这种主动是与依赖相互伴生的，学生在依赖中获得一种社会能力，在主动中获得一种独立能力。社会能力的增强很可能导致独立能力的减弱，独立能力的加强也会导致社会能力的削弱。两者的关系不是非此即彼，而是和谐平衡。当我们面对今天的中小学生过分依赖教师的喂养，中小学教师过于看重眼前的成绩和分数时，强调学生学习的主动性就有着重要的意义。源于学生缺乏学习主动性而引起的教师操心从介入学生学习的那一刻起，就受到学生学习的牵引。与此同时，学生生长依赖性中的特殊适应能力也构成了学生生长的可塑性。正是因为学生的生长具有改变自己行为的力量，才使得教师操心介入学生学习成为可能。

这里的学生学习是指向人本主义的意义学习。“人本主义深信，学习是人固有能量的自我实现过程，强调人的尊严和价值，强调无条件积极关注在个体成长过程中的重要作用。”[③]人本主义对于学习活动中人的认识基础就是将学生看作是一个能够在自己的学习中主动充分地发挥作用的人，是一个不断生长不断完善的人。这与教师操心意义的生成是相呼应的。指向人本主义的意义学习牵引着教师的操心关注于学生个人的参与，不仅是头脑的参与，而且是情感和意志的参与；牵引着教师的操心着力于保护和引导学生的自发学习，同时这种自发学习又能得到理智的帮助；牵引着教师的操心放眼于学生的整体变化和持久变化，从学习成绩的局部变化扩展到学生的学习行为、态度和个性的整体变化，从考试分数的短期变化扩展到学生学习行为、能力和心理倾向的持久变化；牵引着教师的操心转移到学生自己的操心，让学生自定学习计划，自我评价，自己操心自己的学习，自己为自己操心。

2. 学生学习统括操心的外延

教师操心的教育意义具体聚焦在促进学生的主动学习。这就将操心的外延规定

---

① 联合国教科文组织国际教育发展委员会编著．学会生存：教育世界的今天和明天[M]．北京：教育科学出版社，1996：175．

② （美）杜威．民主主义与教育[M]．王承绪译．北京：人民教育出版社，1990：49—50．

③ 莫雷主编．教育心理学[M]．北京：教育科学出版社，2007：66．

在促进的边界中。“我们的教育使我们某些生而具有的潜能成为现实;我们不必认为是教育把什么非生物性的成分引入我们的构造当中。”[①]教师操心中的促进作用并不是把外物引入学生体内,并对学生机体进行改造,而是促进学生自行发生从潜在可能性向现实可能性的转化,教师通过转化学生学习活动的外在状态来促进学生自身展开内在状态的转化。教师操心的全部外延都要纳入到学生学习的范畴中,因为只有当学生身处于学习状态,教师的操心才得以展开;只有当学生拥有学习能力,教师的操心才得以促进。

在教师的操心视域中学生是作为学习者的存在。“一种灵魂尽可能容易尽可能有效地转向的技巧。它不是要在灵魂中创造视力,而是肯定灵魂本身有视力,但认为它不能正确地把握方向,或不是在看该看的东西,因而想方设法努力促使它转向。”[②]教师操心的全部外延就在学生的灵魂转向之中。纷繁复杂的社会让学生的“眼睛”处于深陷黑暗或由亮到暗的迷茫中,教师在教育教学中只是帮助学生从见到事物的影子到见到事物的倒影,再到见到事物本身,最后见到太阳的指引者。这段历程就是教师操心的边界。在这一边界中,教师保持一种敏于行而慎于言的教育能力,时刻处于一种类似被动的状态,洞察着学生在“洞穴”中所处的位置,感受着学生面临的迷茫,与学生一道经历着走出“洞穴”的灵魂转向。类似于灵魂转向的提法,《论语·阳货》中写道:“好仁而不好学,其蔽也愚;好知不好学,其蔽也荡;好信不好学,其蔽也贼;好直不好学,其蔽也绞;好勇不好学,其蔽也乱;好刚不好学,其蔽也狂。”在孔子看来,人具有仁、知、信、直、勇、刚的良好品性,但是如果一旦缺乏学习能力,这些良好品性就会失度,就会转变到与之对举的另一个端点中,也就是愚、荡、贼、绞、乱、狂。反过来说,即使一个人愚、荡、贼、绞、乱、狂,但只要其拥有学习能力,就可以转化为仁、知、信、直、勇、刚的良好品性。柏拉图强调的是灵魂转向的外力技巧,孔子强调的是灵魂转向的内力自觉。但无论是外力技巧还是内力自觉,都是在肯定学生的学习主动性,都是将学生学习延伸到一个可以包容个人境遇的处境当中。教师的操心应当承认学生学习的统括作用,因为这意味着教师的操心始终是处于学生的学习之中,始终以介入的姿态帮助学生学习,始终以谦虚的态度向学生学习,始终抱有深远的眼光看待现在的学生。

---

① (美)麦克道威尔.心灵与世界[M].刘叶涛译.北京:中国人民大学出版社,2006:95.
② (古希腊)柏拉图.理想国[M].张竹明译.南京:译林出版社,2009:247.

3. 学生学习规定操心的范围

既然学生学习统括了教师操心的外延，那么学生学习能力的组成就可能规定教师操心的范围。谁也无法料定某人若干时间以后会成为什么，一味追求某个具体的教育目的或学习榜样的教育往往是得不偿失的。对这种自然生物的生长只能是让其不断地生长，让其保持一种蓬勃向上的生长力，让其始终处于一种生长状态，让其朝着成为其自己的方向生长着。这也许就是教育的本质。保持持续成长的学生，是拥有持续生长能力的学生，是一直在学习中创生意义的学生。这种持续生长的学习能力是学力。“学校教育所要培养的人的能力总体由下列三轴构成：作为认识能力的学力；表达能力；作为社会能力的人格特征。”[①]这里的学力是与学生先天学习能力相对应的后天学习的能力，在学力的范围内教师的操心是可以发挥出促进作用的。

具体来说，第一类学力是作为认识能力的学力，这是对教师操心范围的第一重规定。“学习者的学习和理解通过以下方法得到促进：强调知识体系的结构性和连贯性；帮助学习者学习如何迁移他们的学习；帮助他们应用所学的知识。”[②]也就是说，教师操心的是如何让学生在学习中理解和如何在理解中学习；这里的构成因素是具有结构性和连贯性的知识、学习的迁移和应用。第二类学力是作为表达能力的学力，这是对教师操心范围的第二重规定。“你要把生动的、使人心情激动的词装进儿童的意识。装进去以后，还得操心，不要使它变成一支干枯的花朵，而要像一只离巢飞出的歌鸟，尽情地欣赏周围世界的美。”[③]苏霍姆林斯基在这里用“操心”一词衔接了作为认识能力的学力和作为表达能力的学力。这里的表达能力其实质就是学生将知识转化为思考的工具和手段，将知识转变成精神生活的能量，将知识进入到实践的周转当中让其活化。第三类学力是作为社会能力的人格特征，这是对教师操心范围的第三重规定。教师操心的是让学生从长期以来唯考试分数至上、唯考点内容至尊、唯应试技巧至极的学习境地中解救出来，释放学生的好奇心和探究精神，让学生体验学习的乐趣、发现崭新的自己、激扬生活的自信。学生在学习中真正需要的是自身对于学习的纯真渴望和不懈追求。

---

① 钟启泉. 现代课程论(新版)[M]. 上海：上海教育出版社，2003：261.

② (美)布兰斯福特编著. 人是如何学习的：大脑、心理、经验及学校[M]. 程可拉等译. 上海：华东师范大学出版社，2002：267—268.

③ (苏)B·A·苏霍姆林斯基. 给教师的建议(全一册)[M]. 杜殿坤译. 北京：教育科学出版社，1984：144.

（三）教师发展和学生学习的对应关系

1. 共同在场

从操心的内涵之维来看，教师发展推动教师操心，统括教师操心的内涵，并且规定着教师操心的程度；从操心的外延之维来看，学生学习牵动教师操心，统括教师操心的外延，并且规定着教师操心的范围。那么，教师发展和学生学习是何以共同构成教师操心的变量的呢？教师发展和学生学习共同构成教师操心变量的前提是两者的共同在场。共同在场意味着，在教师操心的视域中，教师作为向着自我实现发展和学生作为学习者同时存在，共同规定着教师的操心，共同呈现出教师操心的教育意义。尽管教师操心随着教师发展和学生学习而变化，但是“在一切现象中，永恒者乃对象本身，即视为对象之实体；反之，变易或能变易之一切事物，则仅属于实体或种种实体之存在途径，即属于此等实体之规定。”①作为变量的教师发展和学生学习是持久永存于操心时间之中的。看起来，教师操心随着教师发展和学生学习而变化，但在这变化的背后不变的是操心现象所存在的时间。操心变量可以影响时间中的操心现象，但并不影响时间自身。因此，操心现象的变化仅仅只是操心存在状态的变化，不变的是操心存在的意义呈现，这就是时间自身之经验的表象。正是因为教师发展和学生学习都共同向着敞露操心的意义，才使得两者共同在场。“理解不是心灵之间的神秘交流，而是一种对共同意义的分有。”②教师发展和学生学习所分有的共同意义是教师如何操心才能促进学生的主动学习。教师发展所分有的是关于“如何……才能”的意义筹划；学生学习所分有的是关于“如何……促进”的意义领会。意义筹划和意义领会是在同一时间内的共同在场。

2. 因果继续

当教师发展和学生学习共同在场时，两者的呈现是有先后之分的。由于教师操心的主体是教师，教师作为教师操心的发起者，教师操心在教师发展之维上呈现出具体的程度状态，在这一具体程度状态的影响下，教师操心在学生学习之维上也会呈现出与之应合的状态。“故现象之关系——依据之后继事件，即所发生之事物，就其存在而言，乃必然为先在事物依据规律规定其在时间中之存在者——易言之，即因与果之关系。”③当学生学习作为教师发展的后继事件时，学生学习这一后继事件就已经存在于

① （德）康德. 纯粹理性批判[M]. 蓝公武译. 北京：商务印书馆，1960：172.
② （德）伽达默尔. 诠释学 I：真理与方法（修订译本）[M]. 洪汉鼎译. 北京：商务印书馆，2010：413.
③ （德）康德. 纯粹理性批判[M]. 蓝公武译. 北京：商务印书馆，1960：183.

教师发展的主观意向当中，并且作为对教师发展的某种内在规定制约着教师操心在教师发展程度上的具体呈现。这种因果关系产生于操心活动者的经验。这意味着，处在教师发展之维的教师需要以学生学习作为其活动的来源和目的，并以此来说明自己。教师把即将活动的最后的结果看作是一个具体的学生学习表象，并将这种表象的呈现看作是自己实际地在做的东西，这时，学生学习就已经存在于教师发展之中了。“不要去寻根究底地探索什么东西使结果成为结果，或者什么东西使行动行动起来，而去试求解决在这个世界上达到结果这一行为被安放在什么位置上，真正的原因性的动者是哪些东西，以及什么是更遥远的结果等这样一些具体问题。”① 的确，教师的操心并不是仅仅为了让使学生学习呈现某种学习表象的结果成为结果，或者将这一结果的达成行为进行构成式分解；而是试图寻求达到结果的行为应当安放在教师发展的什么位置上，这一位置将哪些因素集中汇聚在一起，这些因素怎样整个表现出来才能体现出这种因果联系的持续性。

3. 交相作用

尽管在同一时间内，教师操心在学生学习之轴上的反映认作是教师操心在教师发展之轴上表现的结果，但是，教师发展和学生学习同时存在于相互关系中，教师发展和学生学习互为前提条件。从教师发展来看，学生学习是客观条件，是教师发展得以展现教师操心意义的情境。教师发展必然受到学生学习范围上的限制，受到学生学习状态的牵制。教师操心在教师发展轴上的呈现必然是作为内部条件的教师发展与作为客观条件的学生学习相互作用的产物。从学生学习来看，教师发展是客观条件，是学生学习得以展现教师操心意义的情境。学生学习必然受到教师发展程度上的限制，受到教师发展状态上的推动。教师操心在学生学习轴上的呈现必然是作为内部条件的学生学习与作为客观条件的教师发展相互作用的产物。这种教师发展经验和学生学习经验的交相作用保持在操心中。这是因为作为向着自我实现发展的教师的过去、现在和将来，与作为学习者的学生的过去、现在和将来在操心中有共同意义的先行规定，在操心中展开自己才能够被经验，在操心中交互作用才得以循环和实现。反过来，也只有在教师发展和学生学习交相作用的时候，才能洞见教师的操心。洞见教师的操心也就是用一种对被经验的对象和被经验的方式进行观看，看起来教师发展和学生学习的经验的方式与手段得到了解构，但实际上这种解构依然植根于操心中，是那种真正

① (美)詹姆斯. 彻底的经验主义[M]. 庞景仁译. 上海：上海人民出版社，2006：126.

实际的完满的经验生存在操心着的自身中被看到。

二、教师操心的坐标

在教师操心的视域中，教师发展是学生学习的原因，学生学习是教师发展的结果。所以，设定教师发展为水平位置的横轴，学生学习为铅直位置的纵轴。“量作为自为存在发展的最近结果，包含着斥力和引力，因此量便既是连续的，又是分离的。”①也就是说，作为变量的教师发展和学生学习都分别存在着正负两端，表示正的一端以引力的方式增益教师操心意义的生成，表示负的一端以斥力的方式损害教师操心意义的生成。由此，教师操心的坐标得以建立。

（一）教师发展的正负两极

1. 与学生相关联的教师发展

教师发展是在学生注视下的发展。以教师操心为视域，教师发展并不是真空环境中的自我实现，而是始终与学生互相嵌入式的发展。这种嵌入来源于教师和学生的彼此注视。如果教师只顾着自己的计划实行，对学生的任何学习状态视而不见、充耳不闻，那么教师就不会产生对学生的操心。正是由于教师注视学生，将学生作为相关于自己的存在，从对学生的关注中获得自己施以作用和影响的反馈，并以此衡量自己的能量，这才使得操心得以发生。在教师注视学生时，学生也会注视教师，并在注视中看到：教师看自己的态度；教师看重的事物；教师的意向和意愿。这种对教师的注视，使得学生向着教师显示自己，无论显示什么，都会渗透在对教师的注视中。此时，教师一下子就从学生的注视中获得了和自己保持一定距离的对象化自己。这种对象化自己的获得具有很强的内隐性，因为学生由于自身社会地位的缘故很少直接表述将教师对象化这一层面的意蕴，而使得这种表述往往是作为学生自我显示的后台和背景。但，越是内隐的部分越容易被教师察觉，因为没有什么比自己更能吸引自己的目光。由此，一些本质的变化就在教师的结构中显现出来，那就是“我的为他的存在的恒常结构”②。在教师操心视域中，教师的为他的存在的恒常结构就是教师为学生的存在的恒常结构。也就是说，教师的存在是一种为学生的存在，教师的发展是一种为学生的发展。这种为学生意味着：无论教师承认与否，学生在注视教师中已经无可怀疑地成

① （德）黑格尔．小逻辑[M]．贺麟译．北京：商务印书馆，1980：222.

② （法）萨特．存在与虚无[M]．陈宣良等译．北京：生活·新知·读书三联书店，2007：337.

为了主体，学生的意识作为教师的意识在教师的存在中涌现，教师的自我消散于一个包含他人和对象的更广泛的整体中。这个整体使得教师的发展必然地、内在地与学生相关联。

教师发展是以学生为表征的发展。在教师操心的视域下，教师既然无法逃避学生的注视，就不得不承认学生拥有主体性的事实。承认并接受学生的主体性，意味着教师发展中学生的参与，意味着学生构成了教师发展的一部分，意味着学生的表现也是教师发展的一种表征。以学生为表征的教师发展存在着一对内在的矛盾，那就是教师能动与受动之间的矛盾。“人作为自然存在物，一方面具有自然力、生命力，是能动的自然存在物。另一方面，人作为自然的、肉体的、感性的、对象性的存在物，是受动的、受制约的和受限制的存在物。”①在教师操心中，教师的能动性是教师主动地为避免自己担心学生的事情发生而采取的行动；教师的受动性是教师身处在学生利用注视教师为教师构建的超越教师自我的整体性世界，教师受动于这个整体世界中涌现出的自身的适应与不适、学生的需要与不需要、交往的合作与冲突等制约和限制。由此，尽管教师发展是以学生为表征，但这种表征就会呈现出两种不同的形态：当教师以自己的能动性作为学生表征的基础时，教师发展呈现出改变学生的样态；当教师以自己的受动性作为学生表征的基础时，教师发展呈现出改变自己的样态。

2. 负极：改变学生

在教师操心坐标中，教师发展的负极是改变学生。包含教师操心内涵的教师发展从进入教师操心坐标的那一刻起，就面对着让教师担心的学生，这些学生学习成绩不稳定、不理想。这时，如果教师将操心的矛头局限于学生，将自己排除在操心对象之外，并以改变学生为自身行动的旨归，那么，教师发展就会抑制自身的内在增长，作为教师操心之轴的教师发展就会呈现出负极。

大凡指向改变学生的教师总有着这样的教学假设，那就是：学生这样学下去不行，不行是因为没有按照我的意思去做，只要按照我的意思去就不会出错，如果按照我的意思去做还出错，那就是执行得还不够彻底还不够坚决。要保证学生的行动能够顺应教师的意愿，教师首当其冲考虑的必定就是如果学生不按自己的意愿行事那应该怎么办。以这个怎么办为核心，教师开始以指令、强化、抑制等行为操控作为教师发展的意

① (德)马克思. 1844年经济学哲学手稿[M]. 中共中央马克思恩格斯列宁斯大林著作编译局编译. 北京：人民出版社，2000：105.

蕴和教师操心的内涵。也许有的教师以改变学生的逻辑展开的操心的确让学生发生了改变，而且让学生在短期内取得了不错的成绩；也许看起来有的学生还真的适应了教师这样的操心，在外力逼迫下学生的行为的确发生了一些改变。但是，朝着改变学生方向不断行进的教师发展却很可能遭受到双重危险：第一重危险是学生利用教师的意图，从而“钻空子”。当教师以改变学生的姿态出现在学生面前时，教师在学生的注视下完全暴露了自己所欲求的一切。这时，学生很可能就会以一种迎合教师意图的方式作出一些改变，并以此作为筹码换取自己在其他方面的自行其是。“我们老师只看成绩，只要我成绩好了，这些小问题她不会放在心上的。”[①]第二重危险是遭遇学生的顽强抵抗，从而破坏了学生对教师的信服。当教师以改变学生的姿态出现在学生面前时，教师不仅暴露了自己的欲求，还暴露了有着为己欲求的自己。那么，学生很可能会以一种逆反教师意图的方式作一些反抗，从而失去对教师的信赖。“我还不知道他（老师），不就是为了自己的面子嘛，我反正就这样，他爱怎样怎样。”[②]这就是为什么一些教师总想改变学生结果反倒被学生改变了，变得对工作心灰意冷，变得对学生无情，变得对自己麻木。

这种指向改变学生的教师遭受危险的症结在于：对自己的回避。这些教师以操心注视学生时，并不是没有感觉到来自学生的注视，而是有意以改变学生的方式忽略掉学生的注视。忽略的方式就是企图用自己的意愿强加给学生，用自己的强势控制住学生的注视威胁，将整个事态发展的决定权牢牢掌握在自己的手中。他们想避开学生的注视，想避开与学生的直接交往，想避开学生对自己造成的影响，想避开对习惯做法的修缮，想避开对已有认识的修正，想避开接受新鲜事物，想避开力所能及但要花更多气力的事情。对自己的回避，真正回避的是自己的潜能，回避的是越来越高的心理要求，回避的是自身天赋、能力、创造力、智慧以及性格的自然发展。可见，向着改变学生的教师发展是教师在回避自我实现，是教师害怕发展，是一种倒退的发展，是教师发展的斥力。

3. 正极：改变自己

在教师操心的坐标中，教师发展的正极是改变自己。如果说改变学生的教师是为了回避自己，那么改变自己的教师就是在面对自己。当教师在操心的时候，始终将自

---

① 此处引文出自笔者的研究笔记，是对一些中小学生的访谈摘录。

② 此处引文出自笔者的研究笔记，是对一些中小学生的访谈摘录。

己作为问题的焦点和改变的对象，将学生的学习状况作为对象化自己的结果，以改变自己作为操心的旨归，那么，教师发展就会顺应自身的内在增长，作为教师操心之轴的教师发展就会呈现出正极。

"人，只能自己改变自身，并以自身的改变来唤醒他人。"①大凡指向改变自己的教师总有着这样的教学假设，那就是：学生这样学下去不行，不行不是因为学生没按我的意思去做，而是因为我的预想出现了问题。这一假设将教师引向了对自己越来越高的心理要求：在未曾预见的新状态中，激发接受新鲜事物的学习力；在探问自己应对变化的潜能中，激起将潜在可能性转化为现实性的行动力；在审视自己行动的消极被动因素中，激起否定自己的批判反思力；在洞见和正视自己不足和不满中，激起以改变自己的方式对自己的行动负责的责任感。"我们知道自己在做一件事情，便是自觉。"②自觉，是知道自己在做一件事情，而这件事情并不是只要自己做就能如何，而是要了解这件事情有着其内在的自然演变。欲求和行动之间从来就不是想当然的。既然知道自己做一件事情是没办法想当然的，自己是受动的，那么自觉就是不回避自己，顺应自己的受动。可见，"知道自己的做一件事情"的"知道"，是知道不可为、不好为而为之的知道，是知道有难处、有险境而不逃避的知道。教师的自觉是教师知道自己在教学活动中学生应有不信、抗阻、反叛，但教师能宽容学生，能将学生放在自己的情面之前，将学生放在自己所奉行的"真知灼见"之前，以恭谦、被动的姿态甘愿将自己从能动调试到受动。

这种指向改变自己的教师承认学生的主体性并将作为主体的学生置于教师发展的前台。由此，改变自己的教师发展体现出了一种育人的至高境界。"育人的最高要求就应该是，育成的人，对于复杂现象和不同意见，有根据自己的理想以判断其是非的能力。"③当教师意识到自己对学生而言并不是唯一的标准答案，而是可供学生判断是非的一种选择，教师就会自觉地退让到学生的身后，以一种适应变化的姿态看待学生的学习状态。也许这种适应中会指示出学生可能选择的不是，但是更多的也是更重要的是让学生自己形成对是非对错的判断，并让学生承担起甘心取是舍非的学习责任。因此，向着改变自己的教师发展是教师在顺应自我实现，是教师自觉发展，是一种向上的发展，是教师发展的引力。

---

① (德)雅斯贝尔斯. 什么是教育[M]. 邹进译. 北京：生活·读书·新知三联书店，1991：26.
② 冯友兰. 一种人生观：冯友兰的人生哲学[M]. 北京：中国人民大学出版社，2004：82.
③ 张中行. 顺生论[M]. 北京：中华书局，2006：121.

(二) 学生学习的正负两极

1. 与自己相关联的学习

学生的学习是处于终身教育的学习。终身教育拓展了教育的时空,丰富了教育的内涵:将教育看作是人生各个阶段的需要,是相伴人终生的必需;将学校教育置身于整个教育历程中的一部分,置身于与不同阶段教育有着内在联系和依存关系的统一体。在终身教育的层面上认识学生学习,“将学会认知、学会做事、学会共同生活、学会生存这四种基本的学习灵活地结合起来,使每个人都生动地了解世界、了解他人、了解自己。”①终身学习是终身教育的应有之义,每一个人终身都要持续不断地学习。学习已经不再局限于对知识和技能的记忆和掌握,而是延伸到对个体发展的充实和对变化世界的适应。学会认知、学会做事、学会共同生活、学会生存这四种基本的学习共同指向的是:“有能力掌握自身的发展。”②这种掌握自身发展的能力的要害就是学生学习与自己之间的关联。这种关联表现在学生在学习中拥有学习的自由、选择、责任和理想。从学会认知的层面看,学校教育中的学生需要摆脱系统化分类知识的严苛束缚,需要探索出适合于自己学习的方法,学会如何让自己更好地学习。从学会做事的层面看,学校教育中的学生需要挣脱死板的机械化的层层技能训练,需要在自己力所能及的范围内有效应对变动不居情境的交往处事,学会如何让自己适应性地做事。从学会共同生活的层面看,学校教育中的学生需要避免人与人之间的冲突,需要识人知己,攻守兼备地与人和平相处,学会如何承担责任地生活。从学会生存的层面看,学校教育中的学生需要冲破前人标签化书面人生的局限,需要重新认识自己,认识那个人格丰富多彩、表达复杂多样、角色不断增多的可以日臻完善的自己,学会如何实现自己的潜能,进而理想地生存。当学生学习与自己发生关联时,学习的个人意义才得以实现;当学习的个人意义得以实现时,学习的社会意义才有了实际的依据。在教师操心视域中的学生学习,秉持着学生终身学习的基本信念,将学生作为学习者,将学习作为学生的存在方式,由此诠释出学习与学生自身密切关联的意义。

学生学习是基于完整个体的学习。教育人道主义的基本要义就是将学生看作是具体的人,而不是抽象的人。具体的人,就是在体力、智力、情绪、伦理等方面因素综合在一起的独一无二的人;就是在生物、生理、地理、社会、经济、文化等方面积淀下来的无法

---

① 陆有铨.躁动的百年:20 世纪的教育历程[M].北京:北京大学出版社,2012:381.

② 联合国教科文组织总部中文科译.教育——财富蕴藏其中[M].北京:教育科学出版社,1996:68.

复制的人。这才是完整的人。学生学习是基于完整个体的学习,其核心就在于这个人自身是能够充分起作用的:能自发地展开学习活动;能在学习活动中理智选择;能调控自己学习的方向;能判断自己所处的学习进程;能调动和运用自己已有的经验。这里的充分与否取决于学生在学习活动中是主动的,还是被动的。如果学生在学习活动中被动学习,学生在学习活动中无法完整地投入,无法充分地发挥个体在学习中的作用,那么就会产生学生学习的斥力。如果学生在学习活动中主动学习,学生在学习活动中得以完整地投入、得以充分地发挥个体在学习中的作用,那么就会产生学生学习的引力。

2. 负极:被动学习

在教师操心的坐标中,学生学习的负极是被动学习。进入到教师操心坐标中的学生本身就处于一种被动学习的状态,未能完整地投入到自己的学习中,未能充分发挥个体在学习中的作用。而教师操心的教育意义就在于教师通过操心得以促进学生主动学习。如果这些进入教师操心坐标系的学生仍然朝着被动学习的方向运动,那么学生学习就会体现出与教师操心本真意义相悖的表征,作为教师操心之轴的学生学习就会呈现出负极。

学生被动学习所表现出被动的学习态度,也就是说能够调节学生学习行为的内部状态是被动的。这大体可以从以下三方面表现出来:一是认知方面。这些学生将所学内容看作是片段的知识和零碎的事实,将学习活动当作记忆和执行的程序操作。二是情感方面。这些学生缺乏对学习本身的内在需要,甚至还没有意识到自己缺少什么是需要通过学习来满足的,他们感受更多的是外在的压力和无条件、无理由地必须去学。三是行为方面。这些学生充满了惰性,拒绝进行过于精微的心智活动,止于进行持续不断的心智活动。他们没有表现出学习兴趣,也没有证明能力增强的表征,更没有揭示出精神生命的前景。在大多数被动学习的学生看来,学习就是完成任务,甚至是一件苦役、一种惩罚。

学生被动学习的根本就在于他们的学习是与自己分离的学习。所谓与自己分离,指的是将学习理解为一种孤立的书本知识学习,一种以记忆已发生事实和他人观点为中心的学习;这样的学习既和自己的生活、做人、处事毫无瓜葛,也和自己的过去、现在、未来没有内在联系。“我不知道为什么学习,但我知道只要我大学一毕业就可以再也不要学习了,这是我妈妈告诉我的。”①如果说,这种较为极端的被动学习的负极效应是显而易见的,那么,还有一种看似积极实则被动的学习其危害更应引起重视。“这个学生最大的特点就是听老师的话,老师说过的知识点,练过的考点,考试的时候出现

① 此处引文出自笔者的研究笔记,是对一些中小学生的访谈摘录。

了，她就一定会做。不过，举一反三的能力比较差，老师没讲过的、之前没练过的，考试出现了，她就做不出来了。”[①]在我们的中小学还有不少这样的学生：他们非常听老师的话，老师说什么就做什么；他们也很用功，不折不扣地完成老师布置的作业，老师怎么说就怎么做。但奇怪的是，这些学生的学习成绩也会让老师操心，因为他们只会做老师说过的，练过的，其余的就不会了。老师说这类学生“举一反三的能力比较差”，当真如此吗？推卸责任的说辞恐怕掩盖不了一个基本的事实，那就是：这些学生从来就没有在自己的学习活动中真正充分发挥过作用。因为他们的听话，他们充其量是教师操纵下的“木偶”；因为他们的用功，他们充其量是教师摆弄下的“棋子”。他们在积极地为教师而存在，为满足教师的操纵而存在，为完成教师的任务而存在，唯独没有为自己存在过。这种看似积极实则被动的学习者比那些摆明了自己与学习无关的学习者更为可怕，因为后者只是将自己与学习分割开来，至少自己还是完整的；而前者将自己沦为学习的奴隶，已经失去了完整的自己。如果学生的学习朝着与自己分离的方向发展，那么不仅有损于教育意义的生成，而且会把人带入非人性的境地从而走向教育的反面。

3. 正极：主动学习

在教师操心的坐标中，学生学习的正极是主动学习。如果说被动学习是与学习者自己相分离的学习，那么主动学习就是与学习者自己融合的学习。如果进入教师操心坐标的学生能够表现出自主行为能力，能够朝着主动学习的方向发展，那么学生学习就会展现出教育的意义。

学生的主动学习是以理解性学习为基础的。“学习科学的新进展也强调帮助人们对学习进行自我调控的重要性。既然人们重视理解，那么他们就必须学会把握理解和获取更多信息的时机。”[②]从主动学习的构成因素来看，元认知和自我调节放在了至关重要的位置。元认知是由元认知知识组成的：“关于自身思维过程的知识和意识；关于何时何处运用习得策略的知识。”[③]元认知是 1—4 年级学生主动学习的主要构成因素。自我调节涉及关于学习动机、方法、行为结果和环境等心理维度。“自我调节即指不断监视通往目标的过程，检查结果并重新调整不成功的努力的过程。”[④]自我调节是

---

① 此处引文出自笔者的研究笔记，是对一些中小学教师的访谈摘录。

② (美)布兰斯福特编著. 人是如何学习的：大脑、心理、经验及学校[M]. 程可拉等译. 上海：华东师范大学出版社，2002：20.

③ (美)格莱德勒. 学习与教学：从理论到实践[M]. 张奇等译. 北京：中国轻工业出版社，2007：201.

④ (美)贝克. 儿童发展[M]. 吴颖等译. 南京：江苏教育出版社，2002：420—421.

5—9 年级学生主动学习的主要构成因素。以元认知和自我调节为主要成分构成的主动学习注重学习者在学习过程中的主体地位，强调学习者的主动学习技能，更珍视学习者在学习中的成功体验。

教师操心所追寻的促进学生主动学习这一教育意义的全部意蕴就在于“促进儿童内在禀赋和潜能的显露和发展”[①]。让学生在学习中不断获得显露和发展的自由，不断品尝显露和发展的欢乐，不断体验显露和发展的成功，是教育人道主义的体现，更是每一个教育工作者的诉求。学生内在禀赋和潜能得以显露和发展的要害不在于教师的开采和挖掘，而在于学生的独立判断力。一个有判断意识的学生，会主动对事情进行仔细地观察，会将这种观察与对自身的影响联系起来思考；一个有判断意识的学生，会主动调动自己的已有经验，会将这些经验之间建立起某种标注个人理解烙印的网络；一个有判断意识的学生，会主动形成自己的思想，会将别人的思想作为自己的参照而不会对别人俯首帖耳；一个有判断意识的学生，会主动采取实际行动，会懂得自己应该做和不应该做的是哪些事情。当学生在教师操心坐标系中表现出这些特征，学生看起来并没有表现出什么外来力量的雕塑，但却将自己本有的一直被压制和遮蔽的潜能重新激发出来。这种凭借自身能量重新激发出来的潜能让学生始终保持在一种不断生长的态势中，让学生在不断发现自己中逐渐成为自己，在不断融入世界中解放自己。由此，向着主动学习的方向发展是学生学习的正极。

(三) 教师操心的四个象限

在教师操心的存在坐标中，我们认定，Y 轴：教师发展；X 轴：学生学习。Y 轴上的正负两极分别用＋a 和－a 表示，其中，＋a：改变自己；－a：改变学生。X 轴上的正负两极分别用＋b 和－b 表示，其中，＋b：主动学习；－b：被动学习。由此，构成了教师操心的四个象限，这四个象限分别代表着四种意义呈现形态的教师操心，不同象限教师操心的意义呈现形态是由不同象限的教师操心点对应在 X 轴和 Y 轴上的正负关系决定的。(见图 3－1)

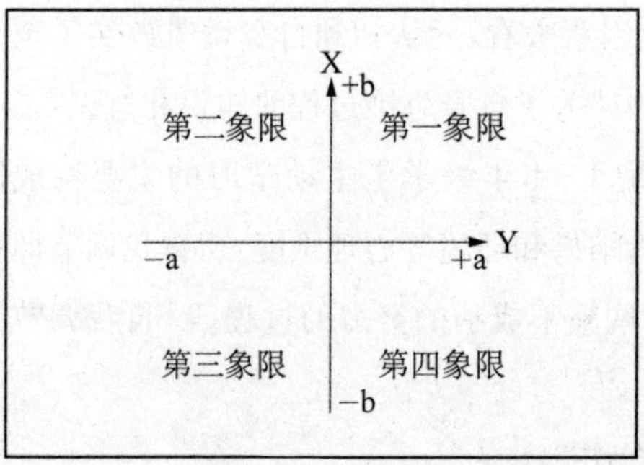

图 3－1 教师操心的存在坐标

① (苏)阿莫纳什维利. 孩子们，你们好！[M]. 朱佩荣译. 北京：教育科学出版社，2005：128.

1. 共生意义的第一象限

当教师操心落在第一象限时，第一象限的教师操心在 Y 轴上对应的是＋a，在 X 轴上对应的是＋b，由此，＋a 和＋b 就构成第一象限的教师操心，第一象限教师操心的意义就由＋a 和＋b 得以展现。Y 轴上的＋a 表示的是改变自己，教师在横轴上不断地以增益教师发展呈现教师操心的意义；X 轴上的＋b 表示的是主动学习，学生在纵轴上不断地以增益学生学习呈现教师操心的意义。＋a 和＋b 对第一象限教师操心的规定就在于：当教师不断地改变自己时，学生也就随之展现出主动学习；教师不断增益自身的发展，学生的学习也在得到增益；教师的改变自己和学生的主动学习共同说明着第一象限教师操心的教育意义。因此，第一象限是共生意义的教师操心，也是理想状态的教师操心。在这一象限中，改变自己的教师发展顺应着自身的内在增长和自我实现，同时，学生学习是与自己融合的学习并表现出主动学习的形态，这两个方面的规定是一种彼此促成的肯定关系。也就是说，改变自己的教师发展将本已蕴含在自身的以受动性为基础的学生表征已然地在学生学习中体现出来了；主动学习的学生学习将本已蕴含在自身的教师的促进学生主动学习的作用已然地在教师发展中体现出来了；教师发展在改变自己的程度上愈深，学生学习在主动学习的范围上愈广。这两者之间彼此促成着对方在正极上的形成，彼此构成对方的正能量，相辅相成，共同助益着教师操心意义的生成。

2. 共损意义的第三象限

当教师操心落在第三象限，第三象限的教师操心在 Y 轴上对应的是－a，在 X 轴上对应的是－b，由此，－a 和－b 就构成第三象限的教师操心，第三象限教师操心的意义就由－a 和－b 得以展现。Y 轴上的－a 表示的是改变学生，教师在横轴上不断地以减损教师发展损害教师操心的意义生成；X 轴上的－b 表示的是被动学习，学生在纵轴上不断地以减损学生学习损害教师操心的意义生成。－a 和－b 对第三象限教师操心的规定就在于：当教师不断地改变学生时，学生也就随之展现出被动学习；教师的改变学生和学生的被动学习共同说明着第三象限教师操心的教育意义。第三象限的教师操心是共损意义的教师操心，也是我们最不愿意看到的教师操心。在这一象限中，改变学生的教师发展抑制着自身的内在增长和自我实现，同时，学生学习是与自己相分离的学习并表现出被动学习的形态，这两个方面的规定也是一种彼此促成的肯定关系。也就是说，改变学生的教师发展将本已蕴含在自身的以能动性为基础的学生表征已然地在学生学习中体现出来了；被动学习的学生学习将本已蕴含在自身的教师的促进学生被动学习的作用已然地在教师发展中体现出来了;教师发展在改变学生的程度上愈深,学生学习在被动学习的范围上愈广。这两者彼此促成着对方在负极上的形成,彼此构成对方的负能量,相互损耗,共同减损着教师操心意义的生成。

3. 此消彼长的二四象限

当教师操心落在第二象限时,第二象限的教师操心在Y轴上对应的是－a,但在X轴上对应的却是＋b,由此,－a和＋b就构成第二象限的教师操心,第二象限教师操心的意义就由－a和＋b得以展现。当教师操心落在第四象限时,第四象限的教师操心在Y轴上对应的是＋a,但在X轴上对应的却是－b,由此,＋a和－b就构成第四象限的教师操心,第四象限教师操心的教育意义就由＋a和－b得以展现。－a和＋b对第二象限教师操心的规定就在于:当教师不断地改变学生时,学生却展现出主动学习;教师的改变学生和学生的主动学习共同说明着第二象限教师操心的教育意义。＋a和－b对第四象限教师操心的规定就在于:当教师不断地改变自己时,学生却展现出被动学习;教师的改变自己和学生的被动学习共同说明着第四象限教师操心的教育意义。落在第二象限和第四象限的操心点在横轴和纵轴上的对应点是彼此矛盾的:第二象限的教师操心,在横轴教师发展上表现出负极,可在纵轴学生学习上却表现出正极;第四象限的教师操心,在横轴教师发展上表现出正极,可在纵轴学生学习上却表现出负极。在这两个象限中,教师发展与学生学习的相互规定是以一种彼此砥砺的否定关系存在的,彼此以否定的方式在另一个中延续自身。也就是说,改变学生的教师发展本已蕴含在自身的以能动性为基础的学生表征并未在学生学习中体现出来,而是在学生学习中以与教师改变学生意蕴相反的主动学习的形式表现出来了;改变自己的教师发展本已蕴含在自身的以受动性为基础的学生表征也并未在学生学习中体现出来,而是在学生学习中以与教师改变自己意蕴相反的被动学习的形式表现出来了。在第二象限中,教师发展在改变学生的程度上愈浅,学生学习反而在主动学习的范围上愈广;反之,教师发展在改变学生的程度上愈深,学生学习在主动学习的范围上就愈窄。在第四象限中,教师发展在改变自己的程度上愈深,学生学习在被动学习的范围上就愈广,就离学生主动学习越远;反之,教师发展在改变自己的程度上愈浅,学生学习在被动学习的范围上就愈窄,而离学生主动学习就越近。可见,处于二、四象限的教师发展和学生学习分别以否定对方的形式延展自身,相互否定,此消彼长,以一方增益另一方减损的形式损害着教师操心的教育意义。

三、教师操心的特征

教师操心的四个象限展现了四种不同形态的教师操心。进一步分析这四种形态的特征有助于进一步认识教师操心的教育意义是如何得到说明的。依据人活动过程的基本要素，将从“活动的目的、对象、手段、结果”①几方面分析教师操心的特征。活动目的关注到教师操心现状背后的意图；活动对象关注到教师对自身操心活动所开端启新的定位对象；活动手段关注到教师为实现目的所采用的作用方式；活动结果关注到在操心的对象世界中以客观形式实现了的结果状态。

（一）改变自己，主动学习

第一象限教师操心的全部活动都对应于教师发展的正极和学生学习的正极，其主要特征体现在：教师通过改变自己促进学生主动学习。处于第一象限的教师立足于为充分发挥学生学习的主动性而改变自己，在促进学生主动学习和实现自身发展中创生教育意义。

1. 案例

神奇的“跳蛙”②

教师T操心的基本理念是：学习语文，不制造分数；属于第一象限的教师操心。

什么是学习困难

第一次单元测试的成绩出来了，带着十二分的好奇，我翻看了教师T班上的语文试卷。这班八年级学生试卷卷面整洁、书写工整、字迹端正，真是“强将手下无弱兵”啊。正当我夸赞学生试卷美观时，教师T从中抽出了五张卷首没有分数的试卷。

T：这几个学生在刚进初中的时候作文都还不赖。后来，我渐渐发现，他们写作文是“万变不离其宗”。什么是“万变不离其宗”呢？就是他们脑子里就只背了两到三篇作文范文，大概写人、记事、写景各一篇吧，这也许还是在小学就记好了的。然后，就靠这几篇背好的范文“包打天下”，碰到什么类型的作文就用什么范文，什么题意就往什么方面套，反正材料不变，主体不变，开头结尾点上题就行。

---

① 修毅编著.人的活动的哲学[M].北京：中国大百科全书出版社，1994：40.

② 原始材料来自对教师T的个案研究和叙事研究。

这五个学生的作文都有这样的问题。我一开始不知道，还觉得写得不错。但日子长了，就发现“诀窍”了。我觉得他们这样学下去很不好。

M：怎么不好呢？

T：这哪里是在学习语文啊，这是在制造分数。语文是什么？语文是遨游语言文字间的愉悦，是对话名家智者的体悟，是流淌心灵真语的畅快。看起来这些学生能拿到一个可观的分数，但是这分数背后是这些学生的学习存在困难。这也是我这次不给他们考试分数的原因。

M：不知道这些学生的学习困难何在？

T：他们的头脑在僵化。除了投机取巧他们什么也没学到。如果能把投机取巧的功夫用在“吸收营养”上，那他们的学习绝不会是这样的。他们学习的困难就是在于长期的投机取巧让他们快失去“吸收营养”的能力了。他们的头脑需要阳光照耀。

需要阳光照耀的头脑

和教师T短暂的谈话随着一阵下课铃声结束了。教师T随即叫住课间送作业本到教师办公室的课代表，让她把这五位同学叫到办公室来。

教师T没有拿出他们的考试卷，更没有训斥他们，而是从办公桌的抽屉里拿出事先复印好的五份阅读材料给他们人手一份。这阅读材料是马克·吐温的《卡拉维拉斯县著名的跳蛙》，这不是学生现有语文教科书中的课文。教师T对他们说：“本周五的班会课，我想办个戏剧专场。这篇马克·吐温的《卡拉维拉斯县著名的跳蛙》很有意思，我觉得挺适合你们五个人表演的。要不，你们这几天准备一下，把它改编成一出戏剧，周五班会课演出。选你们呢，是因为我从你们的作文里发现你们的改编能力都很强，相信这次改编一定不会让我失望的。周四中午我有时间，可以看看你们的排练，顺便给你们出出主意。”这五位同学接下了任务，带着三分狐疑、六分惊喜走出了教师T的办公室。

T：刚才不是说他们脑子在僵化，快失去“吸收营养”的能力了嘛。我现在就在把他们移植到阳光下，让他们的头脑接受阳光的照耀。

M：吸收营养和接受阳光照耀，这是什么关系啊？

T：他们的脑子能不能吸收营养这我可能帮不上忙，但是我可以给他们创造让他们吸收营养的环境，比如，给他们阳光，给他们最好的营养，让他们尝尝什么才是最好的营养。

吸收营养

接下来的两天时间，这五个学生每天形影不离，课间就聚在一起，一人手里一张纸（看起来是拿着教师T给他们的阅读材料），手舞足蹈，时而振振有词，时而争论不休。远远看去，他们手上的纸都标上了密密麻麻的文字和记号，五颜六色的。

终于盼到了周四中午，一吃完午饭，五个学生就约好聚在了教师T的办公室里，这时候的办公室除了教师T没有其他老师。教师T看完演出后，抿了抿嘴角说："这个故事出自马克·吐温之手，你们可能接触他还不多。你们说说，这个故事最吸引你的是什么？"学生开始七嘴八舌地说："很幽默"；"很有想象力"；"很好玩"。教师T接着说："光说没用，你得表演出来啊。靠什么表演，就靠你们的生动的台词和夸张的动作。这些台词文章里没有，这就需要你们去改编啊。靠什么改编，就依靠文章的这些叙述式的描写。我希望你们每个角色都有台词，而且还都是马克·吐温的味道。行不行啊？""没问题！"五个学生异口同声地回答。接着，教师T随即抽出文中的一个片段，然后指导学生可以怎么怎么改编成台词，并在一旁活灵活现地比划着动作，几个学生捧腹大笑了起来。一个中午的时间就在师生说说笑笑中度过了。

周五下午班会课上五位学生的演出非常成功，他们的表演既基于阅读材料，又完全超脱了文本的内容，台词精彩，表演逼真，逗得全班同学笑声不断。演出结束后，教师T让这五位学生再合作读这篇文章给大家听。其他同学都很好奇，这五位学生是怎么把一篇荒诞故事改编成如此有意思的戏剧的。于是，教师T安排了一个即兴的"《跳蛙》剧组记者见面会"，让班上同学向这五位学生发问，再由这五位学生轮流回答。在这五位学生回答时，教师T作为主持人总是引导着五位学生朝着阅读的时候怎么理解，表演的时候怎么表现的方向回答。这五位学生津津有味地交流着他们是怎么理解斯迈利为他的跳蛙感到骄傲的，这其中有些什么分歧，大家是怎么达成共识的，以及他们在表演中创造性地添加了斯迈利跳蛙最后失败的真正元凶究竟是谁的情节改编始末。

班会课结束了，教师T再次将这五位笑容满面的学生请到了办公室，拿出了他们的试卷。教师T说："你们卷子上的作文我都看了，这些内容我已经看了不止一遍了。"说到这里，这几个学生不好意思地低下了头。教师T接着说："你们卷子上的不是你们真正的语文成绩，今天你们的表演才是你们真正的语文成绩。

为什么？因为学习语文不是死记硬背，不是投机取巧，而是有血有肉、活灵活现的活语文。多看看像马克·吐温这样的作家写出来的文章，你们就会知道语文究竟多有意思。马克·吐温照搬过作文范文吗？”说到这里，几个学生扑哧一声笑了。教师T笑着说：“好了，万事开头难。今天总算把这头给开了。以后的路长着呢。不过，走上了这条学习之路，以前的老路就别再回去了。今天回家，你们的语文作业就不用写黑板上布置的了。”几个学生一阵兴奋。教师T接着说：“不写黑板上布置的不代表没有语文作业，你们的作业就是续写马克·吐温的《跳蛙》，题目我都跟你们想好了，就叫《神奇的跳蛙》。有问题吗？”“没问题！”五位学生信心满满地回答着。

2. 案例分析

(1) 目的

教师T操心的目的不是为了提高学生的作文分数，而是为了提升学生的语文思维，活化学生的语文知识。这一目的的形成，一方面来自于教师自身的语文理解。在教师T看来，语文学习就是“遨游语言文字间的愉悦，是对话名家智者的体悟，是流淌心灵真语的畅快”。另一方面来自于教师对学生学习语文的认识。在教师T看来，学生真正需要的不是高分作文、满分范文的模仿，而是“阳光的照耀”和“补充营养”。也就是用原汁原味的名家名著唤起学生对语言意蕴的琢磨和对语言形式的玩味，激起学生对语文世界的探索和对语文生活的热爱。显然，这一目的是直接指向学生主动学习的。

(2) 对象

教师T真正操心的不是学生作文本身，而是学生作文套用范文这一事件背后反映的“他们的头脑在僵化”。这也是教师T真正的过人之处，他并没有被学生短期内的分数高下这一表象所蒙蔽，而是在学生考场作文屡次雷同的事实面前“驻足”，发现了学生的“投机取巧”，洞察到学生的“营养缺失”。在教师T看来，这种营养缺失不仅是一种吸收营养能力的退化，更是缺乏真正营养的供给。所以教师真正操心的是：如何让学生恢复吸收营养的能力？学生吸收营养能力的恢复，是教师操心开端启新的关键。

(3) 手段

教师本身是介入不了学生学习的内部机制运作的。但是，教师可以做的是为学生吸收营养提供环境。教师采用的教学方法是给学生提供一份马克·吐温的《卡拉维拉斯县著名的跳蛙》，然后让学生改编成戏剧表演。看起来，这和学生考试作文照搬范文并没有直接的关联。但这恰恰就是教师T的操心脉络：A. 还原现象本身。这五位学生背范文应考是学习作文的一贯表现，这一真实的学习表现反映出一种本能的学习样态。B. 改变学习样态，从本能的学习样态走向智能的学习样态。智能的学习是让学生能够遨游语言文字、能够对话名家智者、能够流淌心灵的学习。C. 体验智能学习的学习方式。选择学生学习方式的标准就在于如何让学生能够主动地学习。学生主动地学习，意味着学生喜欢做这件事情，意味着学生对学习本身感兴趣。D. 创设可供学生体验智能学习方式的情境。这五位学生以往的作文学习经验是以改编范文为主要活动内容的，这也就说明这些学生本身具有一定的改编能力。与其让学生改编作文范文，不如让学生改编名家名篇。这种改编还需要有一个学习的任务，那就是戏剧表演。让学生先将这则故事改编为剧本，再表演出来。前者是对文本的理解，后者是对文本的表达。这样一来，学生就能体验到一种与以往完全不同的语文学习经历。在这一过程中，教师是在以不断改变自己对学生的理解和教学的理解而展开的，教师的所有工作都在围绕着如何让学生体验语文学习的成功和快乐中进行，这是教师操心的明线。其实还隐含着一条暗线，那就是学生自我调节学习的发展。教师T为学生设置适合于这五位学生的有关改编剧本的个人学习目标，让这五位学生形成了一个学习共同体。在实现目标的过程中，学习者提供达成学习目标的计划，自行执行策略与监控，教师T只是在学生的学习结果监控中提供一些帮助学生调整计划、执行和评价的要点，使这五位学习者得以把注意力集中于学习结果和策略过程二者之间的关系上，以此达成个人学习目标。

(4) 结果

学生在学习语文，在学习语文知识，在提升语文思维，但是这种学习不是教师将语文知识硬塞给学生的，也不是教师一项一项训练学生什么是语文思维以及如何运用语文思维，而是让学生在解决自己愿意从事的学习活动中体验到的，是自己在克服改编和表演过程的困难中体验到的，更是在自己心灵深处对营养丰富的语文的渴望中获得的。教师T在学生的学习困难面前，并不是为学生清除障碍，而是在给学生制造真正的学习困难，让学生自己在跨越这些障碍后看到自己原本畏惧的事情其实并不可怕，看到自己以前不愿尝试的事情其实很有意思。教师T的操心对应在教师发展之轴上的表征是将以肯定学生能动性为基础的教师改变自己；对应在学生学习之轴上的表征是学生与自己相关联的主动学习。像这种由教师发展之维的改变自己和学生学习之维的主动学习共同构成的教师操心就是第一象限的教师操心。

(二) 改变学生,主动学习

第二象限教师操心的全部活动都对应于教师发展的负极和学生学习的正极,其主要特征体现在:教师通过改变学生促进学生主动学习。处于第二象限的教师承认学生在学习中的主动性,但是以纠正和抑制等改变学生行为的方式促使学生学习,与此同时,教师未能在促进学生学习中实现自身的发展,从而削减了教育意义的生成。

1. 案例

念念不忘"2/3"①

教师R操心的基本理念是:为学生纠错,就是对学生最大的帮助;属于第二象限的教师操心。

2/3表示什么

今天,教师R上小学三年级的数学《初步认识分数》。整个教学进行得都很顺利,从分数3/4的认识入手,分数各部分的名称,分数的历史,分数的写法,最后分数的意义。在教学分数的意义这个环节时,教师R拿着一张平均折成三份的绿色蜡纸问大家:"2/3表示什么意思?"一学生举手说:"表示三份中的两份。"教师R接着问:"那这三份是怎么分出来的呢?"这位学生接着说:"平均分。""说得很好",教师R面带微笑、充满期待地望着这位学生说,"那请你说说2/3表示什么吧!"这位学生大声说:"2/3表示三份中的两份,是平均分的。"这位学生有意强调刚才教师R肯定了的"平均分"。可教师R对这个回答似乎还不是很满意,她轻轻地走近了这位学生一些,先是面向全班学生继而转向这位学生说:"可不可以把这两句话并成一句话说。还是请你继续把这个问题回答完吧。"显然,这位学生很少有机会一口气连着回答老师这么多问题,所以非常兴奋,脱口而出:"2/3表示把三平均分成两份。"

时间凝固两秒钟后,班上学生发出了一阵笑声,教师R也吃惊地张开了嘴。"老师,他说错了,我来,我来。"班上其他学生开始争先恐后地抢着纠正这位同学的错误了。在教师R还没来得及应对这位出错学生出错原因的情况下,她点起了第二位学生来说"2/3表示什么"。这回站起来的学生朝着出错的学生说:"2/3不是把三平均分成两份,而是把一个东西平均分成了三份,取了其中的两份。"这位学生说完得意地翘起了嘴角。教师R接着问第二位站起来发言的学生:"你说

① 原始材料来自对教师R的个案研究和叙事研究。

得很对，能说说你是怎么想的吗?”第二位学生接过老师手中的折成三份的绿色蜡纸说:“我是这样想的:一张纸平均分成了三份，这张纸就变成三份了，然后从这三份里面取出两份，是三份中的两份，所以 2/3 表示平均分成三份后的两份。”说实话，这位三年级学生的回答让我震惊了，我真没想到这个小男孩的思路如此清晰，推理能力这么强。难怪教师 R 会追问他是怎么想出来的。终于，教师 R 又露出了会心的微笑，她忍不住摸摸第二个发言小男孩的脑袋说:“真会动脑筋!”接着，又面向第一位发言的学生问:“现在，你明白了吗，能说说 2/3 表示什么吗?”第一位发言的学生怯怯地说:“表示三份中的两份。”随着教师 R 的一声“很好”，教学转入到了下一个环节。

念念不忘学生的错误

下课后，教师 R 主动和我聊起了这个“2/3 表示什么”的教学环节。

R:其实，第一位学生一开始就已经说了“2/3 表示三份中的两份，是平均分的”，可为什么我一要求他把两句合起来说，他就说错了呢?

M:是啊，我当时听了也觉得有些不解。(我在尽量控制自己不要随意评论，想多听听教师 R 的见解。)

R:幸亏有了后面一位同学的补充，要不然我都不知道怎么收场了。你看，后面那位男生多厉害，一下就切中了要害。而且拿着我折好的蜡纸一步一步说得清清楚楚。我就在想，如果当时让第一位学生也拿着我折好的蜡纸说，或者他一边说我一边演示我折好的蜡纸，可能这位同学就不会出错了。

M:你的意思是，造成第一位学生出错的原因就是他一时嘴快……(我不确定教师 R 是不是这样想的，但我很想知道她究竟是怎么考虑的。)

R:他当时可能是有些兴奋，因为平时也很少发言，然后 2/3 读作三分之二，结果他一下就溜出“把三平均分成两份了”。所以，如果当时我能在旁边演示折好的蜡纸，让他看着我的演示说，他就不会出错了。

M:那如果你演示了再出错怎么办?(我故意激将教师 R。)

R:那就只有再叫个不会出错的学生说，然后让这个出错的学生跟着说了。学生教学生总是更方便些的。

M:学生教学生，这个倒是挺有意思的。不过，说到第二位发言的学生，我觉得他真的思维能力超群。班上有个这样的学生真好！可要是班上没有这样的学生怎么办呢?

R:(望着我,正想说点什么)……

这时,同年级的另一位年纪稍长的L老师走到我们面前说:“我看你们在聊教学问题,聊得很欢,我也想来取取经啊!”教师R将这个“2/3表示什么”的教学环节复述给了L老师听。L老师听完后,脱口而出:“这说明第一个学生没有建立起单位‘1’的概念。单位‘1’是平均分、分几份、取几份的基础。这个学生不是一时嘴快,而是在头脑中对把‘什么’平均分的概念没有建立起来。”“那您是怎么教的呢?”我忍不住追问L老师。L老师接着说:“我就是抓两点:一是让学生在说分数意义的时候,要说出把‘什么’平均分;二是改变分数的读法,用‘三份之二’代替‘三分之二’。”

道理要讲清楚更要有趣

下午第一节课,教师R在办公室批改学生的作业。我发现她总是把学生出错的作业本折上一个大角,一摞作业本放在那儿,十来个突出的折角非常引人注目。等教师R批改完最后一本作业,我来到她身旁。

M:这些折起角的作业本是做什么用处啊?

R:就是学生的作业出错了,我折好角,待会儿课间的时候找到这些学生订正。订正过关了才行。

M:我发现你很在意学生的错误。

R:我觉得学生就是在纠正一个个错误中进步。我以前带学生合唱团、舞蹈队,就是一个个音跟学生调、一个个动作跟学生抠。调好一个音了,学生就进了一小步了;一个个动作抠到位了,学生也就进了一小步了。不过,我不是一点方法都不讲的。要让学生学得有趣,不要太枯燥了。

M:我一直在想上午L老师的那番话。你怎么看?

R:我觉得她讲得道理是不错的,但是其实我已经在一开始就讲了单位“1”的概念,就是把“什么”平均分的问题。我觉得是这个学生在那堂课上没有认真听。所以,我觉得还是一边演示折好的蜡纸一边让他说更好。因为,小学生学习有时候不是道理的问题,而是有没有趣味的问题。道理是要讲清楚,但是更要有趣,要让学生愿意接受。

2. 案例分析

(1) 目的

教师R操心的目的就是为学生纠错，让学生在改正错误中取得进步。这一目的的形成一方面来自于教师R以往带学生合唱团、舞蹈队时指导学生取得卓越成绩的成功教学经验。在教师R看来，教师教学的目的就是要去帮助学生纠正错误，而这一纠错过程本身是教师可以直接介入的。另一方面来自于教师对学生学习的认识。教师R虽然很想直接介入为学生学习纠错的过程，但又意识到自己想法和学生之间的格格不入，于是折中到让其他学生来“充当小老师”。可见，教师R的操心考虑到了学生学习主动性的因素，并且认识到了自己在促进学生学习上的局限。

(2) 对象

看起来，教师R对学生的错误总是念念不忘，但这其中让教师R真正念念不忘的不是学生为什么出错，而是怎样让学生不出错。教师R似乎并不大在意教师L提到的关于“单位1”的概念建立问题。不在意的原因并不是教师R否认这个概念建立的重要性，相反，她也辩白了自己已经讲述过这个“单位1”的概念了。而教师R更感兴趣的是教师对学生的错误能做些什么。在教师R看来，学生出错在教学中是非正常现象，是需要防止其发生的现象。与此同时，防止这一现象发生的根本不在教师，而在学生。

(3) 手段

当教师将操心的对象定位在怎样让学生不出错时，教师R的整个教学就呈现出步步追问、层层逼近的态势。教师R对“初步认识分数”的教学内容早已心中有数，这里的心中有数就是说，教师对学生在课堂的表现有一个预期的构想，教师提出的每一个问题都是在期望学生能往她期待的那个答案上面靠。谁知，学生在老师一连串的追问中，说出了自己在认识分数上的漏洞。在遇到这种情况时，教师R没能意识到这位出错学生的问题所在，没有以此为契机调整自己对学生和教学的理解结构，没有将纠错的焦点凝结在对自身的改变上，而是转向学生。教师R点名第二位学生的用意并不是让第二位学生说出正确答案，而是让这位学生说出自己究竟是怎么想的。也就是说，教师R虽然以步步追问、层层逼近的方式期待改变学生，但是一旦学生出现了问题，她所求助的不是“强逼硬灌”，而是充分发挥学生当中成功的学习经验，“让学生教学生”，调动起那些能够将自己的学习经验转化为教学知识的学生教学的积极性和主动性。所以，第二位学生站起来以后用“不是……而是……”回应了第一位学生的错误，接着又边演示边讲述自己的理解过程。这就发挥了元认知在学生学习中的重要作用。第二位学生在讲述自己的理解过程就是在反思自身的思维过程，并将这一过程以知识的形式表述出来，这种表述指向了同学认识上的局限，并为学生遇到学习困难如何补救提供了具体的指导。

(4) 结果

教师R操心的是如何让学生不出错,但她并没有将学生出错的真正原因作为自己操心的对象,这就使得教师操心在教师发展之轴上只能落在改变学生的负极上。也就是说,教师R越是期望学生不出错,越是将学生出错的原因归因于教师教学理解之外,教师的发展就越缺乏自我意识,就越发抑制内在的自我增长,教师的发展也就呈现出负极。但是,正是由于教师R应对操心的手段主要来自于学生成功的学习经验,并开发出"学生教学生"的教学手段,这就使得学生在整个学习团体中发挥着重要的作用。那些提供成功学习经验的学习者会很愿意分享自己的学习经验,并很享受特立于同学的成功感;那些聆听成功学习经验的学习者也会对同伴的思考过程本身感兴趣,因为这正好说中了他们的缺失,是他们学习过程中真正需要弥补的。这就使得教师操心在学生学习之轴上落在了主动学习的正极上。也就是说,学生的错误成为了学生之间交流成功学习经验的最佳时机。学生越是出错,"学生教学生"的机会就越多,学生学习的能动作用就发挥得越加充分,学生学习的主动性就表现得越强。反之,如果学生在课堂上出错的机会越少,教师通过教学方法的运用对学生的出错控制得越少,那么,学生学习的主动性就越弱。由于教师的操心立足改变学生而不是改变自己,不仅使教师的发展与学生相分离进而抑制了自我实现,而且使得学生学习主动性的发挥任意和肤浅,这就是第二象限教师操心所呈现出的此消彼长的否定关系。

(三) 改变学生,被动学习

第三象限教师操心的全部活动都对应于教师发展的负极和学生学习的正极,其主要特征体现在:教师在改变学生中使得学生被动学习。处于第三象限的教师未能认识到学生的主动性在学习中的核心地位,着眼于改变学生学习行为的种种不良表象,不仅使得学生与自身的学习相分离,也使得教师的发展受到抑制,进而损害了教育意义的生成。

1. 案例

教师急,学生浮[①]

教师J操心的基本理念是:跟着老师学,用心体会课文的美;属于第三象限的

① 原始材料来自对教师J的个案研究和叙事研究。

教师操心。

什么是语文课

今天教师J上的是小学二年级语文课《小柳树和小枣树》。上次和教师J课后交流了什么是语文课，以及语文课和科学课的区别问题。我想在今天这节课上看看J老师有没有体现出她对语文课的理解。

和上一次的教学“东一榔头西一棒子”相比，J老师最大的进步就是整个教学有核心问题了。这堂课J老师始终围绕着两个问题展开教学：“1. 小柳树和小枣树的样子怎么样？课文中哪些词语和句子写了它们的样子。2. 小柳树性格怎样，小枣树的性格呢？从哪里看出来的。”而且，非常可喜的是J老师将教学的着眼点放在“理解”上了。这是我们上次课后交谈的重心，语文课牢牢抓住“理解和运用祖国的语言文字”这一要害。不管怎么说，J老师在向着“如何引导学生理解和运用祖国的语言文字”这个语文课教学的方向上走。但是，J老师在这里还是将“理解”定位在让学生理解教师对文本的理解上，而不是学生如何理解文本上。正如J老师在课后和我交流中自己反思的：“我觉得自己的问题超出了二年级学生的水平。比如找句子的时候，学生很难在整篇课文中找到，不知道什么原因。另外，可能我自身能力有限，引导方法有问题，没有调动他们。整体上不好，没有上出设计的那个效果。”

教师的“急”和学生的“浮”

M：你觉得二年级语文教学最重要的是什么？

J：二年级最重要的是词语句子的理解和朗读。我觉得自己有点急了。只想着整篇课文都讲，每段都是一带而过，然后急着让学生找重点句子。

M：你说的“急”具体指的是什么？

J：急着把设计好的备课内容上完。备课的时候没有注意到具体的过程，所以说有些泛泛，也就是你刚才说的“浮”。

M：你说的“过程”是指什么？

J：学生从他能接受的一步一步到他要学的那个知识点。比如，第二自然段，找到写小柳树的句子，划横线；找到写小枣树的句子，划波浪线。我备课本上就这么设计的。我觉得学生应该可以完成的。

M：你让学生划两种线段，你有没有想到学生如果不会划怎么办？

J：有学生还是会划的。不过，我有考虑这个问题，所以我先让学生划，再出示，找到的确认，找不到的就可以参照课件出示的句子。

M：如果学生没听讲呢？

J：我只是关注到课的内容，学生就关注不到。以前会整顿纪律，现在关注课文不想批评学生。

跟着老师走，还是跟着学生走

在我一连串的追问下，教师J有些招架不住了。我选择了倾听，让教师J自己看看还有什么想说的就说出来。我没有任何提问，只是听听教师J现在都在想些什么。

J：我现在尽管找到头绪，但是说不出来。我觉得自己脑子里有内容，但是怎样输出不行。输出就是怎样让学生明白。

J：备课想些什么？小柳树、小枣树怎样？教学环节先出示段落，进入生字和词语的教学。再利用课件整体感知小柳树，让学生说出好看、不好看。在追问的时候跟着学生走。我以前就是先出示结果再追问原因。

J：是不是要跟着学生走？我是不是太让学生跟着我走了？

2. 案例分析

（1）目的

教师J操心的目的就是让学生跟着教师学。这一目的的形成一方面来自于教师J由于文艺学硕士毕业的学历背景而对自己专业优势的充分肯定。在她看来，她的理解是能体会到课文的美的理解，如果学生能跟着她学，进入到她的理解世界，学生就能体会到课文的美。另一方面，在教师J看来，学生在学习的主体地位是非常微弱的。也就是说，教师J所建立的师生关系就是：教师讲，学生听；教师传授，学生接受；教师提要求，学生执行。可见，教师J并没有意识到学生学习主动性的重要作用，也没有意识到自身发展与学生学习之间的关联。

（2）对象

教师操心的对象不是学生的学习，而是自己的教学设计。在整个教学过程中，教师J所关注的就是怎样按照自己既定的教学设计完成各个环节的教学。在教师J看来，学生要做的其实很简单，就是认真配合教师，按照既定的步骤完成教师的教学设计。如果学生不能配合，那教师就要“整顿纪律”。至于，学生为什么会不守纪律，学生学习的状况如何，这些对学生的基本关注还没有进入到教师J的视域中。能够发觉“自己的问题超出了二年级学生的水平”是教师J教学的一大突破。但是，她操心的落脚点还是放在如何设计得更好上，还是将学生置放在教学设计的程序中，而没有将学生作为和教师直接照面的交往者。

(3) 手段

教师J的教学指导主要就是停留在让学生记忆一些事实性知识的层面，偶尔涉及的理解层面，也只是一些低水平层面的理解。这并不是说小学低年级的学生就只能处于低水平的学习。诸如，“小柳树和小枣树，你更喜欢谁，为什么？能用上课文里的话说说吗？”这样兼有“评价”和“综合”层面的问题，也是适合于低年级学生的。所以，问题的关键不在于教师设计什么样的提问，而在于教师怎样理解学生的理解。教师J一个劲地想让学生明白自己的意思，却忽视了怎样理解学生的意思。这也是为什么教师J既让学生学得被动，自己也教得被动的症结所在。教师J真正急的是：这些学生怎么这么不上路，怎么这么不配合我；我怎么才能让这些学生跟上我，怎么让这些学生配合我。教师在不断急于催促学生跟上自己的教学思路中限制了学生主动性的发挥，同时也将自己封锁在固守己见、回避自身改变的闭合线路中。

(4) 结果

教师J操心的是怎么让学生配合自己，她一心想着改变学生以适应自己，这就使得教师操心在教师发展之轴上落在了改变学生的负极上。也就是说，教师J越想办法改变学生以适应自己的教学，就越将教学问题的根源归因在学生不听话、不认真等教师教学能力之外的因素上，教师发展就越缺乏自我意识，就越发抑制内在的自我增长。与此相应的是，教师J所操心的是怎么让学生跟着教师学，她对学生的定位是一个被动接受教师理解的容器，这就使得教师操心在学生学习之轴上只能落在被动学习的负极上。也就是说，教师J越是整顿纪律逼着学生跟着自己学，去接受教师自认为能体会到课文美的理解，学生的学习就越被动，越来越失去自己学习的主动性，学生的学习也就越来越与自己相分离。最后的结果就是：教师越是让学生配合自己，学生就越是学得被动；学生越学得被动，教师就越抑制自身的发展。这样一来，第三象限的教师操心就呈现出共损意义生成的状态。

(四) 改变自己，被动学习

第四象限教师操心的全部活动都对应于教师发展的正极和学生学习的负极，其主要特征体现在：教师在努力改变自己，却使得学生被动学习。处于第四象限的教师将自身的发展与学生学习建立密切关联，并努力在学生学习中改变自己，然而，这种改变却在抑制学生学习的主动性，使得学生的学习不断与内在发展需要相分离，从而损害了教育意义的生成。

1. 案例

一亩三分地[①]

教师D操心的基本理念是：守住自己的一亩三分地，看到学生实打实的收获；属于第四象限的教师操心。

教科书中的小卡片

跟着教师D听课已有一段时间了。我发现，教师D上课从没打开过教案，手里捧着的就是一本教科书，目光一直是在学生中间扫视。不过，教师D偶尔也会瞄上几眼教科书，但她瞄的并不是教科书本身的内容，而是她事先就粘贴在书中的小卡片。远远看去，这些偶尔从教科书中露出的小卡片，面积不大，五颜六色，平平整整地粘贴在课文的字里行间。教师D在什么情况下会瞄上几眼小卡片呢？一是在分析这篇课文的单词或句型时；二是在讲到一些有关课文情境的文化背景时；三是讲评学生作业时。究竟这些小卡片都记了些什么内容，这会不会是教师D教学的"秘密"呢？

在得到教师D允许后，我翻看了教师D教科书中的小卡片。这些小卡片大致可以分成三类。一是知识拓展类，包括与课文内容相关的异域文化知识和帮助记忆单词的各种串连。例如："sound similar: stone/bank/road/piece/book/back/ring/pay/sold/leave/fat/fee/full/lazy/cut..."。这大概是将"英汉发音相近"的单词进行归类。二是考点讲解类，包括与这篇课文相关的各类考点和相关题型。例如："get/have sth. done: 1. I have my hair cut; 2. Tom got his bad tooth pulled out."这大概是关于"做完什么；被（别人）做什么"的句型的考点和以往考过的题目。三是错题分析类，包括以往学生出现的错题范例。例如："05: Why not consider go to Lu Shan. 08: Why not considered going to Lu Shan."这大概是05和08级学生在"考虑做什么(consider+doing)"这个句型上出现的典型错题。

教师的"一亩三分地"

这天下午，教师D和她的徒弟们开展听课评课的教研活动。我来到教师D的办公室时，她还在和徒弟们评课。我刚坐下，耳旁就传来教师D的声音："比如

① 原始材料来自对教师D的个案研究和叙事研究。

这个知识点，come form 和 be form 其实它们的意思是一样的，但是你这样处理教材感觉表达的就是两个意思。这说明你没有打通知识点。我们钻研教材就是要吃透教材，就是要打通知识点，让学生触类旁通。一个一个知识点地教学生，让学生记，让学生练，效果肯定不好。只有找到一个最主要的知识点，然后把其他的附带上来，教一个，等于教了一串，这才是最厉害的。你们脑子里不要老想着怎样把一个一个环节走过场，要想着怎样在学生脑子里帮他们建立一棵知识树。什么多媒体，什么请来的外籍教师，这些统统都是浮云，你们告诉我这对学生有什么实实在在的效果。教学就是要种好自己的一亩三分地，看到学生实打实的收获。"

随着第二节课的下课铃声，教师 D 结束了和徒弟们的评课。

M：D 老师带徒弟也很认真啊。

D：没办法，吃这碗饭总得做点事。看着现在的大学毕业生这样教书，我着急。一上课就摆弄一些假把式，正经的教材不好好钻研。难怪他班上的学生成绩老是倒数。

M：学生成绩不好，老师要做些什么呢？

D：老师要反省自己的教学是不是出了问题。一般像这样的年轻教师钻研教材的功夫实在是太浅了。根本没有吃透教材，没有吃透课标，没有吃透考点，也没有吃透学生。

M：这吃透教材、课标、考点、学生，是不是您说的"种好自己的一亩三分地"啊。

D：对啊。你比如教材，我可以把六本教材通背下来，单元之间怎么照应，前后之间怎么连接，哪里可以串得起来，我基本上了如指掌。课标主要是给我们老师提示一个教学的标准，什么地方讲到什么程度，不能太深，也不能太浅。考点就是我们教学的抓手，讲到什么地方就要反映出相应的考点。学生就是教学的根本，教师所有的工作都要围绕学生展开。而学生究竟有没有学到知识，才是教学扎不扎实的根本。

学生眼中的教师

说实话，如今像教师 D 这样潜心钻研教学的教师并不多。不知道她教的学生怎样？

"我挺想当个学生喜欢的好老师的，你们说说，你们喜欢什么样的老师，是不是像你们 D 老师那样的？"我这一问，学生们说开了："我们 D 老师上课那是相当了得啊，你要有她教学的一半功夫，你就可以成为名师了"；"你知道吗，我爸说我是花了大价钱才到D老师班上的，这是什么，这就是名师效应，你以后就要成为这样的老师"；"谈不上喜欢不喜欢，反正她上课就是要认真听她的，因为她讲得不多，但每一个都是重点"；"我们给D老师总结了三绝：一是背得绝，我们的英语课文，她可以一字不落地背下来；二是算得绝，她说会考的题目就一定会考到，而且每次都算得很准；三是抓得绝，她要求我们题题清、堂堂清、日日清，我们别的科目都可以偷偷懒，唯独英语偷不了懒"；"D老师代表的是老一套的老师风格，你现在要当老师还应该有一些新的内容，像我在XDF培训学校(一家知名英语培训机构)，他们的教学风格就特别活泼，经常搞点小活动，野餐、夏令营、体验生活什么的，我觉得你以后成为这样的老师才有前途"……

2. 案例分析

(1) 目的

教师D操心的目的就是让学生牢牢掌握知识。在教师D看来，教学就是让学生学到知识。这里的知识既包括教材中出现的学科知识，也包括应对考试的答题技能。这一目的的形成一方面来自于教师D针对当下教学实践领域中一些教师比较注重各种媒体资源对课堂的装饰而忽视了钻研教材的现象。另一方面来自于教师D对教师和学生学习之间关系的建立。由此，善于计划、追求实效，是教师D操心的主轴。尽管教师D认为学生学习就是学到知识，而这知识主要是教师的传递和训练，但是她同时又将学生学习成绩不好的病因落在了教师自身的"功夫"上，是因为教师自身的教学水平和能力等方面的问题才导致学生成绩不好的。教师D将学生学习问题的归结点都落在了教师身上，落在了教师自身的改变上。

(2) 对象

学生到底有没有学到知识，这在教师D心中有一个非常重要的衡量工具，那就是学生的学习成绩。这不仅是教师D评价学生学习的工具，也是她评价其他教师教学效果的工具。在教师D看来，学习知识和学习成绩之间是一一对应的关系。她依据考点重组教材内容，依据考点安排各项教学活动，依据考点建立学生头脑中的知识树。一句话，教师D教的就是考点，考什么就教什么，怎么考就怎么教。透过考点关注学生，教师D所操心的学生学习就集中在两个方面：一是寻求高分捷径；二是克服学习懒惰。

（3）手段

教师D的操心手段概括起来就是她自己所说的“种好一亩三分地”。这里的“种好一亩三分地”就是“吃透教材、吃透课标、吃透考点、吃透学生”。毫无疑问，教师D用自己的实践很好地诠释了这四个“吃透”。教师D可以通背六册中学英语教材，熟背教材不仅是为了提高自身的学科知识水平，而且也是为了掌握教材中“单元之间怎么照应，前后之间怎么连接，哪里可以串得起来”。这是建立以考点为核心的知识树的“经脉”。当然，这也是让学生佩服得五体投地的教师D的“三绝”。由此，可以延伸到学生之所以会心甘情愿认真听讲、认真完成作业，这可能和教师以这“三绝”的垂范所建立的学生对教师的信服感有关。不仅如此，教师D在教学上的钻研还体现在她教学小卡片的制作上。这三类教学小卡片很好地体现了她的四个“吃透”。知识拓展类卡片可以让教师应对来自知识的连贯性、整体性等方面的问题；考点讲解类卡片可以让教师应对来自知识的理解性、应用性等方面的问题；错题分析类卡片可以让教师应对来自知识的巩固性、综合性等方面的问题。

（4）结果

教师D操心向内，遇到学生的学习问题总是将矛头转向自己，并以完善教师学科理解的方式积极改善教学的实际行动，这就让教师操心落在了教师发展之轴改变自己的正极上。也就是说，教师D不断发现学生学习中出现的问题，不断地转向自身的学科专业水平和教学能力，不断地促进内在的自我增长，教师的发展也就呈现出正极。与此同时，教师D将学生的学习牢牢执拗在考点的掌握上，并将这一掌握的主动权牢牢锁定在教师的手中，以教师凭借自己设想的学生掌握考点的成功教学经验控制和规定学生的学习，这就使得教师操心落在了学生学习之轴的负极。教师越是向内提高自身的学科专业水平和教学能力，学生学习的依赖性就越强，就越发失去自身在学习中的主动性，从而使得学生学习与自己越来越分离，越学越被动。教师D改变自己的程度越深，学生学习主动性的范围就越窄，学习被动性就越大。这种追求学习成绩高分的表面现象会让学生蒙蔽在唯分数而学的本能学习状态中，甚至遗忘掉学习的真正意义。这就是第四象限教师操心所呈现出教师发展和学生学习之间的否定关系。

第四章　教师操心的内在结构

教师发展和学生学习共同说明着教师操心的教育意义，与此消彼长的二四象限和共损意义的第三象限不同，第一象限呈现出教师发展与学生学习共同助益、共生意义的理想状态。这个理想状态不仅表征了教师操心得以生成教育意义的外在形态，而且揭示了教师操心的内在本质。这一本质是通过探寻第一象限教师操心的内在结构得以揭示的。一方面，教师操心内在结构的形成源于教师操心的教育意义统整；另一方面，教师操心的内在结构是构成这一统整体的交织方式。

一、教师操心的构成因素

"操心的结构的源始统一在于时间性。"[1]从时间性的角度看，构成操心的因素是：担心、应对和反应。（见图 4－1）担心是操心的缘起，是操心寓于其中的现身情态；应对是操心的展开，是操心世内存在的领会；反应是操心的表现，是操心揭示自身存在的方式。四个象限的教师操心都包含着这三个因素。第一象限的教师操心之所以能创生教育意义，在于其展现了教育"顺应人求知、想好、爱美"[2]的活动性质，表现为完整的担心、明智的应对和艺术的反应。

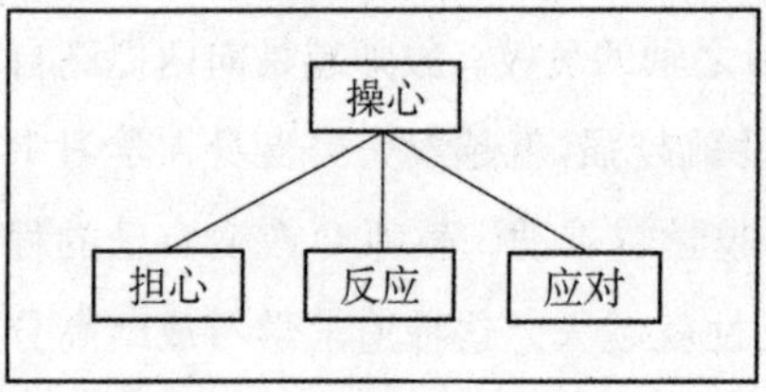

图 4－1　教师操心的构成因素

① （德）海德格尔. 存在与时间（修订译本）[M]. 陈嘉映，王庆节译. 北京：生活・读书・新知三联书店，2006：373.

② 朱光潜. 无言之美[M]. 北京：北京大学出版社，2005：201.

(一) 完整的担心

第一象限教师操心的担心因素指向想好,指向想好的担心就是"对概览缺失的一种提醒的记忆"①。这种对缺失的提醒记忆使得想好的担心力求呈现出一种完整的状态,完整地将教师在教育世界中所周遭到的远近、左右、内外都囊括其中。所以,完整的担心包含着学科、学生和教师。其中,学科居于最内层,学生居于中间层,教师居于最外层,三个层面由内向外层层嵌套,构成了完整的担心。(见图 4-2)

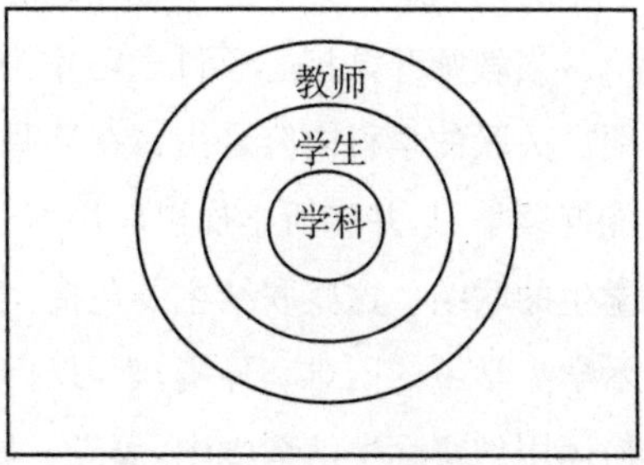

图 4-2 教师完整的担心

1. 学科的兴趣

中小学教师的存在是依附于学科的存在,他们是凭借学科教学进入到中小学教育领域的。学科不仅是中小学教师的身份,更是他们安身的根基。寓于学科教学,教师才得以介入学生的学习活动;依托学科内容,教师才得以与学生产生学习关联。因此,第一象限教师的担心首先把捉的就是所执教的学科。这不仅因为教师的担心来自学科教学过程,而且因为学科是以改变自己为发展取向的教师能够驻足待思的平台和媒介。教师需要借助学科教学的平台介入到学生缺乏主动性的学习活动中,需要借助学科内容改善与学生的学习关联。

在学科层面,第一象限教师所担心的症结在于兴趣。学生的学习缺乏主动性就意味着学生在学习该门学科时没有积极发挥自身的能动作用,立足于学科层面的思考就落脚在是不是学科本身没能激发出学生的主动投入,或者说,学科并没有展现出让学生感到值得主动投入学习的需要。这里,值得与否的一个重要衡量标准就是学生对学习该门学科是否产生了兴趣。着眼学生主动学习的教师不会被暂时的、偶然的即时兴趣所迷惑,他们更关注学生持久努力的长时兴趣。"应当努力使学生自己去发现兴趣的源泉,让他们在这个发现过程中体验到自己的劳动和成就,这件事本身就是兴趣的最重要源泉之一。"②可见,学科对学生持久努力的吸引来自于学生体验到学习该门学科过程中自己的劳动和成就。学生在学习该门学科时,意识到自己在付出努力,而这

① (德)罗姆巴赫.作为生活结构的世界——结构存在论的问题与解答[M].王俊译.上海:上海书店出版社,2009:18.

② (苏)B·A·苏霍姆林斯基.给教师的建议[M].杜殿坤编译.北京:教育科学出版社,1984:57.

种努力并没有白费，因为学生在努力中感觉到了自己的能量，看到了克服困难、逾越障碍的成果，体会到了创造个人知识的欣喜和驾驭知识力量的自信。这种来自于学科学习本身的兴趣才是学生学习兴趣的源泉。

当教师开始担心学科学习本身的兴趣时，学科内容的关联性和精要性就格外重要。关联的学科内容是指："在某些状况下，帮助学生了解一个主题的重要性，使他们能继续学习，并将所学加以应用。"①教师对学科内容关联性的关注集中在学科内容与学生的联结。这些联结主要包括：学习材料如何解释学生已有经验；学习材料如何显示学生学习的困难和障碍；学习材料如何帮助学生展现自身的学习能力；学习材料如何运用到实际生活情境中，等等。显然，这些联结的建立有着广阔的外延，有时一个着眼点都可以无限地扩展开去。但是，教师的教学时间是有限的。因此，在关注学科内容关联性的同时势必就需要关注到另一个制约因素，那就是精要的学科内容。精要的学科内容是指："学科的实质性知识；重要的是知道学科的方向和概念。"②精要的学科内容突出了学习材料的必要性。这个必要性主要包含：本学科领域最基本的有组织的事实和概念；有助于材料之间转换和生成的规则；理解本学科内容的基本阅读和书写技能，等等。

2. 学生的能力

教师的担心并不只是停留在学科层面，因为从施加影响到实际产生影响的过程需要推移到学生层面。这样一来，学生就成为了嵌套在学科层面之外的层面。学科层面对学生产生的影响内置于学生层面之内，换句话说，将学科层面对学生产生的可能影响限定在了学生可以呈现的范围。

在学生层面，第一象限教师所担心的症结在于能力。以往我们对培养学生能力的一个普遍认识是：先假定学生展开学习活动所需的某种能力是缺失的，然后再将应对学习活动所需的相应能力作为学生的学习内容让学生掌握并运用。本研究发现，这些做法带来的教学结果可能是，让已经具备主动学习能力的学生表现出的能力越来越突出，同时让没有具备主动学习能力的学生表现出的能力越来越微弱。简言之，好的更好，差的更差。诚然，元认知和自我调节是观察学生主动学习的表征，但是在面对学生未能表现主动学习能力的状况时却不能线性地理解表征和能力之间的关系。其实，

---

① (美)耶伦. 教学原理[M]. 单文经等译. 上海：华东师范大学出版社，2003：11.

② Turner-Bisset, R. The knowledge bases of the expert teacher [J]. British Educational Research Journal, 1999, vol. 25, 39 - 55.

“能力是成功地解决某种问题所表现的良好适应性的个性心理特征。”①能力是一种内隐性的个性心理特征，考察这种心理特征的途径是依赖于解决问题的活动。与其将能力从活动本身抽离出来单独让学生接受，不如通过改善活动样态、提升活动层级、保留活动运算，让学生的能力在活动中得以完整展现。由此，第一象限教师对学生能力的关注就回到了学生和学科建立关联的学习活动当中。

在学生能力系统中真正发挥核心作用的是学生学习的责任感。“要敦促学生对自己的哪怕是漫不经心的选择负责，使学生形成这样的生活态度，即生活是自己的，任何人都无法替代他生活。”②可见，有关学生学习的责任感并非如何拥有的问题，而是如何体验的问题。第一象限教师所关注的不是如何培养学生学习的责任感，而是给学生创设对学习负责意味着什么的体验机会。学生有选择不同学习活动样态、不同学习活动层级、不同学习活动运算的自由，但教师要做的是让学生清楚而深切地体验到不同的选择所产生的不同效果。尤其需要教师关注的是学生学习中的高峰体验，那种因自己的努力而发现自己从未尝试到的成功感和惊喜感。“儿童的尊严不是具有能力，而是虽然无能力或者能力较弱，但是可以通过自己不断的探索来学习和成长。”③第一象限教师在学生层面担心的不是学生是否具备主动学习的能力，而是如何为学生提供展现其自身能力的机会。这些机会能让学生看到自己原本以为自己不能胜任却意外发现自己原来可以做到；能让学生感受到自己在学习和成长中来自于自身的探索能量；能让学生对即将面对的下一个学习困难和障碍充满自信和期待。

3. 教师的信任

第一象限教师操心落在教师发展的正极改变自己，改变自己意味着教师将学科层面的担心和学生层面的担心都囊括在认识、发现和改变自己的视域中，自觉地将自己置于学科内容呈现的后台，置于学生学习活动之后，成为学生与学科建立关联的隐形支柱。由此，教师就成为了嵌套在学科层面和学生层面之外的层面。这意味着教师将自己整合在自己的认识之中，这“包含了把观察者——认识者整合到观察——认识活动中去的行为，包含了把观察——认识在它们的思想和文化的背景中加以环境化的行为”④。处于担心外层的教师需要不断借助他人介入自己的注视将自己抽身出学生和

① 林崇德.学习与发展：中小学生心理能力发展与培养(修订版)[M].北京：北京师范大学出版社，2003：169.
② 陆有铨.现代西方教育哲学[M].北京：北京大学出版社，2012：197.
③ (日)佐藤学.教师的挑战[M].钟启泉等译.上海：华东师范大学出版社，2012：85—86.
④ (法)莫兰.复杂性理论与教育问题[M].陈一壮译.北京：北京大学出版社，2004：22.

学科关联之外，又需要不断借助自己介入他人的注视将自己置身于学生和学科关联之中。在认识和观察的交错中，将学科的兴趣更加情境化，将学生的能力更加具体化，将学科和学生的关联更加显性化。

在教师层面，第一象限教师所担心的症结在于信任。教师得以将学科层面的担心和学生层面的担心嵌套在内的关键是关系的建立，维系这一关系的纽带就是信任。在不少中小学教师看来，把学生水平假想差一些，可以从低级开始教起，然后一层一层往上，这样照顾到了低水平学生，高水平学生从低水平学起也权当是巩固知识，这样面面俱到，岂不甚好。但事实是，学生并没有向老师事先假想的那样逐层而上，学生们厌倦这种毫无挑战性的低劣操作，更反感这种不信任的笨拙表演，甚至怀疑教师自身的智商和教学能力。此外，学生在校内的学习活动是受到教师计划安排的，学生是否能欣然接受教师的显性或隐性安排，是否能聆听教师的声音，是否能感受教师的姿态，这一切都取决于学生对教师的信任。“对老师的信任是另外一种信任，那就是信任理智的判断，信任知识的渊博，信任他能理解而且觉得对他有益的长处。”①这份信任弥散在师生之间，决定着学生在学习活动中能动性的发挥，调节着学生学习活动的进展。

教师言行的一致性和教师的示范功效是教师取信学生的两个要素。教师言行的一致性不仅指教师与人交往时言出必行的风范，而且指教师在关系网络中所展现出的整体性。“整体性要求我辨别什么是我的自我中的主要内容，什么适合或什么不适合自我，即要求我以给予生命力的方式选择汇聚我内心的各种力量。”②言行一致并不是教师刻意遵循的目标，而是教师以整体性面貌出现在学生面前时的自然表征。当教师放弃那些说出来没错、听起来没用的“毫无营养”的话语时，当教师卸下那些只是为了标榜作为权威存在的话语时，教师表达真实自己的言行才最能赢得学生的信赖。与此同时，教师的示范功效主要体现在教师自身的学科素养上。一个值得学生信任的教师首先是所任教学科的学科专家，其自身的学科学习经历是学生最好的课程资源，其自身的学科素养所辐射出来的教学表现是学生最好的学习范例。学科知识在这些教师的身体里犹如饱含情感的血液在畅流，教师的所有教学言行的表达都是对所教学科的由衷热爱。只有那些由衷的情感才能诉诸学生的心灵，点燃学生的信念之光。

---

① (法)卢梭. 爱弥尔[M]. 李平沤译. 北京：商务印书馆，1978：347.

② (美)帕尔默. 教师的内心世界[C]//(美)阿伦・C・奥恩斯坦. 当代课程问题. 余强主译. 杭州：浙江教育出版社，2004：96—113.

（二）明智的应对

第一象限教师操心的应对因素指向求知，指向求知的应对是明智的应对。“明智的主要因素，即考虑、理解以及体谅。”①由此，明智的应对包含着考虑、理解和体谅。其中，考虑是明智的主体，理解和体谅分别作为主体的两翼支撑和平衡着明智的展开。这三个部分，一体两翼，宛若一架飞翔着的飞机，构成了明智的应对。（见图 4－3）

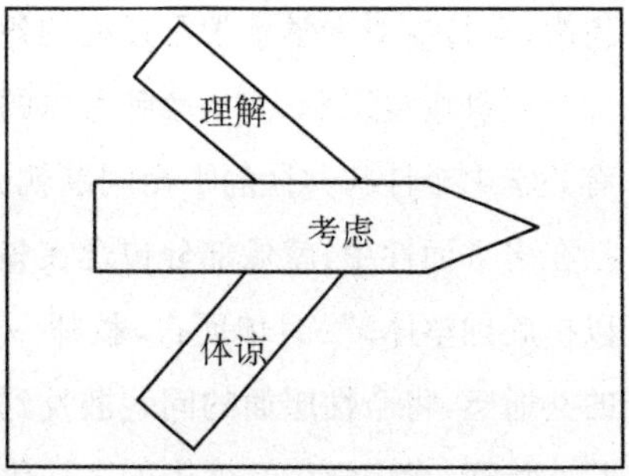

图 4－3 教师明智的应对

1. 指向迁移的考虑

第一象限教师应对担心的展开是考虑。考虑所体现的是基本逻辑是：目的——手段。这是一种以推理为内核的研究路线：以目的为起点推理出达到目的的手段；这些手段并不是一个个孤立的工具，而是一个自行组织的应变系统。

学生缺乏学习主动性的认知症结就在于迁移。迁移对于学生主动学习的影响主要体现在两个方面：第一，迁移是主动学习的纵深。从理解性学习出发，理解有六个维度：“解释——释译——运用——洞察——移情——自我认识。”②迁移在这六个维度之间起着穿针引线的要塞作用。从解释到释译，需要学习者将作为学习材料的现象、事实和数据迁移到自己熟悉的生活情境中，以讲述的方式表达自己的理解。从释译到运用，需要学习者将拥有自己理解的概念、原理或技能迁移到新的环境中有效运用，在适应运用的变化需要中调整自己的原有理解。从运用到洞察，需要学习者在运用的迁移中发现问题，在突破常规性思考中获得对所学内容的深刻见识和全新意义。从洞察到移情，需要学习者从自己观看事物的立场迁移到别人看待事物的立场，在体会别人所思所想所感的同时拥有对世界的全面体察。从移情到自我认识，需要学习者从理解外部世界迁移到理解自我的内心世界，在自我评价和自我调整中反思自己的偏见、习惯、思维或行为方式并形成自我信念。第二，迁移是主动学习的延展。在从一门学科迁移到另一门学科、从一学年迁移到另一个学年、从校内迁移到校外的辐射过程中，迁移扩展了学生学习的场域，延伸了学生学习的时间，是主动学习得以延展的命脉。在

① （古希腊）亚里士多德. 尼各马可伦理学[M]. 廖申白译. 北京：商务印书馆，2003：181.

② （美）威金斯，麦克泰. 理解力培养与课程设计：一种教学和评价的新实践[M]. 么加利译. 北京：中国轻工业出版社，2003：74.

迁移对学生主动学习的纵深和延展中，也使得学生的主动学习展开了横向和纵向的自组织，自行应对着学生学习过程的各种变化情境。

在班级授课形式中，教师考虑的迁移不仅是个体层面的，也是群体层面的。为此，有关学生个性与共性的平衡问题就成为了教师考虑的重要内容。“各种个性全部都包括在多方面性中，就像部分包含在整体中那样。部分可以通过整体来测量，部分也可以扩展到整体。”①具体而言，教师一方面需要考虑学生的个性特征，考虑学生个性中的共通感，将个性层面的问题散发到共性层面的共识问题；另一方面需要考虑学生的共性特征，考虑学生共性中的多样化，将共性层面的问题收敛到个性层面的独创问题。这就是“关于课程应当如何进行的内隐感觉”②。教师在清楚认识学科知识内部以及与其他领域知识之间关系的同时，明确其中蕴含的促进学生理解内容的个性学习方式和认识世界的专家认知方式；联合学生的多元智能系统思考适应学生群体背景的学科教学方法。在具体教学情境中，将个体呈现的学习问题作为群体学习的重要学习资源，同时将群体的学习问题提升到共识后鼓励学生探寻个性的解决方法。在教师的考虑中，共性是优先于个性考虑的，但个性也是共性考虑的归宿。

2. 作为判断的理解

在第一象限教师展开考虑的过程中，需要一种积极应变的判断辅助考虑，那就是理解。“理解的对象不是永恒存在而不改变的事物，也不是所有生成的事物，而只是那些引起怀疑和考虑的事物。明智发出命令，而理解则只作判断。”③也就是说，作为判断的理解是对与考虑相关事物的变化状态的理解，是对考虑过程中出现的新事物、新状况、新情形的领会。凭借这种领会，考虑可以作出积极努力的行动决定。在教师操心应对的考虑中最易引起疑虑进而需要判断的是学生个体发展和群体发展之间的关联，由此，学生发展的共性内容和个性内容就是教师理解所判断的关键。

从共性内容看，教师的理解表现为一种具有“熟虑术”和“折中术”的实践性知识。“所谓熟虑术是已知知识的深化与再解释的方法；所谓折中术是从理论方式独特的特定理论出发作出的有限阐明。”④这里的“熟虑术”意指教师对学科知识的理解并不仅

① 李其龙等译. 赫尔巴特教育论著精选[M]. 杭州：浙江教育出版社，2011：48.

② Coleman, L. J. "Being a teacher": Emotions and optimal experience while teaching gifted children [A]. In J. J. Gallagher (Ed.), Public policy in gifted education [C]. Thousand Oaks, CA: Corwin Press. 2004. 131 - 145.

③ (古希腊)亚里士多德. 尼各马可伦理学[M]. 廖申白译. 北京：商务印书馆，2003：183.

④ (日)佐藤学. 课程与教师[M]. 钟启泉译. 北京：教育科学出版社，2003：227.

仅限于对学科知识本身关系和网络的建立，而是将学生融合之内的熟虑。这里的学生更多具有群体的特征，主要包括：本班学生在以往解决相关问题时所表现出的总体能力水平；在已有学习经验中获得成功感较多的兴趣；本学科和其他学科所涉及的与即将学习的材料相关的主题背景，等等。将这些有关学生学习的内容融合进学科知识，就会表现出一种"折中术"的处理。这种"折中术"意指，在考虑适合学生纵深和拓展具有迁移性学习内容时，会将那些与学生共性特征吻合的内容优先选择，会避开或舍弃那些与学生共性特征相砥砺的内容。一旦第一象限教师在面对一些来自学生共性方面的新事物、新状况、新情形时，就能展开由"熟虑术"和"折中术"构建的循环理解中，在不断地内化中生成新的理解。

从个性内容看，教师的理解表现为理解儿童的"自由选择感"。"使教学大纲规定的必需的教学要求化为儿童内在的自主要求，把教师要求他们学习的教材变为他们自由选择的对象。"[①]这种对自由选择感的理解核心是为了将学生内在的自主要求和教师对学生的学习期待合二为一。看起来，学生确确实实是在做自己喜欢做的事情，这事情也是学生的自由选择。然而，在这背后隐含着教师先于学生自由选择之前对学生个性特点的理解，并凭借这种理解开启学生的心扉，赢得学生的信任，让学生被教师的教学活动本身牢牢吸引，并心甘情愿地积极主动投入到有教师计划和组织参与的学习活动中来。这种自由选择感的理解能帮助教师在考虑师生教与学的兴趣同一中协调应对。

3. 作为克制的体谅

如果说理解是帮助考虑作出积极行动以改变情境的积极判断，那么体谅就是抑制考虑中某些行动发出的消极判断。教育实践的基本事实就是其变化性。第一象限教师的体谅表现在将这些变化看作是实践中的自然表征。这种自然表征中的一部分是可以借助理解转化为教师改变情境的积极行动；还有一部分是自己无法掌控的事实，这就需要教师的体谅。

第一象限教师的体谅更多地表现为克制。"克制的一种特别之处在于忍耐，能够沉着平静地等待。"[②]不少中小学教师遇到问题总是希望一招取胜、一步到位，这种立竿见影的效果对教师来说的确有着致命的诱惑力。但是，这很可能会让教师蒙蔽在自

① (苏)阿莫纳什维利. 孩子们，你们好！[M]. 朱佩荣译. 北京：教育科学出版社，2005：237.

② (加)范梅南. 教学机智：教育智慧的意蕴[M]. 李树英译. 北京：教育科学出版社，2001：198.

己的一厢情愿中，很可能会既得不到学生的理解也没有时机理解学生。教师如果能想想我们自己童年时的那些一会儿哭一会儿笑、有时听话有时闯祸，那些喜怒无常、随性而为，还有那么多不可告人的秘密，也许我们就会变得能够很好地体谅儿童了。儿童的接受时效有长短、反应区域有强弱、情绪变化无定律，有时候，反复追问学生为什么不能、不行、不会，就像是追问禾苗为什么不今天长、花为什么不现在开、雨为什么不马上停下来一样让人无语。这时候，教师的体谅就是对自己本想采取行动的克制，后退几步，不去干预和干扰学生的这段变化无常，而是选择静静地观察和倾听，努力让学生把教师当作是他们的自己人，当作是可以倾诉的对象，甚至当作是分享秘密的密友。

体谅并不代表教师的委曲求全，而是教师的高瞻远瞩，转化矛盾为友谊。"为了使孩子们接受我加入到他们的童年世界中去，我应该带着自己的童年来到他们中间。如果我努力做到理解童年，他们就会产生理解我和以我为表率的愿望。"[①]与此同时，教师在体谅中也会发现，其实我们很多太过具有针对性的言行暗含了那么多的功利色彩。"儿童的生活不像成人那样追求功利，而是率性而动，所以事事有收获，天天有长进。"[②]作为教师，在应对考虑中的体谅能让我们自己收获到一种听任自然的天真烂漫，能让我们在这些追名逐利中重新找回失去的自我，找回那个像儿童一样纯真的自我。

（三）艺术的反应

第一象限教师操心的反应因素指向爱美，指向爱美的反应是艺术的反应。这种艺术的反应由情绪、符号和修辞三部分组成。其中，情绪是反应向外的最初绽放，既是教师自己全部反应的集中体现，也是别人最易感受到的部分。符号是反应体系中的主要部分，支撑着教师操心反应的全部展露。修辞是反应体系中艺术性的体征。这三个部分组合在一起，犹如一只机灵小松鼠的外形轮廓，构成了艺术的反应。（见图 4－4）

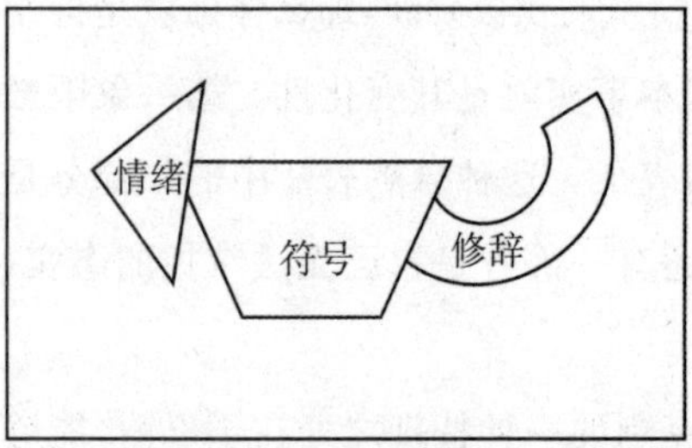

图 4－4　教师艺术的反应

---

① （苏）阿莫纳什维利．孩子们，你们生活得怎样？［M］．朱佩荣，高文译．北京：教育科学出版社，2005：107．
② 刘晓东．儿童文化与儿童教育［M］．北京：教育科学出版社，2006：25．

1. 支持的情绪

情绪是教师操心最易展开也最易被发现的反应方式。“情绪常被指称为掩盖的‘精神’，无法理解地突然起来，同样无法解释地退去。正是在情绪的模糊性中，经验世界的整体才可被理解。”①教师的情绪是最易感染学生的，学生能先于教师言行的直接情绪中感受到教师的现身状态。学生们擅长察言观色，教师的情绪表现成了他们揣测教师心情、判断自己行为后果的主要依据。当然，这并不意味着教师就要刻意去压抑自己的情绪，让自己整天看起来面无表情、毫无生气。第一象限教师的操心反应会将情绪的感染力作为重要的教育资源。

第一象限教师会将自己的情绪作为支持性感情。既然教师的情绪能够感染并影响学生，那就意味着如果教师能表露出对学生主动学习有着支持性的感情，就能让促进学生的主动学习。教师不仅要善于表露自己的支持性感情，更要善于辨认学生在学习中的情绪反应。学生在学习中与情感有关的反应包括以下七类：“创造力、恐惧、威胁、焦虑、攻击性、敌意、冲动。”②从促进学生主动学习的角度来看，这些学生的情感反应可以分为三类：第一类是起着促进作用的学生情感。例如，展示学生易于接受新知的创造力。面对学生的这类情感，教师只需表现出充分认可和赏识就可对这类情感的持久起着支持作用。第二类是起着促退作用的学生情感。例如，让学生感到无能为力的焦虑；对威胁事情采取防御的攻击性；排斥学习活动的敌意。面对学生的焦虑情感时，教师需要借助自身的示范和鼓励帮助学生重拾自信；面对学生的攻击性和敌意时，教师需要控制自己的反感情绪，转向有条件的宽容和善意的威慑。第三类是处于可进可退边缘的学生情感。例如，学生在面对突如其来事情时的恐惧；事情变化可能带来危害的威胁；急于做出选择的冲动。教师需要借助自己的情绪直接清晰地将学生这类情感的危害表达出来，并为学生情绪中正向能量的释放创设条件，让学生尽早体验到创造力的情感。

支持性感情的效用来源于教师情绪的表露方式。深受儒家文化影响的中华民族对情感的内修和外显一直是非常重视的。《论语·泰伯》中写道：“兴于诗，立于礼，成于乐。”在孔子看来：诗是一个人获得情感体验和生活滋养的源泉；礼是一个人立足于社会的根基；乐是一个人学有所成达至和谐的归宿。第一象限教师的情绪就完整地体

---

① (英)哈维·弗格森. 现象学社会学[M]. 刘聪慧等译. 北京：北京大学出版社，2010：161.

② (英)奥布赖恩，吉内. 因材施教的艺术[M]. 陈立译. 北京：北京师范大学出版社，2006：17.

现了“诗——礼——乐”内养性情而外重仪节、内具和谐而外具秩序的表露方式。在这种内外统一完整的绽露中，也表现出教师操心反应的意境之美。“有我之境，以我观物，故物皆著我之色彩。无我之境，以物观物，故不知何者为我，何者为物。”[①]第一象限教师的情绪反应也可区分出有我之境和无我之境的情绪表露两类。情绪反应的有我之境，意指教师站在自己对学科内容理解的角度观察学生的学习，教师将自己的主观意愿等感情色彩铺展开来，直抒胸臆地面向学生释放，以期具有撼人魂魄的宏壮之美。情绪反应的无我之境，意指教师将自己的所欲所求隐藏在静观静思之后，所表现的完全是学生情感反应的映衬。教师不直接表露自己的感情，却在对学生情感的镜式回应中流淌出对学生真切的关注和温润的信任，以期具有沁人心脾的优雅之美。

2. 编织的符号

教师操心在应对中所考虑的一切都需要借助符号的形式在教师的言语和行动中表现出来。符号是教师从应对到反应的中间环节，符号之网将教师的经验精巧、牢固地勾连在一起以丰富多样的形态编织着教师的活动，陈述着教师的操心。

操心活动是由语言和行动组成的活动。从以言行事的角度看，这种活动可以分为五种不同的类型：“断定式、指令式、承诺式、表情式和宣告式。”[②]在教师的操心反应中，A. 断定式的以言行事是指教师运用命题的形式表达世界的事态和自己的信念。例如，当学生对学科知识缺乏理解背景时，教师以生动的语言陈述知识形成的过程，以鲜活的事例描述知识的具体表现形态和功用。B. 指令式的以言行事是指教师以指令和要求的形式表达出希望听话人做所指示行为的愿望。例如，当学生对所学内容有所领会后，教师需要为学生设置一个带有问题情境的学习活动以帮助学生运用所学知识解决问题，教师可以指令的话语安排学习活动的展开。C. 承诺式的以言行事是指教师应允或许愿学生在行事之后的可能效果。例如，当学生在学习活动中遇到了一些未曾预想到的困难并表现出畏惧困难和回避困难时，教师可以运用为学生提供以往的成功案例并以此许诺学生一定也能成功。D. 表情式以言行事是指教师直接表达出言语行为的真诚条件。例如，当学生愿意主动承担学习任务时，教师表示欢迎；当学生以施教的形式向其他同学传达自己的学习经验时，教师表示致谢。E. 宣告式以言行事是指教师表达出发生变化的某种事态。例如，当学生依靠自己的努力逾越了学习障碍

① 王国维. 人间词话[M]. 李维新注译. 郑州：中州古籍出版社，2011：12.
② (美)塞尔. 心灵、语言和社会：实在世界中的哲学[M]. 李步楼译. 上海：上海译文出版社，2006：144—146.

时，教师向全班同学宣告该位同学所创造的“奇迹”。

作为表达符号的语言不仅传达着教师操心应对的意向，而且语言自身也在说话。教师将与自身经验相关联的已说出和未说出的思想情感显示在学生的面前，让学生听，也让学生看。这种显示不仅标识出以言行事的各种意向，而且将那个以言行事主体构成意向的所有不在场的经验本身也一同显示出来。在显示与被显示当中，语言的构造形态就为学生自行开辟出了一条与教师经验照面的道路，这才是真正的心灵对话。从师生之间的心灵对话来看，教师的语言和行为也构成了教师的姿态。第一象限的教师不仅具有以言行事的姿态，而且具有倾听应合的姿态。当学生表达自己的断定、指令、承诺、表情和宣告时，教师的倾听应合是最好的寂静之音，是允诺师生之间信任关系的最佳回应。当教师能够将这两种姿态纯熟运用、自然显示时，教师就获得了一种诗意的存在。

3. 得体的修辞

如果说符号体系解决了教师操心应对如何顺利表达的问题，那么修辞就解决了教师操心应对如何表达得更好的问题。“所谓修辞学问题仅从形式上看是一个问题，而按其内容本身却是一个断定。”①当以言行事的符号系统已经具有一个明确的意向时，修辞的作用并不是改变意向，而是加强这一意向的表达，让表达本身更具有艺术性。

第一象限教师在操心反应中的修辞表现为得体。作为得体的修辞注重的是对已有符号体系的修饰和补充，使其效果最佳。在语用学中，格赖斯的会话含义理论区分了两种原则，合作原则和得体原则，它们结合起来，协调运作，保证着言语交际活动的正常、顺利、效果最佳的进行。我们在这里谈到的修辞也就来自于得体原则。“得体原则有三个准则：礼貌准则、幽默准则、克制准则。”②教师操心反应中的修辞也体现在这三个得体准则中。A. 礼貌准则是指教师关注的重点并不是自己的意向传达，而是学生对意向传达的可能理解。这主要反映在：会不会让学生感受到他们的能力被看贬了；会不会让学生产生自己受到损害的不良影响；能不能将师生之间的分歧减小到最低限度；这会让学生认同还是会遭到学生的反感。例如，教师的提问应避免只需要学生用是或不是、对或不对回答的问题。“理解性问题有助于学生在解答之前反思问题本身；策略性问题促使学生提出和解释问题解决策略；连接性问题促使学生找到当前

① (德)伽达默尔. 诠释学 II：真理与方法(修订译本)[M]. 洪汉鼎译. 北京：商务印书馆，2010：224.
② 索振羽. 语用学教程[M]. 北京：北京大学出版社，2000：89.

问题和他们已解决或已完成问题之间的异同。”[1]B. 幽默准则是指教师创设一种轻松、愉快的情趣氛围，实现一种诉诸理智的可笑性。从积极修辞的角度看，运用幽默准则时主要是对教学材料的形式转换。转换的技巧包括：“譬喻、借代、映衬、摹状、双关、引用、仿拟、拈连、移就。”[2]例如，课堂上一位同学正在开小差，这时，教师走到这位同学的身边轻轻对他说：“请你为我们大家抓一只翠鸟来吧！”正在这位同学丈二和尚摸不着头脑之际，教师指指这位学生翻看课本中的相关段落示意学生先读读文中的段落，再来说说怎么抓翠鸟。在这个教学场景中，教师运用了借代的修辞手法，以学习课文的主题“翠鸟”为依托，运用“抓翠鸟”的修辞方式，将“抓”翠鸟的动作借用到让学生通过读课文来回答如何捕捉翠鸟的问题，同时暗示学生上课时集中注意力。运用借代所展现的幽默使得教师的教学谐美多彩。C. 克制准则是指教师采用克制的方式表达自己的不满或责备。当面对学生屡教不改、顽劣抗争时，教师的不满和责备是本能的反应，但是，不同的教师在本能反应和实际反应之间的距离却反映出教师的不同样态。有的教师恶语中伤、不吐不快，本能反应即实际反应，愤怒的情绪一泻千里；有的教师讽刺挖苦、指桑骂槐、说反话，在本能反应和实际反应之间转了一个弯，婉转地发泄了自己的不满和责备；还有的教师善于将坏事转化成好事，将不满和责备转化成自嘲、解嘲的幽默，将责备的时空预留给学生自己。这三类处理方式反映的教师本能反应和实际反应之间的距离恰恰就是教师修辞艺术的空间和教师艺术修养的绽放。

第一象限教师在操心反应中修辞的艺术源泉来自于模仿。“它们都是模仿艺术的表现形式。”[3]教师操心的反应形式是需要借助生活之眼，在模仿生活艺术中得以表现的。第一象限的教师是热爱生活的教师，他们的模仿源于对生活的热爱，对生活中所遭遇一切的热爱。这种热爱并不仅仅是热爱生活的美好，更是在洞见生活真相之后依然保有对生活的热情，依然愿意全力以赴地投入到生活中去。这种热爱本身是无任何功利色彩的，是纯然的喜爱。喜爱生活中的音调感、节奏感；喜爱生活中的色彩感、秩序感；喜爱生活中的活力、张力和生命力。带着这样一份纯然的热爱走进教学世界的教师就很懂得顺其自然又自然而然的道理。

---

① Mevarech, A. R. Kramarski, B. The effects of metacognitive training versus worked-out examples on students' mathematical reasoning [J]. British Journal of Educational Psychology, 2003, vol. 73, 449 - 471.

② 陈望道. 修辞学发凡[M]. 上海：复旦大学出版社，2008：58.

③（古希腊）亚里士多德，（古罗马）贺拉斯. 诗学・诗艺[M]. 郝久新译. 北京：中国社会科学出版社，2009：3.

二、教师操心的运行机制

“结构就是要成为一个若干转换的体系，而不是某个静止的形式。”①教师操心的运行机制实质是一个转换机制。转换机制存在于每一个要素内部，三个构成要素就意味着有三种转换机制：感受机制、筹划机制和过渡机制。（见图 4－5）较之其他象限，第一象限教师操心的转换体系更原初地体现了感受机制、筹划机制和过渡机制的原貌，并使得操心结构不至于中断、变形、坏死，而成为一个充满勃勃生机的健康生态循环系统。

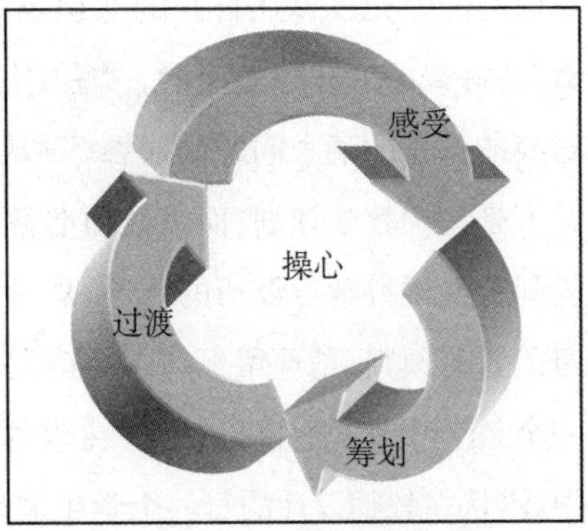

图 4－5　教师操心的运行机制

（一）感受机制

感受机制是伴生于担心的转换机制。从遭遇到印象，教师在接触外界事物时得到了对内心世界的影响，便是感受机制。感受机制分为三个阶段：接受、敏感、凝结。首先，教师以一种预备状态介入到学生的学习活动，接受活动中所反映的来自学生的内心感知。接着，教师需要对学生的内心感知进行辨别，敏感到其间对应的来自学生学习学科内容时学习需求的缺失。然后，教师将这些敏感到的因素收敛在一起，凝结在自己带着学科介入学生学习的信任关系建立上。

1. 接受

第一象限教师得以介入学生学习活动的前提是承认学生学习的主动性。对于学生的学习活动来说，教师只是一个外来物。如果这个外来物想在活动中发挥些作用，那么首先采取的态度就不是改变，而是接受，接受活动中所呈现出的确定的真实的存在。“我们对待它也同样必须采取直接的或者接纳的态度，必须只像它所呈现给我们那样，不加改变，并且不让在这种认识中夹杂有概念的把握。”②可见，接受是教师将学生学习活动作为自己体验场的感性确定性，这种感性是不带有任何智能概念的，这种确定性是对蕴含丰富内容的具体把握。

作为感受机制第一步的接受，并不是任凭学习活动现象本身支配摆布后，杂乱无

① （瑞士）皮亚杰. 结构主义[M]. 倪连生，王琳译. 北京：商务印书馆，1984：6—7.

② （德）黑格尔. 精神现象学（上卷）[M]. 贺麟，王玖兴译. 北京：商务印书馆，1962：71.

章式接受或事无巨细式接受，而是有预备的接受。这种预备开始于教师将投入学生学习活动的目光放置在自我的意识范围中，也就是说，教师是带有类似“我要看的是什么”的好奇态度开始接受的。“感觉性质不出现在我的视觉与世界的自然交流中，它是对我的目光的某个问题的回答。”①从接受学生学习活动的真实状态来看，备课的实质并不是一个教学计划，而是教师准备接受学生学习感知状况的“伏笔”。教师的备课是教师自身学科学习经历的再现，是对学生学习活动中可能存在的种种阻碍学生主动学习因素的预判，是预留下许多有待发现空间的伏笔。这些伏笔就潜伏在教师设计的每一个教学环节的衔接口，潜伏在教师设计的由主干问题和枝节问题构成的问题谱系中，潜伏在教师设计的每一个学生展现自身学习样态、层级、运算的平台上。这些伏笔就是教师在接受之前的好奇，就是等待接受时提出的问题。一旦教师开始展开教学，这些设计就会渐退出教师的视线，真正吸引教师注意的是学生在那些预留伏笔中的敞露。这种敞露是对是错、是好是坏，教师并不急着做评判，而是采取接受，接受来自学生对教师设计的学习活动的感知。这些内心的感知包括：“满意与不满意；向往与厌恶；愤怒与善意；恐惧与勇敢；羞耻与自满。”②具体来说，学生愿意还是不愿意参与到学习活动中；学生对教师的讲解或同学的观点是认同还是不认同；学生的回答表达出的是对他人观点的向往还是厌恶；对于学习伙伴出现的差错学生是愤怒还是善意地理解；面对教师设置的学习障碍学生是勇敢迎接还是恐惧不安；学生在这次学习经历中获得的是羞耻感还是自满感，等等。这里教师所做的只是是与否的辨别，而不是对与错的判断。

采用接受的方式介入学生学习活动，意味着教师不计较利害得失。如果将学生的学习成绩和自己的权威地位看作是利害得失的表征，就会被这些眼前的蝇头小利所蒙蔽，就会深陷于“唯利是图”的狭小眼界中，就会总想着要找学生算账的态度去面对学生学习活动中出现的与自己预想不符的状况。从接受的角度看，教师并不看重学生在学习活动中表现行为的是非对错，而是在意学生行为背后所隐含的反映学生心理、社会、精神层面的学习状态。这一状态本身并没有是非好坏的区分，只是将学生当下的学习状态如实地反映出来。学生的学习本身就是学生自己的分内之事，在对待他人的分内之事时，教师与学生的原初关联就是将学生作为和自己一样有着主动行使自己分内之事权利的人，对学生的尊重就是去平和、恭谦地接受他们在处理自己分内之事时

---

① (法)梅洛—庞蒂. 知觉现象学[M]. 姜志辉译. 北京：商务印书馆，2001：290.

② (俄)乌申斯基. 人是教育的对象(下卷)[M]. 张佩珍等译. 北京：人民教育出版社，2004：754.

所呈现的真实状态，就是去爱护学生在处理自己分内之事中那份主动性。

2. 敏感

大多数中小学教师都对一样东西保持着最强烈的敏感度，那就是：自身的权力感。这些教师在面对学生的学习状态时并未经历接受的过程，而是不约而同地直接跳进了敏感阶段。在他们对学生的指责中所指向的并不是学生的学习状态，而是学生对教师指令的不听从，对教师自认为无可撼动的权威的冒犯。所以，他们所强调的是教师至高无上的权力是神圣不可侵犯的。“正因为无能为力感和恐惧感总受到持续不断的刺激，而且这种刺激又太强烈和太持久，以致权力感已发展到这样一种微妙的程度，即在这方面人几乎成了最精细的平衡中的一个砝码。”①这些教师在宣称自己权力感的同时，恰恰是其内心恐惧感的外泄，他们真正担心的是暴露出自己原本的无能为力，担心的是事态发展到让自己无法掌控时的不可收拾。

第一象限教师并不是对权力感不向往，而是在照面世界中，早已意识到了自己能力的有限性和责任的边界性。与其从浮夸自己权力无所不能中获得如同泡沫般的尊严；不如机敏地略过表象，在与他人的私有领域保持距离中触及本质。“不表达性和不可表达性属于机敏的本质。略过并不指不看某物，而是指这样去看某物，即不是正面触及它，而是旁敲侧击地触及它。”②敏感是指教师在机敏地略过中创造的距离感和共通感，这里的距离感是指避免对学生作为人的形象的冒犯和伤害，这里的共通感是指在敏感中致力于建立一种足以令学生信服的普遍共识。

敏感中的共通感是指师生之间带有普遍性的共同感受。“共通感就是共同的心意状态，一般把它理解为情绪、心态、精神、感受力、理解力等多种因素的综合统一。”③教师所敏感到的共通感是学生对学科知识内容本身的感受性。这种感受性，以学科内容的趣味性为来源，以学生获得证明自身能量的自信心和归属感为旨归，以学生的情绪安全感和自我调控的权力、自由为保证。由此，教师的敏感就具体化为两个步骤：第一，敏感到学生学习活动状态中所表现的学生的需要，例如，“能够对学生的差错、疏忽、误解和缺失作出区分”④。能够区分这些细微差异就是教师的敏感。第二，教师的

---

① （德）尼采. 生命的意志[M]. 孙志军选编. 武汉：长江文艺出版社，2009：55

② （德）伽达默尔. 诠释学 I：真理与方法（修订译本）[M]. 洪汉鼎译. 北京：商务印书馆，2010：29.

③ （德）康德. 判断力批判[M]. 彭笑远编译. 北京：北京出版社，2008：56.

④ Bennett, R. E. Formative assessment: A critical review [J]. Assessment in Education: Principles, Policy & Practice, 2011, vol. 18, 5 - 25.

外在表现方式能够突显出对学生需要缺失的等待确认和高度关注。这样一来，在学生和教师之间就形成了一种普遍的和共同的感觉，教师、学生和学科之间就由一条隐形的纽带牢固地维系着。对于同样敏感的学生来说，他们已经能够在这种共通感中体认到一种对自己学习状态的判断，并清楚地知道真正关键的东西是什么。

3. 凝结

教师所凝结的担心是对自身教学中理解体系的改变。教师在带着蕴含自己预设的教学设计介入学生学习活动时，学生呈现出阻碍其自身主动学习的学习活动状态。此时，教师担心中凝结的关键并不是丈量这些状态与教师理想状态之间的差距然后弥补差距，而是将这些状态背后的学生需要缺失归结到教师对原有理解的否定和扬弃。

第一象限的教师是敢于否定自己的教师，这种否定是指为了达到自己意识与学生意识的统一，教师将自己作为意识对象的自否定。教师的否定不是在挑拣中舍不得丢弃的“怀旧式”掂量，也不会去寻求现有标准来识别审查正在发展的一切，更不会急匆匆地转向自己的反面，而是一种因情境而变化的可塑性。“否定作为一个单纯的点，固然已经是一切真实东西的出发点，是一切活动——生命的和精神的自身运动——最内在的源泉，是构成概念运动的转折点，生命和精神最内在、最客观的环节，由于它，才有主体、个人、自由的主体。”[①]由此，从可塑性理解教师凝结中的否定，就是将教师作为一个不断追寻教学可能性的存在。教师在凝结中将那些阻碍学生主动学习的学习状态看作是自己的盟友，从学科兴趣、学生需要和师生信任的角度询问出自己的误解，并且以这些误解作为重建可能性的基础，将重建的方式具体地凝炼在自己的担心结构中。这种担心结构的建立来源于教师的自我塑造和自我发展。可塑意味着教师犹如一只章鱼，既有延展触须吸附事物的影响力，也有收缩触须积极等待的聚敛力；既有血脉喷张的投射力，也有蜷曲瓶颈的适应力；既有保有体色的意志力，又有迎合变化的自然力。

教师在凝结过程中所展现的是一种“无目的的合目的性”[②]。教师对自身担心的凝结并不是什么控制学生掌握多少知识、提升某种技能的可测量的实体性目的。说实话，这些实体性目的的实现并不是教师所能掌控的，正如教师无法介入学生学习机体内部一样，教师也无法保证学生究竟学到多少知识，提高多少能力，培养多少情感。盲

① 邓晓芒. 思辨的张力：黑格尔辩证法新探[M]. 北京：商务印书馆，2008：215.
② (德)康德. 判断力批判[M]. 彭笑远编译. 北京：北京出版社，2008：42.

目追求这些实体性目的只是缘木求鱼而已。教师在凝结担心的过程中并没有指向什么具体的实体性目的,但是教师却暗含着对师生之间共通感的诉求,这种共通感是源于对学科内容本身的共同感受性,是在共通感驱使下愿意自然而然地主动投入学习的意愿,而这才是教师凝结担心中的合目的性。由此看来,教师的凝结其实是一种“理智的沉静”,“是一种无杂念的、更好的和无阻碍的状态,它是内心清晰和思考自由的源泉”①。

(二)筹划机制

筹划机制是伴生于应对的转换机制。教师领会到自身能够以如何的方式去应对学生学习的不良状况,同时领会到自身能在的存在,便是筹划机制。筹划机制分为三个环节:分类、分解、想象。首先,教师通过重新解释的方式为担心分类,将教师的担心转换为操心的问题;接着,教师通过穿越和联合的方式分解操心,将教师的操心转换为若干部分与整体之间的关联形式;然后,教师通过构想图像的方式展开操心的想象,激活教师操心的自我构造。

1. 分类

筹划机制的第一阶段就是对教师凝结成的担心进行重新解释,再按照操心的问题形式进行分类。重新解释担心,意味着一方面将担心的整体性展现出来,另一方面将教师的担心奠基在作为什么而存在的先行结构中。无论第一象限教师如何结构他们的担心,其内核都是学生学习主动性的缺乏。这是教师操心的整体性。由此,教师的担心就转换为作为应对学生缺乏学习主动性的结构。这一重新解释还只是一个奠基性的先行结构,还需要进一步转换为可以问题形式表征的应对。这里的问题并不是学生学习主动性缺乏本身的问题,而是学生学习活动本身在唤醒学生主动性方面存在的问题。这里隐含的教学假设是:学生主动性的缺乏会表现在他们的学习活动状态中,教师通过调整学生的外在学习活动形式可以促使学生激发出自身的学习主动性。这样一来,应对的问题就集中在教师对学生学习活动的改善上。学生的学习主动性是基于学生的理解性学习得以展现的,而贯连学生理解性学习的要塞是迁移。因此,我们可以进一步解释为,学生主动性未能发挥的症结在于学生学习活动中迁移活动的不充分或不到位。

当我们以学生学习迁移活动不充分或不到位重新定位教师应对时,这种应对本身

① (意)蒙台梭利.童年的秘密[M].单中惠译.北京:中国长安出版社,2010:165.

所蕴含的因果关系就凝结在了迁移活动本身接近、接续、恒常结合的自然关联上。“因果关系虽然是涵摄着接近、接续和恒常结合的一种哲学的关系，可是只有当它是一个自然的关系、而在我们观念之间产生了一种结合的时候，我们才能对它进行推理，或是根据它推到任何结论。”①从自然关联的角度看，当学生学习活动未能引起学生对学习材料的学习期待感的时候，学生学习的迁移是难以发起的，这种缺乏学习期待感与学生学习迁移之间存在着前后接续关系。当学生学习活动未能引起学习材料和学生经验之间的相似感的时候，学生学习的迁移是难以衔接的，这种缺乏学习相似感与学生学习迁移之间存在着接近关系。当学生学习活动未能引起学生从学习材料中获得成功感时，学生学习的迁移是难以行进的，这种缺乏学习成功感与学生学习迁移之间存在着恒常结合的关系。由此，教师所应对的操心问题就可以分为三类：第一类，形成期待感的问题。如何使学习材料成为学生的学习期待，以发起学生学习迁移。第二类，形成相似感的问题。如何在学习材料和学生经验之间建立相似性，以保证学生迁移的衔接。第三类，形成成功感的问题。如何让学生在学习材料的行进中体验到成功感，以促使学生迁移的进行。

分类是为了帮助我们更好地理解操心问题的情境，每一个分类既是关于原因的陈述，也是对各类型之间同一性和差异性的标示。这里的同一性指向了学生在学习中的期待感、相似感和成功感其实质就是学生对学科兴趣的源泉，也是师生共通感建立的根基。这里的差异性意味着在接下来的分解环节中，不同的问题内含不同的内容，也有着不同的分解方式。

2. 分解

“障碍的存在是活动存在的必要条件，没有这一条件活动本身就是不可能的。”②分解，就是为学生设置活动障碍，这些障碍整个指向学生所缺失的期待感、相似感、成功感，障碍本身被分解为若干个部分，由这些部分的组合排列完成整个障碍的设置。当我们将活动障碍统称为整体，那么被分解成的子障碍就是部分。部分构成整体的方式有两种：“同一整体可以在某些部分上是穿越，在另一些部分上是联合。”③穿越，指的是整体作为各个环节的总和进行分解，各个子障碍之间并不是独立存在的，跨越一个个子障碍犹如穿越在整体的各个组成环节之间。联合，指的是整体只是最后的成

---

① (英)休谟. 人性论[M]. 关文运译. 北京：商务印书馆，1980：111.

② (俄)乌申斯基. 人是教育的对象(下卷)[M]. 张佩珍等译. 北京：人民教育出版社，2004：825.

③ (德)胡塞尔. 逻辑研究. 第二卷，第一部分[M]. 倪梁康译. 上海：上海译文出版社，2006：318.

像，各个子障碍之间彼此独立，但前一个奠基了后一个障碍，各个子障碍以连锁的方式彼此奠基却又最终呈现出整体的面貌。穿越和联合也是分解过程的两种主要方式，但这两种方式往往是同时出现的，只是出现的先后顺序有所不同。

不同类型的操心问题可以选择不同的分解方式。A. 形成期待感的问题，意味着学生在学习活动中缺乏对作为学习内容的学科知识的期待，由此，设置的活动障碍就是指向期待感的恢复。越是缺乏期待感，越需要将学生已经冷漠的学习内容呈现在学生面前，这不是为了加深学生对其的冷漠，而是让学生在这种冷漠中重新焕发出期待。那么，这里的分解就是在原有呈现方式中扩展出新的环节，这个环节是独立存在的，甚至需要学习者花上更多的努力才能完成这个新的环节，但是一旦学生经历了这个新的环节，那么他们将会对以前已经冷漠对待的学习内容刮目相看。因为学习者在品尝到跨越障碍的体验后会发现，以前的那些学习内容其实并不是那么难，并不是那么无趣。B. 形成相似感的问题，意味着学生在学习活动中没有在学习材料和自己经验之间建立相似性的联结，由此，设置的活动障碍就是指向相似感的恢复。越缺乏相似感，越需要为学生补充相似的经验，这不是一味要求学生经验的丰富性，而是在学科内容的呈现中展现出与学生已有经验相区别的认识。补充相似的经验并不只是提供与原有经验相符的学习内容，在很多时候，尤其对那些缺乏相似感的学生，提供一些与他们已有经验截然不同的认识方式更能激发他们相似感的恢复。C. 形成成功感的问题，意味着学生在学习活动中没有从学科知识本身获得活性运用的成功体验，由此，设置的活动障碍就是指向成功感的恢复。越是缺乏成功感，越需要成功的体验，这不是降低对学生的学习要求。成功感指的是学生通过对学科知识的活性运用而体验到的来自探索知识本身的惊奇感和自己在运用知识中自身能量得以表现的尊严感。

3. 想象

在筹划机制中，想象往往渗透在分解和分类的各个不起眼的角落，以一种内部图像的方式使得教师的应对得以敞亮。“内部的图像世界分为七个类型：行为调节器、定位的图像、期望的图像、意志的幻想、记忆的图像，模仿的图像和原型的图像。”①第一象限教师的应对筹划就包含着这七种类型的内部图像，想象也就依循着这些内部图像的形成而展开。

A. 原型的图像。教师在分类时主要凭借的就是那些储存在头脑中的学生缺乏学

① (德)武尔夫. 教育人类学[M]. 张志坤译. 北京：教育科学出版社，2009：127.

习期待感、相似感和成功感的原型图像。这些图像的获得可能来自教师的亲身经历，也可能来自教师从一种观察或阅读中联想到的图像。这种原型图像是教师自我意识程度和理解力的表现，对于教师区分操心问题具有非常重要的作用。B. 记忆的图像。教师在判断学生现有的状态归属于哪种操心问题类型时，记忆图像就开始被调动起来。“这种资禀和敏感通过常在注意的听觉和视觉，把现实世界的丰富多彩的图形印入心灵里。”①记忆是教师想象的钥匙。教师只有记住这些学生学习世界以及更广阔世界的多样图像，才能随时调动出这些图像参与现时的考虑、理解和体谅，才能将图像与人的内心世界建立关联，才能在已实现图像和未实现图像之间建立沟通，才能自由穿行于现实世界和想象世界。记忆的图像重现不同时间和空间的过去，关系到师生教学经历中的成功与失败、快乐与痛苦，能够帮助教师全面分析学生所处变化的位置，并根据变化位置进行准确的判断。C. 定位的图像。教师在分解针对操心问题的活动之前，需要在头脑中构想出学生作为学习者的理想图像，也是能在师生之间建立共通感的图像。这些图像可以帮助教师对具体的分解筹划进行定位，这一定位不仅是教师筹划分解的参照，而且也会渗透在活动中对学生产生影响。D. 模仿的图像。教师的应对活动并不是教师凭空编造的，而是基于教师的模仿。这些可供模仿的图像既包括教师在同类型问题处理上的成功教学尝试，也包括教师在不同类型问题处理上的成功教学尝试。模仿实质是创造的想象，“它只能是材料组合所取的形式”②。因此，模仿的图像重在教师的仿中之创，也就是说，教师要善于发现被模仿事物与自身所处状态的同中之异，这些同中之异可以帮助教师将模仿的图像融合进自己的理解和体谅，并生发出富有教师个性特征的图像。E. 作为行为调节器的图像。教师在分解针对操心问题的活动障碍时，这一系列的活动障碍的分解无论是穿越还是联合，都是一个接续性的活动。教师在构想每一步活动时，如何考虑到下一步环节与这一步之间的关联，或者说，学生在这一步活动中会有怎样的表现，这是教师接续活动构想的重要依据。而这就需要教师想象出继承行为的图像，这些图像可以调节教师每一步活动的设计并随机填补活动之间的缝隙。F. 期望的图像。贯穿于教师筹划分类和分解的是教师的期望图像。教师期望的图像并不是为了指引教师具体的教学行为，而是为教师带来教学的自信，让教师充满期待地面对教学实践是教师教学充沛情感的源泉。G. 意志的图

① (德)黑格尔. 美学(第一卷)[M]. 朱光潜译. 北京：商务印书馆，1979：357.
② 朱光潜. 文艺心理学[M]. 上海：复旦大学出版社，2009：179.

像。一旦教师的期望图像指向的是拥有和享受，意志的图像便呈现出来了。教学永远只是尝试，因此，教学中出现的任何出乎教师意料的情况都是正常现象，反之，如果教学看起来"顺"得没有任何波澜，那其中存在的问题可能更大。因为这说明问题已经大到教师都察觉不出问题的存在了。由此，教师需要有一种应对可能突发状态的想象。这种想象也许根本解决不了实际的突发状况，但是却能为教师带来恒定的教学信念。

从教师想象的内部图像世界看，想象推动着教师的理智进步。"理智的进步就在于直接理解和间接理解的有规律的循环运动。"①想象既有助于教师将已有的理解作为手段和工具去判断那些模糊可疑的现实，也有助于教师从自己先前已经认识清楚的事物中发现自己尚不清楚、有待进一步思考的东西。前者是直接理解，后者是间接理解，而想象是进入直接理解和间接理解的门槛，是连接两种理解的通道。此外，"释放想象力将帮助我们寻求更多的认知冲击，更多的探索，以及对意义的深入探讨，更积极地参与到人类社会的无止境的追求。"②的确，教师在应对的想象中通过豁然的顿悟、创意的火花、认知的震撼所体验到的同情、惊奇、希望等是教师自我实现的最佳体认。

(三) 过渡机制

过渡机制是伴生于反应的转换机制。教师的操心反应是在筹划指导下的反应，也是筹划的言行绽放，过渡机制就是从意识到言行的转换。过渡机制可分为三个环节：契机、表现、适度。首先，教师反应的开始并不是随意而发、随性而动的，而是教师在自我经验和外部情境关联中的契机；接着，教师反应的行进是表现，作为动词的表现集合了教师在情境中全部的展露；然后，通过适度的平衡机制，使教师展现出合适的反应。

1. 契机

契机指的是在情境发展过程中能够转变事态的关键。这就意味着教师的反应是主动造访情境，甘愿顺从于情境中某些东西的存在姿态。这种造访和顺从就是教师的自我经验。经验是编织世界的针线，世界是点滴经验交织的网络。与其说自我经验将变化带入了我们的生活过程，不如说生活的变化让我们不由自主地展开了自我经验。教师一直就处于教育教学的情境当中，是植入情境的一部分。教师的点滴经验生成着教育教学的情境，同时由点滴经验构成的流动着的教育教学情境也实现了教师。

从自我经验的角度理解教师反应中的契机就是一种经验的搏动。搏动是理解自

---

① (美)杜威. 我们怎样思维·经验与教育[M]. 姜文闵译. 北京：人民教育出版社，2004：120.

② (美)Egan，K. 等编著. 走出"盒子"的教与学：在课程中激发想象力[M]. 王攀峰，张天宝译. 上海：华东师范大学出版社，2010：121.

我与周遭世界细小连结的一个隐喻，“强调公众交流与反思之客观性形式的解读模式，使个体经验从自然联系中出现并与开始形成的更加微妙的过程连接起来”①。具体而言，教师反应的契机包括：A. 来自经验的丰富性。教师在何时开始展开反应，并不完全受教师主观意愿的支配，但是教师以往应对式反应的经验可以为其提供很好的借鉴。无论这些旧式行为或反应时刻成败与否，教师所积累下的丰富经验能使教师在陌生的情境中看到召唤的亮光。B. 来自经验的具体化。《论语·述而》中写道：“不愤不启，不悱不发。”“愤”和“悱”分别指的是学生的两种学习状态：心求通而未得之意；口欲言而未能之貌。只有在这个时机下教师以“启”和“发”介入学生学习活动才是最为有效的。可是，“愤”和“悱”只是一种概括，需要教师在与情境照面时将这些概括诉诸情境中某一具体的位置进而显现出来。当教师时时刻刻处于一种等待思考、等待经验的状态时，教师的经验才能真正搏动起来。C. 来自经验的概括性。教师不仅需要具体化的经验，也需要概括性的经验。教师需要将微妙的琐屑的经验有规律有意义地建构起来，甚至标注自己赋予的符号。在这方面，第一象限的许多教师都是隐喻的高手，他们非常善于将自身的教学行为映射到日常生活的常识中，这种相通性使得教师在操心中很容易分门别类地处理不同的事件。这是教师能够有条理地搏动经验的关键。D. 来自经验的完整性。如果教师每一次都能基于感受和筹划进入过渡以展现教师的操心，那么教师的每一次教学实践都是弥足珍贵的探险体验。这种探险经历本身遵循着教师操心的心灵历程，展现着教师操心的全部图景，为教师经验的搏动提供了完整的参照。

尽管我们可以从教师经验搏动的分类中寻觅契机的踪迹，但是真正的教育教学契机既不是来自技术性的指导，也不是依靠理论性的推断，而是“混合在理性论证中的直觉理由”②。犹如一位羽毛球奥运冠军在每一次回球时，根本就没时间去想应该在什么地方接球才能回到一个让对方尴尬的落点，他所凭借的就是一种“球感”。但这种“球感”所展现出动作中毫不犹豫的干净利落和一气呵成的连贯流畅却是一种无与伦比的美感。这对于教师的操心反应而言，契机所蕴含的正是一种诗性知识，“诗性知识乃是创造从中发源的观照固有的契机，从中源源而来的是每一艺术作品所隐含的美妙

---

① (美)凯瑟琳·凯森，唐纳德·奥利弗. 概念重建经验理论的必要性[C]//(美)多尔等编. 课程愿景. 张文军等译. 北京：教育科学出版社，2004：217—230.

② Kansanen, P. Tirri, K. Meri, M. Krokfors, L. Husu, J. Jyrha¨ ma¨, R. Teachers' Pedagogical Thinking. Theoretical Landscapes, Practical Challenges [M]. New York: Peter Lang. 2000. 155.

音乐，它是赋予形式以生机的一种意蕴”①。看起来，这些契机中的诗性知识好像是音乐创造中的灵感，它突如其来却又不由自主，但这种灵感其实却是教师自我经验的纯然表达，是教师全身心投入的经验搏动。

2. 表现

如果说契机是教师操心反应的舞台，那表现就是教师操心的绽放；如果说契机是教师与情境的照面，那表现就是教师对情境的创生。情境的流动变化和模糊不清需要教师在筹划和应对之间建立一种“改善行动的方法的知识”②。教师的反应表现就是不断将外界时间、空间中的行动条件作为经验的条件，然后对原有的筹划进行切割、区分、分割、扩大、堆叠、接合、混合、分派等选择性和调整性操作，使其表现出对情境的适应和创造。

第一象限教师操心反应中的表现不是一种呈现理想化景观的表演，但却是不断努力成为教师的表现；这种表现不是面具下的表演，而是让教师在表现教师的过程中成为更加真实的自己。在观摩课上的确有不少教师犹如傀儡一般说着一些连他们自己都根本不理解的话，做着一些犹如机械操作般的刻板动作；但也有不少教师在观摩课上散发出平时家常课难以展现的表现力，他们的每一个眼神、每一句话语附着着灵魂，他们的每一举手投足间都传达着意蕴浓厚的真情实意，聆听这些教师的课堂如沐春风。教师操心的反应需要的就是这种在传达真实自我中的表现力，是一种“行动与思想、情感相关联的自我知识”③。

从传达真实自我的角度看，不少中小学教师害怕做真实的自己。他们自以为教师的形象是：不会说错话、不会做错事、一尘不染，甚至不食人间烟火。这些偏见让教师不断与学生疏远，也不断与自己疏远。于是，教师开始用一套所谓“教师的语言”武装自己，动不动就开始和学生谈论那些空洞的大道理，动不动就将那些连他们自己也办不到的规则装进“手电筒”里照出学生这里的不是、那里的不对。其结果是这些教师在得不到学生和家长理解与信任后的沮丧、伤心、愤怒、懊恼。而与之相对的是“说出心里话”。“我喜欢与学生推心置腹，坦诚相见，他们真实地了解我们的世界、我们的文

---

① (法)雅克·马利坦. 论人类知识[C]//杨自伍编译. 教育：让人成为人——西方大思想家论人文与科学. 北京：北京大学出版社，2010：229—246.

② (美)杜威. 确定性的寻求：关于知行关系的研究[M]. 傅统先译. 上海：上海人民出版社，2004：33.

③ Shulman, L. S. Paradigms and research programs in the study of teaching: A contemporary perspective [A]. In M. C. Wittrock (Ed.), Handbook of research on teaching [C]. New York: Mac Millan. 1986. 3-36.

学、我们的生活。做假我和真我之间的差别——可能不仅我而且学生也感受到了。”①这种真实表现自我的反应更多地契合于教师的直觉。“每一个真直觉或表象同时也是表现。”②教师表现出的真诚、生动、活力、个性、生命，这些对表现本身的分析都统统规整到直觉在变化中的整合、在复杂中的单纯、在适应中的独创中。教师的表现也是在抒情，表现本身就是将教师赋予自身情感以形式化，这种抒情形式没有模式、不拘一格，有时甚至就是情动而辞发，感人至深。

3. 适度

教师在应对中的表现展示了教育教学实践的内在品性，这些处于变化之中的品性可以概括为适度。这种恰到好处、无过又无所不及的教师操心之度，也可称为教师操心的艺术。

教师如何在应对表现中获得适度呢？“它是两种恶即过度与不及的中间；避开最与适度相反的那个极端，只有远离错误，才能接近适度；在所有事情上，最要警惕那些令人愉悦的事物或快乐，因为对于快乐，我们不是公证的判断者。”③由此可见，第一，教师在操心反应中应尽量处于过度与不及的中间。很多中小学教师总是唯恐自己考虑得不够周到，想得不够全面，事无巨细、事必躬亲。从适度的角度看，这些教师的操心表现时就需要一种寻找中间状态的收敛。每当自己想太多的时候，就精简一下自己的想法；每当自己急着要去做什么的时候，就放慢一下自己的步调。尽管在过度与不及中间的位置是很难精确的，但是始终让自己收着点，始终处于一种收敛状态倒是更容易接近适度。第二，教师在操心反应中尽量避免极端的处理方式。其实，究竟应该怎样反应操心并没有什么对错之分，只是合适与否的问题。合适，是一个非常模糊的表述方式。正如，一种表现方式在一个情境中是合适的，但换了一个情境就不合适了。然而，第一象限教师的操心反应总表现出一种对事态的冷静分析。他们的反应总是在深思熟虑之后，而这种深思熟虑的焦点就是尽量去弄清楚事情的性质、发展的态势、涉及的范围、反应的程度。这种深思熟虑之后的反应也许还不能成为最好，但是至少在避免极端的处理方式中找到了适度。第三，教师在操心反应中要警惕那种让自己酣畅泄愤的快乐。教师的操心所针对的是反映在学生身上的问题。这些问题的种种表征

① (美)艾米·西蒙斯. 说出心里话[C]//(美)英特拉托主编. 我的教学勇气. 方彤等译. 上海：华东师范大学出版社，2008：5—8.

② (意)克罗齐. 美学原理[M]. 朱光潜译. 上海：上海人民出版社，2007：15.

③ (古希腊)亚里士多德. 尼各马可伦理学[M]. 廖申白译. 北京：商务印书馆，2003：55—56.

很可能激怒教师，尤其是中小学教师每天需要处理大量的琐事，一些积怨已久的问题很可能成为教师操心的爆发点。骂学生，往往就是这些爆发点的爆破。在气急攻心的时刻，谁都需要一种发泄。但是，教师可以选择发泄的方式，至少骂学生不是处理问题的好方法，因为骂本身所隐含的是教师需要得到泄愤的快感，而这是最容易让学生捕捉并引起反感的。当学生察觉到教师泄愤中的快感时，会立刻降低对教师的信任度，甚至严重破坏师生之间的信任感。遭到破坏后的信任感犹如钉进木桩上的钉子，虽然以后可以将钉子拔出，但是被钉的印迹将永远铭刻在木桩上。第一象限的教师在面对一些应激事件时，往往不会选择酣畅的泄愤，而是用一种温和的方式处理。温和本身也许并不能解决问题，但是却为教师的操心反应提供了适度的时间和空间。

《礼记·学记》中写道："故君子之教喻也，道而弗牵，强而弗抑，开而弗达。道而弗牵则和，强而弗抑则易，开而弗达则思。"这是积聚辩证智慧的教师教学之度。在这里，融合、安易、好思是学生在教师适度操心反应下的表征。融合，意味着师生心意相通，教学的共通感在师生之间顺畅传达着。安易，意味着学生对教师的信任，这种信任基于学生对学科知识本身的成功体验。好思，意味着学生的心灯被点亮，产生了豁然顿悟的惊喜、无法抑制的期待和永无止息的探索。学生的这些表现来自于教师不牵强、不压抑、不倾泻的适度反应。可见，教师的适度是建立在自我否定基础上的个体创造。"以度为基石的形式力量和形式感是理性渗透、积淀、融合、交会在人的感性行动和多种其他心理功能、因素之中，而与人的全部身心包括个体的体力、气质、性格、欲望、无意识等非理性因素相渗透相纠缠。"①适度使教师在操心中获得了美的存在，这种由个体生发、展现的创造之美是教师操心的最高境界。

三、教师操心的划分类型

从功能的角度进行划分，第一象限教师操心分为三种类型。（见图 4-6）教师操心坐标中，K1 表示调节型操心，K2 表示适应型操心，K3 表示融合型操心。领会这三种类型的内在结构，就意味着还原出其存在方式。显然，由于他们都处于第一象限，在构成因素上是一致的，但是，感受机制的担心点、筹划

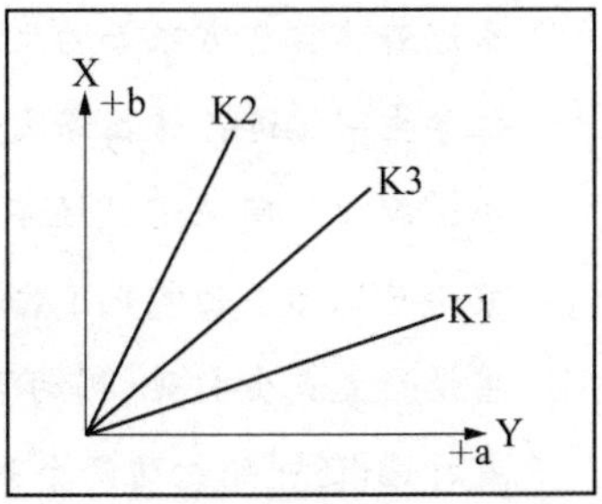

图 4-6　第一象限教师操心的类型

① 李泽厚. 哲学纲要[M]. 北京：北京大学出版社，2011：176—177.

机制的应对网、过渡机制的反应链却有着差异。这些差异所带来的不同逻辑关系构成了不同的类型。下面将从担心点、应对网、反应链等方面具体论述这些类型。

(一) 调节型操心

在教师操心的第一象限,K1 表示调节型操心,这一斜线和教师发展正轴之间构成的角是小于 45 度的。处于 K1 斜线上的教师操心点对应在教师发展正轴上的数值大于落在学生学习正轴上的数值。换言之,调节型操心的教师是通过大幅度改变自己以促进学生主动学习的。

1. 案例

牵出"牛鼻子"[①]

教师S的语文阅读教学非常注重紧扣文中传情达意的关键词引导学生体会感悟。在教师S的课堂教学中,学生总习惯于在教师提纲挈领式核心问题的指引下直奔文章细节描写这样一种语文学习方式。在这些细节处,学生们表现出联想式解释词义、生动描述词意情境、有感情朗读句段等对于语言精细体验的感受力,颇有些"一粒沙土看世界,一朵野花看天堂"的意思。

一个绕了六位学生的问题

《穷人》是俄国著名作家列夫·托尔斯泰的短篇小说,现选作人教版小学六年级上册第三单元的第一篇课文。开课不久,我注意到教师提出了一个绕了六位学生回答的问题:"大家刚才默读了课文,谁来说说课文讲了一件什么事?"第一位学生回答道:"这篇课文讲了渔夫的妻子桑娜焦急等待丈夫回家的事。"教师S回应道:"你可能只默读了前面几段。"第二位学生回答道:"这篇课文讲了穷人渔夫一家过着非常贫穷艰苦的生活。"教师S回应道:"你没有完全抓住主要内容。"第三位学生回答道:"这篇课文讲了渔夫的妻子桑娜从邻居西蒙家收养了两个孩子的事。"教师S回应道:"还不完整。"第四位学生回答道:"这篇课文讲了渔夫的妻子桑娜看见邻居西蒙死了,就抱回了她留下的两个孩子,然后焦急地等她的丈夫,她害怕她丈夫会打她,因为家里已经有五个孩子了。可是,她的丈夫回来后不仅没有打她,还叫她把这两个孩子抱回家来。"教师S回应道:"能不能简练点说。"第五位学生回答道:"这篇课文讲了渔夫的妻子桑娜收养了死去邻居西蒙家的两个孩

① 原始材料来自对教师S的个案研究、行动研究和叙事研究。

子，然后焦急等待丈夫回家的事。”教师S回应道：“可不可以再准确一些。”终于，第六位学生站起来了：“这篇课文讲了穷人桑娜和渔夫主动收养已死邻居西蒙家两个孤儿的事。”教师S舒心地笑了。

找到“牛鼻子”

课后，我和教师S围绕这个教学环节展开了交流。

M：你开课不久让学生默读课文后回答一个问题：“谁来说说课文讲了一件什么事？”我注意到这个问题你一共叫了六位学生回答，当然最后一位学生是回答得最准确、简练的。你对这个环节怎么看？

S：（思考了一会儿）不瞒你说，如果不是你提出，我还从来没在这个地方想太多。我现在回想起来，对这个问题的处理就是想让学生先总体上说说文章的大意，然后可以过渡到我的教学重点。我的教学重点就是放在描写穷人同情、善良的优秀品质的语言描写上。

M：你的重点把握得很好，就像你的学生在理解课文细节描写方面做得很好一样。只是，这个难住了五位学生的教学环节引起了我的好奇心，我想知道这个教学现象反映的学生语文学习状况是怎么样的，更重要的是，我很好奇你对这样的教学现象会如何应对。这样吧，快要上课了，你先去上课。这个问题，我们俩都想想，下午再交流。

下午两点半，我准时到达教师S的办公室。

S：我仔细回忆了一下我以往的教学，发现你观察到的这个问题不只是在这节课上存在，好像对一些段落较多、人物较多的课文，学生在概括课文主要内容方面都很难一步到位。

M：教师S的学习力很强啊。上午我和你聊这个环节，你还说这是为了“过渡到教学重点”，一个中午的时间，你就认识到这是“学生在概括课文主要内容”。

S：其实，以前那些语文老师在教这种段落很多的课文时，都会让学生先分段再将段落意思连起来归纳课文主要内容。在教分段之前，大概是三四年级学生刚接触自然段的时候，就要教学生概括自然段的意思。学生概括文章主要内容的能力就是这样一步一步训练出来的。后来，新课改来了，语文教学强烈反对把文章教得支离破碎，要强调学生的整体感悟。这样一来，分段、概括段落大意这样一些环节就被淘汰了。现在回想起来，这也不能以偏概全，不是吗？

牵住“牛鼻子”

两天后，教师S邀请我听他的“非常规”课。上课的时间安排在下午第二节，课表上这节课是自习课。课前，教师S发给了学生一张印有5个段落的材料纸。

一上课，教师S就说：“今天这节自习课，S老师准备教给大家几把语文钥匙，好让大家以后学习语文更顺畅。”教师话音刚落，学生们就七嘴八舌地讨论开了。“大家回想一下，在平时练习册上，做错‘用一句话概括这篇短文意思’这题的同学请在心里举个手；在单元测试卷上，给段落很多的文章概括主要内容，这道题出过错的同学请在心里举个手；还有，在课堂上回答老师‘说说课文讲了一件什么事’时很难答对的同学也请在心里举个手。”学生们在老师一连串的“心里举个手”的回忆下沉默了。这时，教师S缓缓地说道：“其实，这都是因为我们缺少学习语文的钥匙，这钥匙就是帮助大家概括语言的钥匙。这钥匙不仅能让我们以后在面对复杂段落的课文时准确地抓住文章主要内容，而且能让我们以后在看各类文章、听任何人说话、想任何问题时，迅速拎出主干。你们说，这样的钥匙想不想要啊？”一番话，把学生的学习积极性调动了起来。教师S接着说：“不过这钥匙可不是我白送给你们的，是靠你们自己争取来的。怎么争取呢？请看，这张学习资料纸上印给了大家五个段落，这堪称‘史上最难’的五段落。它们不仅结构复杂，而且没有中心句。这五把‘钥匙’就藏在它们的背后，只有破解它们的段意才能拿到‘钥匙’。如果你能概括出这五个段落的主要内容，那以后你遇到任何段落就所向披靡了。”

接着，教师S出示学习资料，和学生一起逐段学习。每个段落教学遵循着先让学生熟读，再由学生自己概括。然后，在评点学生概括时，将学生概括时的亮点和教师事先总结出的概括要点结合起来，一方面突出和肯定学生在概括中值得大家学习的思路，另一方面补充和引申出概括中的要害。例如，对叙事性段落，梳理人、时、地、事的概括“公式”；对议论性段落，扣住起转折和连接作用的关联词；对说明性段落，排列出逐句的核心词；对描写性段落，扫视出写了“什么”，同时归纳出“怎么样”；对抒情性段落，跳出文字找线索。一节课下来，学生兴致勃勃地写着、说着、听着、记着。

快结束时，教师S说：“看来，大家基本上是拿到‘钥匙’了。不过这‘钥匙’你们会不会用我还不知道。这样吧，今天的语文作业就是请大家从我们这本语文书中没学的课文里挑两篇课文概括主要内容，太难的就不要先尝试了，先挑挑容易的试试吧。我们明天的语文课就看看大家的‘钥匙’用得灵不灵。”几个性急的学生大声说道:“你太小瞧我们了!”“你就等着瞧吧!”“我就要挑最难的课文来概括。”“初中课文都能行,小学课文算什么。”

第二天的第三节课是语文课,教师S先总评了学生的概括文章主要内容的家庭作业,学生的概括都很不错,全班62位同学,全对的41位同学,其他同学的概括也基本上都答对了至少一篇。接下来,教师S将学生选择的课文罗列了一下,然后公布了自己的评分标准,也就是什么文章概括出什么内容就算是全对,没有全对的问题一般出现在哪里。随后,教师S挑了8位没有全对的学生再来口头概括,这正好也是学生没学的8篇课文。这8位学生有6位的回答既顺畅又准确,还有两位学生的回答仍不够准确,教师S并没有急着让其他学生帮忙,而是提醒学生怎样“使用钥匙”,“筛选信息”,“删除枝节”。时间过得很快,一节课就这样结束了。

2. 案例分析

(1) 担心点

最初,教师S并没有敏感到“一个绕了六位学生的问题”,这是因为他关注的焦点在于细节描写与作者表情达意之间的关联。当研究者将这个教学现象提出来以后,教师S经历了一个对“课文讲了一件什么事”这个问题的认识从“过渡到教学重点”到“学生在概括课文主要内容”的转向。教师在追溯为什么这个问题会绕了六位学生时,起始点是站在近几年语文教学改革对整体感悟强调的同时忽视了学生概括文章主要内容能力的训练,而且还比较完整地回忆了以往小学语文教学训练学生概括文章主要内容的逐个阶梯。也就是说,教师S的担心是从学科本身发起的,以学科对学生意义的完整性作为转向的根源,并将来自学科本身的兴趣精要地体现在概括课文主要内容上。他并没有深究学生在概括能力上的缺失可能对其细节感悟的影响,也没有深究学生由于概括能力缺失可能造成的语文学习障碍,而是敏感到班上学生在平时作业、单元测验和上课发言等学习活动中出现的关于“课文讲了一件什么事”之类概括性问题上的出错现象,更进一步敏感到了学生在解决这类关于概括主要内容问题上的畏难情绪。对学生畏难情绪的敏感让教师S感受到学生在以概括为运算方式的语文学习活动层级低下,由此,教师S的担心点就凝结在帮助学生建立概括的学习运算方式以战胜畏难情绪上。

(2) 应对网

教师S的操心应对网是以形成学生的期待感为网心构建的。在教师S看来，普遍存在于学生身上的对有关概括主要内容问题的畏难情绪是因为学生的学习迁移在前后接续关系上受阻了。在这里这种前后接续具体来说就是指，学生以往所学没有支撑概括主要内容这类学习，迁移活动无从发起。教师S所考虑的活动障碍是从战胜"史上最难的五段落"中"争取"到概括的"钥匙"，主要采用了联合的分解方式。首先，教师S凭借定位图像将概括本身依据叙事、议论、说明、描写、抒情的表达方式上的语体差异定位为五种概括主要内容的方法。然后，从初中教材中选择了五个段落，这五个段落彼此独立，但是越到后面的段落难度系数越大，越需要依靠前面的概括经验，直到最后这五个段落联合出概括主要内容的方法全貌。其间，教师S在调动自身学科知识、教学法知识、学生知识等方面发挥着积极的作用，尤其是在教师的教学理解上发生了很大的变化，从一开始对学生学习中概括因素的忽视，到致力于完善学生的概括运算，再到以概括为主轴牵动学生在语言理解和表达上的整个表现，教师S在改变自己之轴上的变化数值很大。相比较而言，学生的主动学习来自于教师对自身的调节，学生有了克服学习困难的期待，这是学生学习进入主动学习之轴的表征，但是学生在自己学习活动中的自我调节未能充分显现出来，所呈现出的样态是学生在主动学习上的数值要小于教师在改变自己上的数值。

(3) 反应链

教师S的整个操心反应链的契机选择对学生来说虽然有些突兀，但教师S的表现力就体现在让学生回忆自己在各种学习活动中的"失败"经历，通过一连串的"心里举个手"一下子就将学生带进了"学习困境"中。面对这样的学习困境，意味着教师S的教学是背水一战，因为一旦学生再遭遇失败很可能成为学生今后学习的"顽疾"。显然，教师S是有备而来，因为他"准备教给大家几把语文钥匙"。这个"钥匙"的隐喻修辞很有意思，一方面增强了教师指令式以言行事的效果，另一方面又传达出对学生的学习承诺。围绕"争取钥匙"，而不是"白送钥匙"，教师总是在让学生主动概括和在学生学习要点和难点处游刃有余地穿行着，适度地把握着教师指导和学生自学之间的距离，像"使用钥匙"、"筛选信息"、"删除枝节"这些策略性知识一方面能点悟学生，另一方面也指引着学生自己的体验。回顾到布置作业时，学生一个个不服气的样子，这是学生学习迁移被启动之后焕发出的学习期待感，也是学生主动证明自己能力的显现。从自习课补充资料的学习到布置概括没学课文的主要内容再到教师的课堂讲评，整个反应链条都饱含着教师S的支持性感情，教师将自己和学生结为共同面对学习困难的战友，珍视学生在学习活动过程中的体验和收获，鼓励学生自己“争取钥匙”，激励学生选择更大的挑战，充分赢得了学生对教师的信任。

（二）适应型操心

在教师操心的第一象限，K2 表示适应型操心，这一斜线和教师发展之轴之间构成的角是大于 45 度的。处于 K2 斜线上的教师操心点对应在教师发展正轴上的数值小于学生学习正轴上的数值。换言之，适应型操心的教师促进学生主动学习的幅度要大于改变自己的幅度。

1. 案例

“啰嗦”的小豆豆[①]

教师 Q 的语文教学非常注重让学生“多读多写”。尤其在写的方面，从二年级开始，Q 老师就将班上学生的优秀习作编辑成“嫩芽集”，一学年一本，记录着学生的成长。从四年级开始，教师 Q 又让学生写“循环日记”，将全班学生按习作水平高中低分成三组，然后三组学生平均按照 2∶3∶2 的比例重新编排成若干习作组。每个习作组的学生轮流在教师精心准备的一本精美作文本上习作。学期结束的时候，评出五个最佳习作小组。一篇篇习作虽然独立，但是学生之间深受启发。有的学生觉得自己没什么可写的，可看看前面其他同学写的，就会从选材、立意、语言等方面受到很大启示。有家长反馈说，为了在这本精美的作文本上写出好习作，也为了不给小组丢脸，以往习作不大好的学生还先在草稿纸上打好草稿，再请父母修改，最后才敢誊在作文本上。

“废话连篇”的习作

这天，我刚进教师 Q 的办公室，就看见她正端着一本学生的当堂习作凝神注视。仔细一看，我发现这篇五年级学生的习作没有中心事件，东拉西扯，七拼八凑，堪称“废话连篇”。

M：Q 老师发现了什么问题是吗？

Q：我就在想，学生是怎么写出这样的习作来的。以前二三年级的时候，学生刚开始写作文，我提倡学生写放胆文，就是想写什么就写什么，或者说，想到什么写什么。学生从开始下笔难，渐渐地有东西可写。再加上我提出表扬的一些学生

---

① 原始材料来自对教师 Q 的个案研究、行动研究和叙事研究。

习作都是一些篇幅较长的习作，所以有些学生一下笔就收不住了。就像你刚才看到的这个学生的作文，其实，他是一个很聪明的孩子，上课发言都特别积极，写作文的积极性也很高，但他的作文只求字数没有质量。

M: 这篇作文怎么让你觉得没有“质量”呢?

Q: 我看了半天都没看明白他究竟在写什么，一会儿全家驾车出游，一会儿修理汽车，一会儿沿途风景遭破坏，一会儿带去的零食很好吃。看起来，他写了很多东西，但实际上没有一个中心。以前的“大纲”要求小学生作文“中心明确”，现在的“课标”虽然没有这样的表述，但是“内容具体”也不能丢掉中心啊。

M: 你的意思是，因为中心不明确，所以这位学生的习作质量并不高。

Q: 其实，我担心的还不是习作质量不高，我担心的是他可能到现在为止还不能条理清楚地叙述一件事情。

M: 此话怎讲?

Q: 学生为什么习作，其实习作就是写出自己的所思所想。想得清楚才能写得清楚。学生习作中心不明确症结就是学生可能还不具备围绕一个意思组织一段话的基本能力。

M: 概括能力。

Q: 对的，就是概括能力。概括不仅是把一段话概括成一句话，也包括围绕一个意思扩展出一段话。你说的这个“概括能力”倒是对我启发很大。

“小豆豆”啰嗦吗

事后第二天有教师Q的课外阅读课。教师Q规定班上每周四的语文课都是课外阅读课。这学期她和学生选定的阅读书籍是黑柳彻子的《窗边的小豆豆》和亚米契斯的《爱的教育》。Q老师特意选择了《窗边的小豆豆》中的《散步》和学生一起合作朗读。

等学生读完以后，教师Q发问了：“你们读了这篇《散步》，会不会觉得这个作者写东西有些啰嗦啊?”“你怎么会觉得她写得很啰嗦呢?”一位胆大的学生反问道。教师Q说道：“我就想第十一自然段是完全可以删去的啊，不信你们自己读读看，是不是可以删掉。”正当学生陷入疑惑时，教师Q点起了昨天那篇习作的作者。这位学生站起来有点迟疑，慢慢地说：“我不觉得这很啰嗦啊。‘朔子’是‘小豆豆’的好朋友，介绍她一下是应该的啊。”“如果让你来写这段你会怎么写?”教师Q接着问他。这位胖胖的小男孩看了看老师说：“我觉得可以把她们俩一路上谈话的内容都写进去，因为这里面肯定会有很多很有意思的事情，不仅是九品佛的事，还有其他的事。""为什么要写进去呢?"教师Q继续追问。小男孩接着说："因为，这样写，这篇文章就更有趣了。反正这也是她们在散步路上发生的事情，可以写进去啊。""你们同意他的说法吗?"教师Q转向全班学生问道。教师Q马上发现了几位小声嘀咕的学生，迅速走到一位学生身边，问道："为什么这样写不好?"一位戴眼镜的小女孩站起来说："我觉得作者这样写不啰嗦，但是如果像LYC(刚才发言的小男孩)这样写才啰嗦呢。因为这篇文章主要写的就是女老师带小豆豆班上的同学一起去九品佛散步的事。第十一自然段写小豆豆和朔子的谈话都是围绕要去九品佛展开的。如果乱七八糟加上其他的一些谈话就跑题了。"教师Q马上转向刚才发言的小男孩和那些同意他的学生，问道："你们有什么要反驳的吗?"小男孩有些不服气地说："怎么乱七八糟了，这都是在散步路上发生的事情啊，为什么不能写进去?"小女孩也不甘示弱地站起来："散步路上发生的事情多了去了，鞋带松了绑一下鞋带，顺路还上了个厕所，这些难道也要写进去吗?"小女孩的发言惹得全班同学哈哈大笑。小男孩说："请对方辩友注意，我说的是'有趣'的事。"小女孩说："请对方辩友注意，我说的是和'去九品佛'散步有关的事。"

正当两位同学争得不可开交之际，教师Q笑眯眯地走上了讲台，示意他们俩都坐下。然后微笑着说："这两位同学的辩论可比'散步'还精彩。在他们整个辩论的过程中，各自的观点都非常明确。WJX同学(刚才发言的小女孩)认定写作要围绕文章的中心事件展开。LYC同学认定写作可以围绕怎么有趣怎么展开。不过，我提醒大家的是，请注意这篇文章的题目是《散步》。那这篇文章是怎样紧紧围绕着'散步'写的呢?"学生一边回答，教师一边在黑板上画出了"散步路线图"，并在路线图中简要标注出作者详写的内容，最后将文章结尾处的"自由"和"尽情玩耍"大大地写在路线图的下方。我注意到，那个小男孩很认真地听同学说着，看Q老师画着，慢慢低下了头，若有所思。

"我的习作我作主"

每周五的第一、二节课是习作课，这类课教师Q一般总是先讲评作文再当堂写作文。今天的这两堂课，教师Q分成了三个环节：

第一个环节是教师Q出示一篇自己写的"问题习作"，并明确告诉学生这篇习作的问题就是内容太"啰嗦"，而学生的学习任务就是不仅要删掉"啰嗦"的内容，还要补充进一些"突出中心"的内容。这主要是学生先自己修改，再在小组内讨论，然后教师集体评议。

第二个环节是教师让学生根据修改的“问题习作”为自己今后的习作制定三条“评分标准”。这样，今后学生的习作就可以按照这个“评分标准”来评分和修改。最后，全班同学投票通过决定了三条“习作评分标准”，教师将这三条标准板书在黑板上：一、一定要围绕一个主要内容写，每个段落、每句话都和主要内容有关。有一句无关的话扣5分，有一段无关的话扣30分。二、一定不能有错别字和病句。一个错别字扣2分，一个病句扣5分。三、要有好词好句。发现一个好词加2分，一个好句加5分。

第三个环节是教师发下学生的当堂习作本，同桌按照评分标准互相评分，然后再自己修改习作。教师要求评分的时候，要分别用括号、圆圈和横线标出“无关的话”、“错别字”和“病句”；用三角形和波浪线标出“好词”和“好句”。评分过程中如果出现异议，交由教师仲裁。

2. 案例分析

(1) 担心点

一篇“废话连篇”的学生习作引起了教师Q的担心。她从学生习作中所接受的是“学生是怎么写出这样的习作”的信息，而不是“怎样让学生写出好习作”。教师Q在接受学生学习信息时没有任何的利害计较，只是对学生当前“只求字数没有质量”这一真实习作状态的感受。因此，她所接受的信息主要指向学生，既有关于这个学生习作成因的回忆信息，又有对这个学生一贯学习积极性的总括。尽管教师Q回顾了以往自己习作教学“放胆文”对学生可能产生的影响，但是与调节型操心的教师不同，她并没有深究学科本身对学生的意义完整性，而是敏感到学生学习本身的需求。教师Q真正担心的是尽管学生认识到习作不能啰嗦，但是他们并没有觉得自己的习作是啰嗦的。正当教师寻找担心的凝结点时，研究者提出的“概括能力”无疑是对她最好的提醒。对教师Q而言，这一提醒并不指向教师对学生概括能力的训练，而是将学生概括作为教师凝结担心的要塞。由此，教师Q的担心点就凝结在：帮助学生以概括为抓手重新认识自己的习作。

(2) 应对网

教师Q的操心应对网是以形成学生的相似感为网心构建的。在教师Q看来，学生没能认识到自己的习作啰嗦是因为学生的学习迁移在接近关系上受阻了。这种接近关系具体来说就是指，学生对习作啰嗦这一问题本身的认识存在偏见，使得迁移活动难以衔接起来。与调节型操心的教师不同，教师Q的操心应对并没有突出自己对学生学习活动的调节作用，而是致力于发挥出学生自身的自我调节作用。因此，教师Q所设置的活动障碍都围绕着“什么是习作中的啰嗦”展开。这是一个帮助学生重新认识自己习作的问题，也是一个探寻学生认识偏见的问题。首先，教师Q的考虑集中在如何借助学生个体和群体的相互影响、个性认识和共性认识的相互转化，让学生自己作出判断，这是帮助学生建立相似感的途径。从教师Q的教学理解看：学生个体的展现能够影响群体对展现本身的意见分歧，从而带来群体的分类。但是，原同一类型学生的观点变化对同一类型其他学生的观点改变影响也很大。学生不觉得自己的习作啰嗦是有着各自不同的个性化理由或借口的，一旦给予共同的方向性引导，很可能会转化为一个新的共性认识。但是，共性认识也可以有个性化的表述方式，如果能从这些个性化表述中将共性认识剥离出来，就很可能促使学生个体的认识改变。接着，教师Q的考虑集中在借助概括的学习运算让学生体验“不啰嗦”的表达。在教师Q的教学理解中，作为学习运算的概括可以唤起学生“把一段话概括成一句话”的学习经验，通过这个学习经验衔接到“围绕一个意思扩展出一段话”。由此，概括就成为了帮助学生相处迁移衔接的桥梁。然后，教师Q的考虑集中在学生迁移经验的具体化和再现。教师以“散步路线图”的方式将概括的学习运算作为体验如何“不啰嗦”的抓手，并让学生针对“习作不啰嗦”制定“习作评分标准”。这一评分标准不仅是学生对自身习作问题重新认识的具体化，而且是学生对“习作不啰嗦”的学习经验进行迁移的凭借。整个的操心应对网，教师Q始终以一种顺应的姿态适应着教学情境的各种变化，致力于充分发挥学生个体的自我调节作用、学生个体对群体的调节作用和学生群体对个体的调节作用，使得主动学习之轴上的数值变化很大。相较而言，教师一方面以被动的姿态以适应学生的能动，另一方面在受动中不断完善自身的教学理解以建立与学生的强关联，这是教师发展进入改变自己之轴的表征，但是这种改变未能完整展现教师在自我实现意义上的自我超越，所呈现的样态是教师在改变自己上的数值要小于学生在主动学习上的数值。

(3) 反应链

适应型操心的教师很善于因势利导、顺势而为，他们在契机的把握上也往往是大象无形。第一处契机，教师Q在和学生一起读完《散步》一文后，提出作者写得很啰嗦。这是教师Q运用岔断的修辞手法，将学生的注意力一下子就集中在“啰嗦”这个概念上了。第二处契机，教师Q点了引起教师担心的那篇习作的作者。果然，这位学生不觉得这很啰嗦，而且还给出了自己的理由。看来，学生认识啰嗦的偏见已经初见端倪了。教师Q紧随其后，以“如果让你来写这段你会怎么写”和“为什么要写进去呢”的追问，让这位学生得以将自己的习作问题完整暴露。第三处契机，当教师Q对这位发言学生的习作问题已经了然于胸时，她并不忙着去调节，而是转向全班其他学生，以一个“你们同意他的说法吗”将其他学生推到了讨论的中心。然后，一位戴眼镜的小女孩和这位学生的辩论将是否啰嗦的问题展开得淋漓尽致。第四处契机，教师Q是在什么时候打断两人辩论的呢？是在双方辩论最激烈，也是足以让其他学生给出判断的时候，教师Q才打断了他们的辩论。试想，如果两位学生再辩论下去，那恐怕就会偏离到明确表述各自观点之外，到那时再提出双方辩论精彩是因为各自观点明确并引出围绕题目展开表达“不啰嗦”就有些过度了；抑或是，在两位学生刚一辩论之初，教师就旗帜鲜明地站在某一位学生的一边，那很可能中断掉学生习作问题思路的彻底暴露，而让学生产生“莫名其妙”之感，这就显得有些不及了。可见，教师Q选择的这个契机恰到好处，正处在过度和不及的中间。在这个反应链条中，教师的情绪反映出一种无我之境。教师Q从未向学生明示出自己对学生的学习要求，连“习作评分标准”都是学生自己制定的。教师自己的教学理解和教学意图全部隐藏在学生活动进展的背后，在每个环节的关联处，在每个契机的转折处，关联学生的学习层级，转折学生的学习运算。但这些关联处和转折处相较于学生的充分自我展现而言是那么细微，甚至未能引起学生的察觉，这就是教师Q的无我之境。在这种无我之境中，那些以共通感弥散的信任感让教师和学生之间的隐性关联非常紧密，真正是润物无声。

（三）融合型操心

在教师操心的第一象限，K3表示融合型操心，这一斜线和教师发展正轴之间构成的角是45度，这表明K3是教师发展正轴和学生学习正轴构成直角中间的中线。处于K3斜线上的任意一个教师操心点对应在教师发展正轴和学生学习正轴上的数值是一样的。换言之，融合型操心的教师改变自己和促进学生主动学习是齐头并进的。

1. 案例

有用的语文①

教师Z班上的学生每天追着问Z老师家庭作业，这是一个非常稀奇的现象。

① 原始材料来自对教师Z的个案研究、行动研究和叙事研究。

教师Z布置的一年级语文作业多为口头作业，比如，学生教家长背诵课文；用上课后的词语或句子跟同学说一件事、一个人或一样东西；教家长认识课后的生字；等等。每次布置给学生的作业不超过两样。此外，教师Z对学生作业的评定也很有意思：口头作业的评定主要以家长或学生的评定为主，从低到高，一至五颗星，评为三颗星以下的要到教师Z那里重新评定，评为五颗星的可以获得一张"呱呱卡"，集齐五张可以帮老师批改一次同学作业。书面作业的评定主要以教师批改为主，五星评定，评为三颗星以下的要重写作业，评为五颗星的可以获得一张"呱呱卡"。每个学生每学期都有一张"免写牌"，只要出示这张牌就可以免写一次作业，当然，这张"免写牌"不得转借，不得重复使用。

白跑了一趟

这天，一位家长急匆匆地走近办公室说是找Z老师。教师Z赶紧起身询问家长有什么事。这位家长说："Z老师您好，我是GSL的家长，我孩子刚才打电话跟我说要开家长会，让我赶紧过来。"教师Z听后，镇定地说："是这样的，我今天早读课的时候布置学生通知家长本周五下午两点来本班教室开家长会。我估计是您孩子没听清，才让您白跑一趟了。"这位家长松了口气说："是啊，我也觉得纳闷，怎么现在说开家长会就开家长会呢，但又怕这孩子有什么事。我这个孩子有时候真的听件事也听不清，说件事也说不清。可能是男孩子的缘故，读书也稍稍早了些，让老师费心了。"等这位家长走后，教师Z主动跟我聊了起来。

Z：现代社会，年轻人的工作压力都很大，很少有时间跟孩子交流。这让不少孩子性格都比较内向，男孩子尤为明显。这就像是个恶性循环，越是不愿意表达，就越不会表达；越是不会表达，就越不愿意表达。到后来，就干脆不跟别人接触，害怕跟人打交道。这样下去，这些孩子不但会影响学习，而且也容易产生心理问题。

M：影响学习，具体是指什么呢？

Z：其实，学生学习很重要的是需要表达，不能什么都闷在肚子里。学生以为自己都听懂老师和同学的话了，可是缺少表达这个环节的训练，长此以往，一开口就很可能说错话。不是说得别人听不懂，就是说得让别人产生误解。国外有位演说家说，说话是本世纪最重要的技能之一。他举的例子很夸张，说话可以置人于死地，也可以让人起死回生。但我认同他的观点。我觉得我可以给他们一些对他们现在有用的东西。

M:不知道您说的“有用的东西”是指什么?

Z:其实,这也只是我的个人理解。我也没有看什么理论书籍,所以我讲不出什么大道理,也没总结出什么法。我就是一直觉得我们现在的小学语文教学,总是注重书面语言太多,而忽视了口头语言。在今天的社会,口头语言比书面语言还重要。一般口头语言好的学生书面语言也不会差到哪里去,但很多口头语言不好的学生书面语言就很难好起来。我希望我的学生能说会道。

M:您是指“口语交际课”吗?

Z:不全是。教材中的口语交际课就是个参考。因为它要面向全国,所以很难照顾得全面。但我面对的是一个个学生,每个学生的情况都不一样。让学生能说会道不一定都放在口语交际课上。放宽了说,每科老师都在教语文,语文老师也在帮着每科老师上课。这样想,就能跳出教材的框框。我说的有用的东西,其实大多数都不在教材上,而是在学生的脑子里。帮着他们学会动脑筋就是对他们最有用的。

“传话”中有学问

下午,预备铃声一响,教师Z就站在了教室门口,温和而坚定的目光降落在每位孩子的身上,足以平复他们课前的欢悦。一开课,教师Z就布置给学生今天活动课的内容:传话。她先给坐在第一排的学生每人发了一张小纸条,然后要求在教师的指令下同时打开纸条,记下小纸条上的内容,然后不看纸条将纸条上的话传给坐在后面的一位同学,以传得准确为标准,在都准确的前提下,哪组更快哪组获胜。获胜组的小组成员可以每人得到一张“呱呱卡”。规则是:在传话的时候,声音只能让听话的同学听见,其他同学不许交头接耳。孩子们一边兴奋着,一边又努力控制着自己,这样子很惹人喜爱。

第一轮比赛很快就结束了,没有一组获胜。这时,Z老师并没有追究究竟是在哪位学生那里出了错,而是告诉学生:“第一次传话不成功是很正常的,没有谁生下来就是会传话的。但总有办法能让我们传得更好。”接着,教师Z以童话人物的口吻讲述了一个小白兔因为传话传错差点被狼吃掉的故事。并将小白兔要传的那句不足十个字的话写在了黑板上。然后,教师Z先和学生一起达成共识,那就是:“传话不对,主要是因为没有记住别人的话。”由此,提出了一个“怎样记住别人的话”的问题。有位学生提出:“只要认真听,就能记下来。”教师Z接着问:“如果一时没听清怎么办呢?”另一位学生说:“那可以请别人再说一遍。”还有一位学生说："或者，自己重说一遍，问那个人自己说得对不对。"

教师Z又重新发下了第二轮小纸条，开始"传话"。这次活动和上次相比，学生们更安静了，听话时更仔细了，而且有的学生为确证自己是否听清还有轻轻的询问声。结果，这一轮每组学生都传得非常正确，尽管每组要求传的话不到十个字。

随后，教师Z提高了活动的难度。她说："刚才我们传的话都是简单的，可我们生活中别人说的话可不都是这么简单的，有时会说出很长一句话，那我们怎么记啊？"说完，教师Z又在黑板上写出了一个共30个字的句子。有位学生发言说："可以挑重要的记。"教师Z接着问："那什么最重要呢？"由此，教师出示了一个句式"时间＋人物＋地点＋事件"，让学生用这个公式对号入座地记住这句话。然后，教师Z又口头说了几个句子，让学生来借用句式复述主要内容，这些传话的内容教师都精心安排了不同的生活情境：有的是借书的情景，有的是打电话的情景，有的是买东西的情景，有的是到同学家的情景，等等。

学语文，真有用

不知不觉下课铃声响了。当学生们都在收拾书包准备排队时，教师Z走到了上午那位来校家长的孩子身边，轻声地跟他耳语了几声，然后拿出了自己的手机交给这个孩子。只见这个孩子拨了一连串号码。连线的等待时间，这个孩子望着教师Z，教师Z微笑着跟他点点头。旁边围着一群好奇的小脑袋。在这个孩子拨电话的时候，教师Z把旁边的孩子聚在了一起向他们耳语了一番，这群孩子立刻安静下来。只听手持电话的这个孩子轻声地对着电话说："喂，爸爸，您好！我是GSL。Z老师让我转告您，这个星期五下午两点，请您到我们一(2)班教室开家长会。"电话那头的声音听不大清，但是这个孩子脸上露出了微笑。旁边的孩子和教师Z一起鼓起了掌，有的小朋友向这个孩子竖起了大拇指，有的小朋友还抱起了这个孩子。看到这样的情景，我和教师Z相视一笑。

2. 案例分析

(1) 担心点

一位学生因转述老师的家长会通知错误而让家长白跑了一趟，这件事引起了教师Z的担心。她从这件事中所接受到的信息呈"圆晕"状，一个看似个例的现象在教师Z眼里却是一个不少孩子存在的问题，这些孩子所处的环境导致他们的性格内向，内向的性格让他们不愿意表达，不愿意表达又导致他们不会表达，结果恶性循环。由此，教师Z所敏感到的“影响学习”与“表达”这一学科知识产生了关联，但她并没有像调节型操心的教师那样从学科知识对学生的意义完整性角度进行归结，而是像适应型操心的教师那样从学生的学习需求角度进行归结。与适应型操心的教师不同的是，教师Z对学生学习问题的症结是早已了然于胸的。这是教师Z从学生学习的偏误经验出发对学生内隐能力形成状态的敏感，这种深度感受也让教师Z的凝结非常自信，“我希望我的学生能说会道”。这一凝结并不仅仅只是一种理想愿景的概述，教师Z将其具体化为“有用的东西”。这个“有用的东西”才是教师Z真正的担心点。她担心在当前小学语文教学长期忽视口语教学的影响下学生缺失了来自于口头语言学习的“有用的东西”。而这个“有用的东西”是指：“学会动脑筋就是对他们最有用的。”由此，教师Z的担心点就凝结在帮助学生体验到如何动脑筋对他们最有用。

(2) 应对网

教师Z的操心应对网是以形成学生的成功感为网心构建的。在教师Z看来，学生口头语言表达上的恶性循环是因为学生的学习迁移在恒常结合上受阻了。具体来说就是指，学生没有从语文学习中获得与口语表达相关的成功体验，使得迁移活动难以行进。与调节型操心的教师和适应型操心的教师不同，教师Z的操心应对致力于将教师对学生学习活动的调节作用和学生自身的自我调节作用融合起来共同发挥作用。她所设置的活动障碍总体上是围绕着“传话传得准确”展开的。教师Z为学生设置的三组学习障碍彼此并不是独立存在的，而是对传话如何传得准确由浅入深的三个环节的分解，三个环节的总和才构成了传话准确的整体。但是，在每一个环节结束时，教师Z都会联合进一个独立的环节，那就是让学生通过比赛或练习的方式尝试这一环节获得的“有用的东西”，这些障碍彼此独立，但在前一环节奠基着这个联合进来的环节，各个环节以连锁的方式彼此奠基最终呈现出学生运用“有用的东西”传话准确的整体面貌。在第一环节，教师Z主要考虑的是如何与学生在“传话不对，主要是因为没有记住别人的话”这个认识上形成共识。教师Z对学生的理解是：对于一年级的学生，学习元认知还不够丰富的情况下，可以在自身和他人的失败经历中概括出对传话的认识。教师Z凭借原型想象早已预见到学生第一轮传话比赛可能遭遇到的失败，便以体谅的方式安插了一个童话故事。当学生和教师达成传话共识之后，教师提出“怎样记住别人的话”的问题，并以童话故事中小白兔说的那句话为例，让学生自己来概括。在第二环节，教师Z主要考虑的是如何让学生在调动自己已有学习和生活经验的同时，帮助学生建立元认知。之后，教师让学生展开第二轮传话，这回学生都传得非常正确，收获了第一次成功感。在第三环节，教师主要考虑的是如何让学生应对复杂情境的变化。这时，教师Z对学生学习的调节作用发挥出来了，在学生意识到面对长句子产生困惑的时候，教师Z提出了“时间＋人物＋地点＋事件”这一“有用的东西”指引学生的思维方向。随后，教师Z安排了几项不同生活情境下转述句子的训练，以帮助学生获得克服较复杂学习障碍的成功感。整个操心应对网，教师Z致力于将自身的调节作用和学生的自我调节作用融合起来。教师Z的教学理解可以帮助她预判学生可以承担自己学习行为责任的程度，在学生可以自我调节的地方教师Z顺应着学生学习活动的展开，让学生充分发挥自己的主动作用；学生在学习活动中遇到的新的困境又让教师Z不断调整自己的教学理解，尤其是在学生的愤悱之处，教师提供了一个类似工具性质的学生学习“拐杖”，保证学生的主动学习顺利进行。可见，教师Z的操心所对应的改变自己之轴和学生主动学习之轴上的数值是相当的。

(3) 反应链

融合型操心的教师在符号运用上可谓出神入化。当教师指令式以言行事让学生投入到传话比赛时，教师Z运用了“呱呱卡”的公信力。帮老师批改同学作业，对学生学习的激励不是外在于学生学习之外的单纯物质奖励，而是内在于学生自身的来自于学生对活用知识的学习成功感的体验。同时，帮助批改同学的作业，不仅能调动学生的元认知和自我调节知识，而且能让学生获得一种对自己和他人学习行为负责的学习责任感，这会大大增强学生学习的自信心和满足感。因此，班上的学生会追着为教师Z布置什么作业，这其实是“呱呱卡”的公信力在发挥着作用。当学生的第一次传话比赛失败后，教师的表情式以言行事传达出教师对学生真诚的体谅，并借助一个童话故事安慰学生，暗示学生尽管失败但也正常。当学生获得了第一次成功体验后，教师宣告式以言行事充分肯定、及时鼓励了学生的学习成功，为学生学习过程中发生的变化表示由衷的高兴。当学生学习困于愤悱之处时，教师断定式的以言行事和承诺式的以言行事为学生走出困境带来了必要的帮助，从而加深了师生之间的信任感。此外，教师Z为了让这些自己有所准备的契机更加符合学生的学习需求，特意将每处契机转化为一个学习问题，它们分别是：“怎样记住别人的话”；“一时没听清怎么办”；“别人的话很长怎么记”。这样一来，教师Z的表现就与学生的学习表现融合在一起。教师Z善于在与学生对话中传达真实的自己，这不仅表现在她的教学语言非常贴近学生的学习经验，也就是说，教师Z说出的话学生一听就明白，一听就知道该怎么做，一听就觉得说到了心坎；而且也表现在她饱含对学生长远期望的抒情。她的教学凝结着对学生的殷切期望，而这一期望本身既附着于她所任教学科的内容本身，又含有对学生心理健康的责任意识，以及对学生家庭和社会的责任意识。这种直觉性的教学表达让教师Z的教学感人至深。

第五章　教师操心的可能选择

第一象限教师操心创生意义的内在结构为其他象限的教师操心提供了一种可能选择。“就形成中的结构而言，它是由一个调节或自动调节系统所构成，带有事后对错误的改正，其自动调节还是达到在形成各阶段中运行的自动调节之界限的过渡。”①当我们将二、三、四象限的教师操心作为可调节结构时，其自动调节系统作用的发挥就集中在如何跨越临界点从而迈向第一象限。由此，本章将从突破临界点的角度深入探讨教师操心的转变。

一、创生意义的临界点

并非所有处于二、三、四象限的教师都能实现操心的转变，只有拥有转变潜能的教师才能实现转变。“潜能的意思是运动和变化的本原，存在于他物之中或作为自身中的他物。”②这里的“他物”就是迈向第一象限的临界点。在每一个临界点中都共同存在着两个象限的运动能量，转变的潜能让这些能量相互冲突，并在这些繁杂的冲突中寻求到起着支配作用的能量。如果能将临界点中第一象限的能量调节到引导性的地位，就能使其他象限的能量在顺应协同中发生转变。

（一）从显性到隐性

1. 第四象限：“近视”的操心

第四象限教师操心与第一象限交接于改变自己，说明处于第四象限的教师始终将自己处于担心的最外层，嵌套着学科因素。由此，在感受任何来自学生学习状态的信息时都将应对指向自己对学科知识和学科教学知识的精细化处理上。处于第四象限

① （瑞士）皮亚杰. 人文科学认识论[M]. 郑文彬译. 北京：中央编译出版社，1999：164.

② （古希腊）亚里士多德. 形而上学[M]. 苗力田译. 北京：中国人民大学出版社，2003：101.

的教师多为学科知识和学科教学知识比较精深的教师，他们很善于将要求学生掌握的学科知识分门别类，然后按照需要学生掌握知识的数量和程度，以及不同门类知识的认知特点，逐项展开教学。这种对学科知识和学科教学知识的精细化处理主要依据考试内容，这主要因为一方面考试内容本身涵盖了要求学生掌握学科知识的数量和程度，另一方面考试成绩直接反映了学生掌握学科知识的效果。对以考试成绩表征的学生学习效果的热望和追求，使得这些教师成为改变学生考试成绩的行动者，他们追随于考试动态和趋势，不断将最新考点充实进自己的教学内容。与此同时，将学生在考试成绩的得失归属到每一项学科知识点的掌握上。这样一来，他们的全部行动就只需在学科和自己的理解层面完成。

与第一象限分道于学生学习，说明处于第四象限操心着的教师将学生因素剔除在担心同心圆之外。也就是说，在教师的担心圈内缺失了学生层面，而只有学科和教师层面。在处于第四象限操心着的教师看来，学生学习表现的好坏与教师有着直接的关联，而这一关联的基础是将学生看作是教师处理学科知识展开教学活动的一部分，是教师全盘布局中的“棋子”，是与教师精深的专业知识相匹配的箱格化工具。一旦将学生作为教师精细化处理学科知识生产流水线上的一部分，就意味着学生已经在被剥夺主动性后失去了个体的完整性。由此，处于第四象限操心着的教师在谈论学生时，往往喜欢以学科知识为片区划分学生。诸如，“其实，这个学生背单词还是挺扎实的，就是这类语法不过关，这就像是连锁反应，一个知识点没听懂，接下去一连串的语法问题就出现了”；“这些学生不会写作文，主要因为平时看的范文太少了，不熟悉考场作文的一些套路”；“他是那种列对算式，但计算会出错的学生，一看就是平时练得太少了，数学就是这样的，量变才能发生质变”。[①] 这与教师从掌握学科知识的角度出发“近视”看待学生有关，因为学生已经被箱格化为完成教师设计工序中的一个个任务项，就任务的完成效果而言，学生被“肢解”了。

2. 显性成绩与隐性发展

当处于第四象限的教师感受到学生即使进入自己的精细化程序也无法达到自己预想的效果时，教师开始陷入到考虑欠妥、自以为是、结果差强人意的“操错心”中。在这一困境中孕育着教师操心转变的临界点，这一临界点表征为教师以改变自己的能量对学生因素的重建。当教师将操心的着力点都投放在自己和学科的理解关系上时，

① 此处引文出自笔者的研究笔记，是对一些中小教师的日常观察和访谈摘录。

将学生因素作为一个被学科知识割裂开来的箱格看待时，教师在处理一个一个箱格问题后发现，这些部分的处理方式根本解决不了整体呈现的问题。学生的学习远不是一个一个箱格解决了就能了事的，学生是一个完整的个体，有着自身的主动性，忽视学生自身的主动性，甚至有意阻隔学生学习主动性的发挥，其结果很可能就是操错心。当处于第四象限的教师开始意识到学生个体发展在主动性上的需求时，他们的操心就进入转变的临界点。（见图5－1）

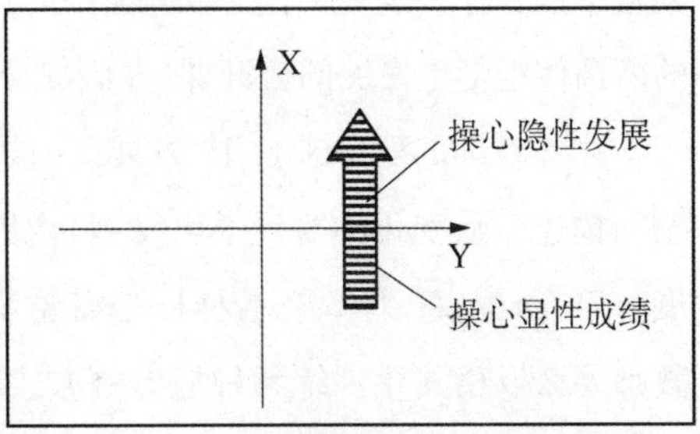

图5－1　从第四象限到第一象限的临界点

是操心显性成绩还是操心隐性发展，这是第四象限教师操心和第一象限教师操心的临界点。操心显性成绩，意味着教师担心的是与考试内容相对应的学科内容如何让学生悉数掌握；主要应对的是如何将学科内容安排为能够让学生悉数掌握的部分和步骤；其反应主要针对学生对学科知识的掌握情况。操心隐性发展，意味着教师担心的是在考试成绩背后学生学习主动性的缺失；主要应对的是阻碍学生学习主动性呈现的学习问题；其反应面向学生的学习活动表现。当这两种力量相对峙时，存在着两种可能性：一种是对显性成绩进行更为精细化的处理，将学生安放进更为细小的学科知识“方格”中；另一种是将来自关注学生隐性发展的能量居于上风支配和调节来自关注显性成绩的能量。前一种可能性带来教师在改变自己的学科知识和学科教学知识上越来越趋于精细化和严整化，越来越依靠显性成绩作为改变自己的尺度，由此，学生在被动学习负极上的数值越来越大。后一种可能性带来教师在整个担心结构上的调整，由于作为隐性发展的学生因素的渗入，学生处于教师和学科之间，让学科的兴趣和学生承担学习责任的能力得以显露，使得学生在学习之轴上越过负极进入到主动学习的正极中，使得教师的操心生成出教育意义。

3．从操心显性成绩到操心隐性发展

确立隐性发展作为教师操心结构中的支配性能量是第四象限教师操心迈向第一象限教师操心的关键。把握这一关键的症结在于消除第四象限教师对学生因素的误解。处于第四象限的教师并不是意识不到学生的主动需求，尤其是在当前以“学习者为中心”的课改浪潮下，近十年来中小学教师在学生观上都有了巨大的改观。但是，为什么意识到了学生的主动需求却无法顺应其主动需求呢？处于第四象限操心着的教师无法认识和把握操心隐性发展的显性表征和功效。“其实，我也知道要关注学生的发展，可是，发展是一个很空的东西。怎么发展?”;“我们以前说‘向40分钟要效率’，现在不也强调效率吗? 什么是效率，学生实实在在分数提高了，成绩上去了，就是效率”;“我们看到的所谓体现学生发展的公开课，虚假成分太多，这不是发展学生，是让学生表演”。①

这些教师的疑虑来自于“发展”一词本身的多义性。发展本身只是对事物变化状态的描述。从变化本身看学生发展，内因可能引起发展，外因也可能影响发展。从发展内容看，德、智、体、美、劳样样都需要发展，学生个性也需要发展。为此，很多中小学教师要么以格式化训练某种能力的方式陈述自己是如何发展学生的；要么以展现学生自身所能的方式表明学生发展得如何。这些对“发展”的多元解读，一方面让教师在教学实践中感受到自己在促进学生发展方面的式微；另一方面也让教师深深怀疑自己促进学生发展的效用性。这里需要认清教师在促进学生发展中的局限：第一，教师无法介入学生的发展机体内部，但可以介入表征学生发展状态的学习活动。第二，教师难以一一对应地发展学生的各项能力，学生也不是依靠逐项能力的培养而获得全面发展。与其将制造出的果实安放在枝头，不如着眼于果树的根部进行培根。学生一切发展的根基在于其自身的主动性。而教师所操心的也就是引起学生主动学习的期待感、相似感和成功感，通过共通感的建立疏通学生主动性发挥的障碍。

认清操心隐性发展的局限是为了认识和把握操心隐性发展的显性表征和功效。“具体化只是身体通过世界中的活动而获得的经验。”②将操心隐性发展具体化，意味着将教师操心隐性发展表现为具体的教学活动。将教学内容标示为应对学生学习期待感、相似感或成功感的逐项环节，在教学活动的诸环节中标注出所对应的可以在教学中直接观察和感受的学生学习活动样态、层级和运算。这样一来，教师既能够具体地把握操心隐性发展的逐项表征，又能真切地体会到操心隐性发展给学生和教师带来的变化。如果处于第四象限操心着的教师能体验操心隐性发展的具体化，那么就有可能迈向第一象限的教师操心。

(二) 从控制到妥协

1. 第二象限:“强势”的操心

第二象限教师操心与第一象限交接于主动学习，说明处于第二象限的教师将学生

① 此处引文出自笔者的研究笔记，是对一些中小学教师的日常观察和访谈摘录。

② (英)哈维·弗格森.现象学社会学[M].刘聪慧等译.北京:北京大学出版社，2010:114.

因素和学科因素包裹进了担心，他们敏感于学生学习状态的变化，但是止步于师生之间共通感的建立，而是转向学生自身的能力缺陷。处于第二象限的教师多为洞察学生举动并抑制学生行为的高手，他们很善于将学生的言行变化与学生自身的相关意图建立关联，一旦发现学生不利于学习的意图就会采取各种手段抑制学生相关行为的出现。尽管他们承认学生主动学习的重要性，但是为了让学生主动地学，他们考虑最多的是如何发现学生的问题、纠正学生的错误。他们一手拿着“苹果”，吸引学生积极地学；另一手拿着“教鞭”，抑制着学生不愿学习的各种行为。

与第一象限分道于教师发展，说明处于第二象限的教师将教师因素剔除在担心同心圆之外。也就是说，他们接受的来自学生学习状态的种种信息最终是凝结在学生身上，而不是教师自己身上的。由此，他们致力于发现学生身上的种种问题，然后改变学生。在处于第二象限的教师看来，学生学习表现的好坏与学生自己有着直接的关联，而教师只是一个站在学生和学科知识之外的调控者。这种立足改变学生的调控使他们不是将学生分割成与学科知识相匹配的箱格，而是将学生按照自身问题的类型进行分别处理。诸如，“这些学生学习非常自觉，要个个学生学习都这么懂事就好了”；“我一看他书写就知道他根本没用心，一点儿都不认真，应付了事”；“我没什么‘法宝’，就是跟学生‘耗’，看谁熬得过谁，彻底断了他们想偷懒的念头”；“抄了这么多遍，居然这个字还会写错，看来你还是抄得太少了，继续抄”。[①] 处于第二象限操心着的教师很善于从听话与否、懂事与否、认真与否、勤奋与否等方面对学生进行分类，然后针对不同类型的学生问题采用不同的应对方式。“这些方法使得人们有可能对人体的运作加以精心的控制，不断地征服人体的各种力量，并强加给这些力量以一种驯顺——功利的关系。”[②]这些教师的应对不是从结果出发对达到结果的手段进行精细化处理，而是着眼于过程的监督。他们采用不间断的持续强制手段，对学生的学习时间、空间、方式、进程进行严密监控，不断征服学生的主动力量，不断将学生驱赶到驯顺的状态中。

2. 控制式操心与妥协式操心

当处于第二象限的教师感受到学生不听从于自己的指令，不服从自己的规训时，教师开始陷入到一厢情愿、意气用事、结果痛苦心碎的“操碎心”中。在这一困境中就孕育着教师操心转变的临界点，这一临界点表征为教师以重思学生来唤醒自身的改

① 此处引文出自笔者的研究笔记，是对一些中小教师的日常观察和访谈摘录。

② (法)福柯. 规训与惩罚：监狱的诞生[M]. 刘北成，杨远婴译. 北京：生活・读书・新知三联书店，2003：155.

变。当教师将操心的着力点投放在改变学生，让学生懂规矩，让学生不犯错时，将学生的主动性建立在服从于教师的规训之下时，教师在处理一类类学生问题后发现，学生的问题仅依靠分类后的高压抑制是解决不了的。一味规整学生的行为，企图改造学生，不仅很难控制学生不再犯错，而且会引起学生对教师的反感，让教师陷入操碎心的困境中。当处于第二象限的教师开始意识到需要将改变的指针指向自己时，他们的操心就进入转变的临界点。（见图5－2）

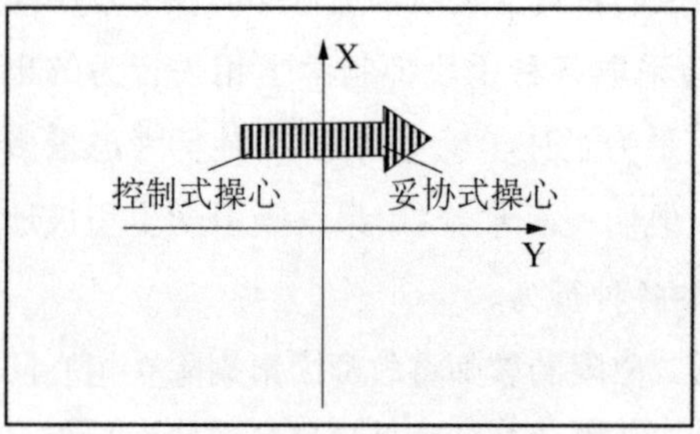

图5－2　从第二象限到第一象限的临界点

是控制式操心还是妥协式操心，这是第二象限教师操心和第一象限教师操心的临界点。控制式操心，意味着教师担心的是学生身上存在的种种问题；主要应对的是如何帮助学生改正错误，控制学生不犯错；其反应针对的是学生在学习过程中的错误。妥协式操心，是指教师担心的是如何将学生身上的种种问题进一步凝结到自己和学生学习信任感的建立上；主要应对的是将学生的错误转换为对自己教学理解和教学体谅的重建；其反应方式是一种以妥协换得彼此信任与合作的表现。当这两股力量相对峙时，存在着两种可能性：一种是在原有控制的基础上更加布防严密、监管严苛，对学生的错误绝不姑息，让学生不敢丝毫松懈，不敢越雷池半步；另一种是将“镜子转向自己”，将来自妥协式操心的能量居于上风，从而支配和调节控制式操心的能量。前一种可能性带来教师越来越重视细节的控制和管理，越来越关注学生是否服膺于自己的权威，由此，教师在改变学生上的数值越来越大，学生在主动学习上的数值越来越小。后一种可能性带来教师重新定位教师与学生之间的关系，重新认识包裹在学科和学生层面之外的自己，以检省、妥协的方式重新赢得学生的信任，以对自身教学理解和教学表现的改变越过教师发展之轴的负极进入到改变自己的正极中，使教师的操心生成出教育意义。

3. 从控制式操心到妥协式操心

确立妥协式操心作为教师操心的支配性能量是第二象限教师迈向第一象限教师操心的关键。把握这一关键的症结在于重建教师对学生和自己的认识。处于第二象限的教师对学生的控制中存在着一股对学生学习兴趣的认识力量，他们对学生学习兴趣的重视也使得他们未能滑入第三象限。教师认识到学生学习兴趣的重要性，但是究竟什么才是学生的学习兴趣，教师的认识上存在着偏误。第二象限的教师对学生学习兴趣的认识锁定在将学生吸引到学习活动中来。但同时他们也苦恼于学生对一些外在的、物质的、感官的刺激引起的兴趣往往短暂易逝和旁逸斜出："有的学生对这种评星加级的方式很受用，一下子就激起了斗志；可有的学生根本不理你，因为他们说'这个盖星星的红章我自己可以买，而且买得比老师更好'"；"我带这些实验设备来是想帮助学生理解课文中写的当时人们是怎么把铁牛捞起来的，哪里晓得这些学生对这个道理一点也不感兴趣，注意力全放到这个好玩的铁牛上了"；"你看吧，这些学生是被调动起来了，也很兴奋，但是每回遇到这样的时候，我都很难控制住场面，感觉这些学生一兴奋起来我就把不住了"。①

其实，兴趣的外在表现是集中和保持学生的注意，而内在核心是"使儿童理解他所教授的东西的用途，应该让儿童知道，利用他所学过的知识，他就能够做出以前所不能做的事情了"②。如果教师一味关注兴趣的外在表现，将激发学生学习兴趣仅仅作为学生学习的一个"开场白"，未曾考虑学科内容本身的活化运用和知识本身带给他们的"惊喜"，那么再高明华丽的激发兴趣的手法也只是舍本逐末、缘木求鱼。而这样做的后果是极易陷入学生学习兴趣在审美疲劳下的短暂易逝和在感官判断下的旁逸斜出。教师在学生学习兴趣上引起的问题其实质是教师对学生和自身认识上的偏误。在第二象限的教师看来，学生和教师之间的关联是一种类似刺激与反应之间的行为主义关系。教师一方面要确保刺激活动能引起学生的反应，另一方面要能掌控学生的反应不出现异常。同时，教师对学生的假设往往是：学生的认识水平是低下的，甚至连感受能力也是较低级别的。这些教师不仅高估了自己在学生学习中的作用，更低估了学生在自身学习中的作用。教师永远改变不了学生，这不仅表示教师自身能力的有限，更揭示了教学活动永远不是一个人的意志可以掌控的"独角戏"。学生在学习活动中是能动的主体，这种主动性不是教师靠激发学生学习兴趣就能赋予学生的，也不是教师不激发学生学习兴趣就能剥夺学生的。两个拥有主动性的主体在教学活动中交往的方式只能是合作。

由此，如何让第二象限的教师体验到合作的意味是他们迈向第一象限的关键。"教育是农业式的活动，人不能创造他们的发展，人的活动只是提供他们发展的条件。"③合

---

① 此处引文出自笔者的研究笔记，是对一些中小学教师的访谈摘录和日常观察。

② (英)洛克. 教育漫话[M]. 杨汉麟译. 北京：人民教育出版社，2005：158.

③ 陆有铨. 教育是合作的艺术[M]. 北京：北京大学出版社，2012：4.

作不要求压制和服从，而是承认自由、学会隐退、善于妥协。当教师以合作的姿态重思自己与学生之间的关系时，那些以往集中于学生问题的注意力就会转移到现实问题上来。“合作使对话主体把注意力集中到现实身上。现实是他们的中介和挑战，现实被作为问题提出来。”[①]这里的现实问题就是：既然融合学生意愿的参与是教学活动的必需，那么怎样调和教师意愿和学生意愿之间的冲突。解决这一现实问题的根本在于教师从控制转向妥协。也许有了学生意愿参与的教学活动无法像教师预期的那样一步到位，但是教师需要妥协，更需要在妥协中认识学生真正的学习需要；需要在妥协中适应学生学习需要的变化，更需要在妥协中让自己的教学期待如同学生自己的学习需要一般得到实现。“灵活多样的教学是为了适应和回应学生的需要。”[②]可见，妥协式操心比控制式操心更能显现教师的能力，而这一能力是教师为适应和回应学生需要而对自己的改变能力。从这个角度看，第二象限教师之所以以控制的方式操心，在很大程度上是在将复杂问题简单化处理，是在回避复杂现象本身对自己的挑战，是在害怕对自己的改变。这也正是第二象限教师强势背后真正的弱势。

（三）从替代到自主

1. 第三象限：“忙乱”的操心

第三象限教师操心在学生学习之轴和教师发展之轴上双向背离第一象限，说明处于第三象限的教师既没有将学生因素囊括进担心之中，也没有将教师因素包含进担心之中。当他们觉得是时候学生要听讲了，担心的是学生听不懂；当他们觉得是时候学生要表现了，担心的是学生不配合。这里的“是时候”完全是教师自己的主观意愿，而且这个意愿大多时候是“想当然”。由此，第三象限教师的应对往往是缺乏考虑的：既没有对问题的分类与分解，也谈不上什么理解和考虑；见到什么就想什么，想到什么就愁什么，愁什么就急着做什么。这些教师就像是“丛林中迷路的孩子”，焦急地“横冲直撞”。唯一可以确认的是，这些教师想改变，他们已经不想再这样下去了，这不是改与不改尚可商榷的问题，而是如果不改变恐怕就无法胜任教师工作的问题。

于是，这些处于第三象限的教师开始不断展开改变的尝试，他们改变自己的教学方法，目的是为了将学生以往的“听不懂”变得“听得懂”；他们改变自己的教学活动，目的是为了将学生以往的“不愿配合”变得“勉强配合”。他们一心只想改变学生，让学生

---

① （巴西）弗莱雷. 被压迫者教育学[M]. 顾建新等译. 上海：华东师范大学出版社，2001：103.

② Berliner, D. C. Learning about and learning from expert teachers [J]. International Journal of Educational Research, 2001, Vol. 35, 463—482.

跟上教师的节拍。这是因为他们对自己的教学理解始终处于一种单通道的线性封闭状态，缺乏学科、学生和教师之间相互作用的多维度开放式关系思维。这种单通道的线性封闭状态让这些教师只能零打碎敲地处理各种教学事态，只会在这些源源不断的琐屑处理中忙乱不堪。当然，这些教师的反应是积极的，反应中的情绪是热烈的。只是这种急于求成的热烈恐怕会造成更进一步的混乱。在缺乏整体考虑，欠缺深刻理解和体谅的情况下，盲目采取行动，只会让事态发展越忙越乱，愈演愈烈。

2. 替代操心与自主操心

当处于第三象限的教师感受到自己所做的一切往往适得其反时，教师开始陷入盲目跟风、随意行事、结果忙中出乱的“瞎操心”中。在这一困境中就孕育着教师操心转变的临界点，这一临界点表征为教师必须改变。当教师的操心致力于应对一些目之所及的零散琐事时，教师发现这种什么都想管，什么都要管，什么都管不好是需要改变的。先从教师每天需要面对的一些事情着手，改变教师看待、分析和处理这些事情的方式势在必行。当处于第三象限的教师开始处于一直积极改变的状态时，他们的操心就进入转变的临界点。（见图 5－3）

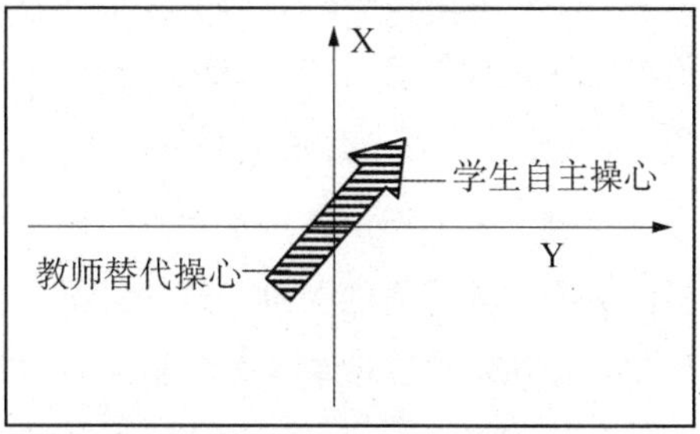

图 5－3　从第三象限到第一象限的临界点

是教师替代操心还是学生自主操心，这是第三象限教师操心和第一象限教师操心的临界点。教师替代操心，意味着教师担心的是发生在学生身上的所有一切；应对的是解决学生已经出现的种种问题以及避免预见学生可能出现的种种问题，各种问题缺乏轻重缓急，欠缺主要线索；其反应有着强烈的行动意愿，总是在做，而不管做的效果如何。学生自主操心，意味着教师担心的是如何让学生自己发现和解决自身的学习问题；主要应对的是在学生自主操心过程中需要教师帮助解决的几个节点性环节；反应的表现从最基本的交往手段开始，教师的做与不做相结合。当两股力量相对峙时，存在着两种可能性：一种是在教师替代操心的基础上更加替代，对学生的状态想得更多更细，将自己和学生牢牢捆锁在一起，以更多的做换来做得更多。由此，教师在改变学生上的数值越来越大，在学生被动学习上的数值也越来越大，使得教师的操心与教育意义的生成背道而驰。另一种是将自己放置在学生身后，学会冷静观察学生，学会洞察学生的学习需要，学会从整体考虑事情，学会从基本的关键的交叉点入手处理问题，而将更多具体的行动交给学生自己完成。这不仅需要教师重新认识学生学习，建立新的教学理解，更需要教师从提升自己的教学能力着手改变自己，使得教师的操心开始生成教育意义。

3. 从教师替代操心到学生自主操心

确立学生自主操心作为教师操心的支配性能量是第三象限教师迈向第一象限教师操心的关键。把握这一关键的症结在于帮助教师建立学科、学生和教师三者之间的关系。处于第三象限教师的认识是单一的，学生不会什么教师就教什么，教师方法不对就学别人对的方法，学生的问题就是学生的问题。“学生理解不了，我就逐个讲解；他们不会朗读，我就带着他们读；他们不会写话，我就一句一句教他们怎么写”；“我有时候真觉得我能想到的都想了，我能做的都做了。可还是这样，这就是学生自己的问题了”；“别的老师说是方法问题，说我方法不对。那我就学他们的方法。但我发现他们的方法在他们班行得通是因为他们的学生比我班上的学生强。后来我听别的老师说，有些班最早入学分班的时候学生就很好”①。

这种单一的思维方式如何发生转变呢？第三象限教师自身学习方式的转变是其教学思维方式转变的关键。这些教师自身在教学中的学习方式非常单一，主要是依靠模仿。模仿可以让他们快速便捷地获得解决问题的一些可操作性的方法，而且这些方法看起来也是有过成功证据的。但同时，模仿也使得这些教师局限在被模仿的对象当中，将自己的所有注意力都集中在自己所遇到的一切情境和被模仿物之间的比较上。这些比较是机械的比较，也是一种缺乏关联性的比较。更为实质的是，这里的“模仿”是为模仿的模仿，而并非为己的模仿。教师没有将模仿作为自己主动性的一部分，没有在模仿中真正参与到一种探究性的实践活动中，没有在模仿中反思自己在教学中所周遭的一切。教师这种与自己相分离的学习经验怎么能引起学生主动地学习呢？

对于第三象限的教师来说，先争取自己学习的主动性是认识学生学习主动性的前提。这就意味着需要唤醒这些教师的自我理解。将教师自身置于整个担心结构的最外层，将任何事态变化的感知都经历一个从学科到学生，再到自己的圆晕式扩散。在经历这样的扩散式感受后，将切入点凝结在一个类型的问题上考虑。正如，“教师的教学思维是指有能力去对日常现象概念化，把它们看作是更大教学过程的一部分，并证

① 此处引文出自笔者的研究笔记，是对一些中小学教师的日常观察和访谈摘录。

明在此过程中的行动和决策能力”。[①] 这种考虑本身可以借鉴和模仿，但更需要在借鉴和模仿过程中的判断。这个判断的自主权应当由教师自己作出，无论做什么判断都需要有依据的支撑，这一依据不是人云亦云，也不是道听途说，而是自己在实践中最真实的感受和体验。每一次判断都需要教师回到学科——学生——教师的圆晕中关联一回，每一次关联都能让教师体验到自己在重构教学理解中的自主作用。当教师获得了自己在教学中学习的主动性，获得了自己自主学习的体验后，他们就获得了从教师替代操心到学生自主操心的“入场券”。学生自主操心，并不意味着让学生放任散漫地学，或是脚踩西瓜皮式地学，而是有需要、能自主、有收获地学。这是对教师真正的考验，也是教师自身所面临的最为困难的学习。教师在教学中的学习探究是三重的：第一重是教师开掘学科知识本身兴趣的探究；第二重是为学生设置自主学习障碍并和学生一道跨越障碍的探究；第三重是对自身教学理解不断验证和改进的探究。“自我理解不仅仅是教育的最终结果，而且是在每一个真正的学习中都持续着的一贯可以更新的过程。在超越和纳取的运动中，自我被验证和挑战。”[②]

二、突破临界点的策略

临界点是引起教师不适感的情境，是唤醒教师潜能的对峙力量，是教师操心的转变地带。突破临界点意味着让教师意识到操心临界点中创生意义的潜能，并将这股能量发挥出的作用还原为新的操心结构。临界点的突破是一个探究过程。“这种活动可以用通过想象猜测和批判的方法。”[③]因此，本研究将从问题情境、解决思路、先备条件三方面对各种策略展开论述。

（一）化虚为实

化虚为实是从第四象限突破到第一象限的策略。所谓化虚为实，就是指将学生的隐性发展还原到教学活动层面，并通过介入学生学习样态、学习层级和学习运算的教学活动，让教师认识和把握操心隐性发展的显性表征和功效，从而实现从操心显性成绩到操心隐性发展的转变。

---

① AULITOOM, HEIKKI KYNÄSLAHTI. Experiences of a Research-based Approach to Teacher Education: suggestions for future policies [J]. European Journal of Education, Part II, 2010, vol. 45, 331—344.

② (美)加拉格尔. 解释学与教育[M]. 张光陆译. 上海：华东师范大学出版社，2009：156.

③ (英)波普尔. 客观知识：一个进化论的研究[M]. 舒炜光等译. 上海：上海译文出版社，2005：189.

1. 案例

变换的风景①

下午第二节课后，教师H又“抓”了五六个五年级的学生到办公室门口来记单词。这几个学生课堂默写单词不过关，他们一直要留到默写出单词才能回家。这些学生在门口记单词的方法很简单，一遍一遍将单词的字母逐个念去。因为念单词要出声，所以为了不影响办公室的其他教师，他们只有在办公室门口的走廊上背单词。其中几位学生已是这儿的“常客”，他们眼尖腿快，赶紧来到了办公室门口走廊的尽头，将书包往角落里一扔，然后将夹在腋下的英语书架在走廊扶手上。占着这个位置的好处就是，能够一边背书一边看操场上的“风景”，而且还能避免站在教师办公室门口被来来往往熟悉的老师数落。

看得见，摸得着

H：我每个星期一个班就是两节英语课。所以每次上完英语课我都会布置学生回家记单词和背课文。单词，一部分是当天教的课文中的单词，一部分是以前学过的单词。这些学生学了就忘，学了后面就忘了前面，一来没听讲，没认真听我讲方法，二来不下功夫，回家不记单词。好吧，我说，你们上课不听，那我就再教一遍。最可气的是，在我办公室我再教一遍，他们当时会了，过了两天还是不记得了。

M：像你这样抓得这么紧的英语老师在小学不多见啊。

H：因为英语考试很重要的一点就是单词量，这些学校的小升初英语考试的单词量都很大，不仅现在小学英语书本中有的单词他们会考，有些初中才会学到的单词也会考到。如果学生连单词都看不懂，那题目就根本没法下笔。所以我很看重记单词。说实话，我觉得让学生踏踏实实记住一些单词，是看得见摸得着的。

M：我看外面有几位都是这儿的常客了。如果有学生就是记不住单词，那怎么办呢？

H：这倒是说到我的痛处了。我也觉得很奇怪，这些学生难道就愿意一星期往我这儿来两趟吗？你给我想想办法，你说，怎样才能让这些学生记住单词呢？

M：我只是觉得如果学生能在他们自己的学习上发挥出积极性，可能情况会

① 原始材料来自对教师H的个案研究、行动研究和叙事研究。

有些改变？

H：我太希望这样了！不瞒你说，我现在接触到的教学方法，要么就是公开课那套花架子，要么就是家常课的死抓死抓。我有时也在想：有没有第三条路呢？

“第三条路”的教学

针对教师H提到的“第三条路”，我和她将这条路设定在：如何让学生积极主动地记单词。在设计具有的教学活动之前，我和她先从三个方面讨论了有关学生积极主动记单词的学习问题：第一，学习记单词是不是只有一遍一遍拆开单词念字母一种办法。我们讨论的结果是：在运用中复现单词是记单词的好方法。第二，课堂上可以创设什么样的活动可以让学生复现单词。我们讨论的结果是：创设各种情境可以增加同一个单词的复现几率；小组学习可以增加每个学生在课堂上的学习活动量。第三，学生从没记住单词到一步一步记住单词的表现有哪些。我们讨论的结果是：①学生一开始没有想到这个单词；②想到了，但是念不准这个单词；③能念准，但意思用得不恰当；④意思用对了，但是和介词的搭配不对；⑤介词搭配对了，但是一句话不完整；⑥句子完整了，单词能默写了。

接下来，我们讨论的是如何将这些对学生学习状态的分析转化为具体的教学活动。例如：学生在学习活动中的一步一步层级变化怎么体现。就第一个问题，我们从两方面展开了思考。首先，小学英语课程标准对五年级学生英语学习的要求是什么。然后，结合具体一课的教学，怎样将这些要求在课堂教学的学科知识中得到体现。为此，我们借鉴了“认知、情感、技能领域下学生行为表现”①，根据教师H准备执教的五年级上册 Unit 2 She looks active. Lesson 9 做了如下具体化处理：

明确本课教学的学科知识点，一共两个。一是词语：introduce, together。二是句子：Let me introduce my new friend (to you). Where are you from? I'm from ... Where do you come from? I come from ... I'm good at ... I'm interested in ... I enjoy ... I like ... Let's sing a song together。如果这些知识点要达到“认知行为”的“应用”层面，那么之前需要经历“知识”和“理解”两个阶段。结合“技能行为”中对应的“模仿”、“操作”和“精确性”，以及“情感行为”中对应的“接

① (美)鲍里奇. 教师观察力的培养：通向高效率教学之路[M]. 么加利，张新立译. 北京：中国轻工业出版社，2006：430—431.

受”、“回应”和“自我价值”，教学活动可以“introduce”为线索展开。

第一步，先提供教材上的范例，根据教师手势的高低变化读出不同语义的“Let me introduce my new friends (to you)”。这一步，重在向学生介绍这句话可以适用的各种场合，以及不同场合说这句话的不同语调。借助学生日常汉语交际的经验让学生专注于这句话本身。

第二步，让学生对“introduce”作脑图分析，看看可以分解出哪些可以介绍的内容。这一步，让学生先用中文说，再让学生自己尝试“造句”发问，然后相继出示五个基本提问句式：Where are you from? What are you good at? What are you interested in? What do you like? What do you enjoy? 学生对自己的造句要用中文解释意思，并且鼓励学生对这些基本句式根据情境变化而改进。例如，适当加上一些单词，或者换一些单词发问，等等。同理，出示相应的回答句式：I'm from ... I come from ... I'm good at ... I'm interested in ... I enjoy ... I like ...。

第三步，创设五个不同情境的“introduce”的语境：班上来了新同学；家里来了客人；火车站接远方亲戚；长途汽车上和同龄伙伴坐在一起；参加夏令营，等等。然后出示以前学过的“国家名称类”单词、“体育运动类”单词、“兴趣爱好类”单词、“动物植物类”单词，等等。这一步，主要评价学生使用句式是否正确和运用单词是否准确，重在学生之间的评价和小组评价。

第四步，小组中的合作学习，将这些交际语境运用到各个小组的学习中。每组四位成员，两位同学在表演时，另外两位同学进行评分。小组活动评分参考“小组参与的指导方针”①，原表格中对小组参与的评分项目共八项，分别为：交谈、持续工作、责任、活动、合作、评价、分享和情态，然后学生根据每项的具体说明在相应的1—4的分值上划圈。根据本课教学的实际，将这张评价表的项目定为四项，每项的说明也作出如下相应的调整。A. 交谈：同学在交谈时正确运用相关句式，单词使用恰当。B. 责任：交谈时，一直进入到角色的扮演中，没有受到任何影响。C. 分享：在交谈结束后，能和其他同学分享自己的感受，并提醒其他同学进行交谈时的注意事项，或者提供一些可以用得上的其他单词或句式。D. 情态：在其他同学表演时，能够认真倾听并评分，并在评分后给出评价。

① (美)韦伯. 有效的学生评价[M]. 国家基础教育课程改革“促进教师发展与学生成长的评价研究”项目组译. 北京：中国轻工业出版社，2003：155.

第五步，回顾今天课堂上用到的单词和句式。一方面让学生自己总结今天学到一些自己比较得意的单词和句式；另一方面帮助学生运用“单词分类”、“修改句式”的方法复习今天的学习内容。

换个角度看学生

依据教学活动设计，教师H上完了这一课。课后，她主动找到我交流体会。

H：我觉得这堂课最成功的就是我在课堂上体会到了学生一点一点的学习进步。学生记不住单词其实就是缺少我今天这样的一步一步复现的运用。你看，课堂上，没有了电脑课件，没有了教具，学生开始一点兴趣都没有，但是当我让学生用不同语调表示各种介绍的语义时，学生的积极性就调动起来了。我觉得是他们感受到了知识的用处。后来，学生从念不准单词和句式，到跟着书上用单词和句式，再到自己改变句式和灵活运用以前学过的单词，特别是有几个在校外上了英语培训班的学生提供的一些“新词”，单词简单但运用灵活，让这些学生眼前一亮，印象深刻。

H：我觉得最重要的是换个角度看学生。我以前以为老师教学生记单词，就是教给学生记忆单词的方法。今天我发现，其实一个单词学生只要多用上几遍，他们自己会想出很多办法记。他们自己学的时候就是他们能力得到发展的时候。

H：我觉得学生今天之所以学得效果这么好，是因为我们之前讨论时对学生运用单词和句式的情境设置考虑得特别周到。那个小组评价表设计得也很好，学生一下子就知道怎么在小组里学习了。

2. 案例分析

(1) 问题情境

教学生一些记单词的方法，然后经常留学生在教师办公室门口背单词，这种抓学生英语单词过关的办法让教师H深感疲惫。疲惫的原因是学生“学了后面忘了前面”，教师有些“操错心”。在教师H的原有认识中，家常课的“死抓死抓”就是指教师关注学生显性成绩，以考试内容作为教学内容，以分解学科知识的方式一项一项让学生用简单机械、死记硬背的方式掌握考试内容。而公开课的“花架子”就是指学生能自主表现自身已有能力的一些活动，因为在这些活动中未能体现出教师的作用，对学生自身素质的要求很高，所以教师们对此表示一种怀疑，并认为这只是“花架子”。由此，她提出“第三条路”的前提假设是：既然用死抓考试内容的方法行不通，方法古板，那是不是就意味着应该着眼于学生自身的发展，但这又不能是指望学生自身素质就很高的课堂表现，应该是有教师作用发挥的对学生发展的促进。所以，如何将隐性的发展在具体的教学活动中体现出来就是研究的问题。

(2) 解决思路

为了将关注学生隐性发展在具体的教学活动中体现出来，解决问题的思路主要从两方面展开：一是学生学习过程的具体化；二是教学活动如何展现学生发展的具体化。

在具体的教学活动设计之前，先从三方面澄清有关学生积极主动记单词的学习问题：第一，学习记单词是不是只有一遍一遍拆开单词念字母一种办法。讨论这个问题的目的是为了清理教师 H 的已有认识，进而提出复现单词的方法。复现就意味着提高需要学生识记的单词的使用频率，而这个使用频率是依托着课堂教学中具体教学活动的设计。第二，课堂上创设什么样的活动可以让学生复现单词。这一步已经将学生积极主动记单词转变为一种教学活动层面上的理解了，是对学生隐性发展的显性化。第三，学生从没记住单词到一步一步记住单词的表现有哪些。这个问题的讨论非常重要，因为这其实就是对学生如何积极主动学习单词的内隐学习步骤的还原。只有了解学生是如何学习的，才能针对学生学习的不同阶段安排相应的教学活动。如果教师能够从学生学习的角度了解学生积极主动记单词的学习过程，那么教学活动的设计就会有一个来自学生学习活动状态本身的可靠凭借。

将这些对学生学习状态的分析转化为具体的教学活动，这需要有一些理论工具的支持和帮助。这里的理论工具主要涉及两个方面，一是小学英语课程标准对五年级学生英语学习的要求；二是体现学生发展的具体行为表现。前者为教学活动的设计提供学生学习层级的底线，后者为教学活动的设计提供学生学习运算的表征。有了这两项理论工具的支持，接下来设计教学活动的重心就是如何让学生会呈现出智能的学习样态。智能学习样态的表征虽然依据的是已有实践经验，但是在行动研究过程中展现的是如何将学生认知行为、情感行为和技能行为这一认识框架转化为教学中针对教师 H 所教学生的英语课堂学习活动。这一转化的基点来自唤醒教师 H 教学回忆，将那些有关学生学习英语样态、层级、运算的内容突显出来，以此重构教师的操心。

(3) 先备条件

经过这样的行动研究，教师 H 的担心中就生成了学生因素。这种学生因素的建立来自于教师对操心学生隐性发展在教学活动中的显性表征和功效的体验。这一体验让教师 H 在教学后认识到“学生自己学的时候就是他们能力得到发展的时候”。这标志着教师已经突破从显性到隐性的临界点，开始向第一象限的操心迈进了。回顾教师H运用化虚为实的策略突破第四象限的历程，得益于以下几个先备条件。其一，教师H能够提出关于“第三条路”的问题，是因为她有关家常课死抓死抓和公开课花架子的切身体验，并对这种教学体验产生过疑惑，只是没有深入思考。这是教师得以转变的前提。其二，教师H能够对学生学习过程具体化，是因为她虽然未曾运用学生的学习经验设计教学活动，但平时是对学生的学习活动本身有观察和记忆的。这是教师得以转变的基础。其三，教师H能够设计出展现学生发展的教学活动，是因为她平时注意积累一些关于英语情境教学的教学资源并且善于将要求学生掌握的英语学科知识进行契合学生学习活动要求的分解。这是教师得以转变的关键。

(二) 以退为进

以退为进是从第二象限突破到第一象限的策略。所谓以退为进，就是指教师将觉知到学习状态的应对滞后处理，以退的方式腾出教师重识学生的时空，也腾出学生充分展现自身主动性和学习需求的时空，然后在明智应对后再采取行动。这样一来，教师就在后行于学生的退让中促进了学生的主动学习，进而实现从控制式操心向妥协式操心的转变。

1. 案例

学会“放手”①

这几天，教师R的心情很不好，原因是前几天她留一个学生补前一天的家庭作业，结果学生晚回家一个小时，家长非常生气，直接向校长告状，说教师R让孩子站着补作业是“体罚”学生。校长得知此事非常重视，告诫教师R，在对待学生的问题上要慎重，不要让家长借机发作。原来教师R以前是教音乐的，转到小学数学岗位才第三年，家长总是将孩子数学学习不好的问题都一股脑地归结到对教师R自身数学功底的质疑上。在教师R看来，这回又是家长的借题发挥。正巧赶上这星期轮到教师R面向全校上展示课。按照学校规定，全校老师每学期都要在校内开一节展示课，这节课会由学科教研组长、年级备课组长、教务主任和分管教学的副校长共同评分，评分结果将记入该教师本学期末的期末考评，这个考评成绩会和该教师的考评奖挂上钩。奖金的多少倒不是教师们在乎的，大家真正

① 原始材料来自对教师R的个案研究、行动研究和叙事研究。

在意的是学期末教师考评成绩的公布和排名。所以，虽然只是一节校内的展示课，但老师们都非常重视。这些天，教师R是又忙又烦。

教后评议

教师R的公开课上的是《射线和角》。课后，“评委组”的评分结果是暂不公布的。但是，就这堂课的教学，全校的同学科老师要坐在一起教后评议。开始，大家都比较客气，以鼓励和肯定居多。后来，有一位教师提出了一个“值得商榷”的教学环节。这个环节是教师在讲解“角”的概念之后的一道讨论题。题目的内容是：分析下面六种图形，判断哪些是角，哪些不是角。这六种图形分别是：

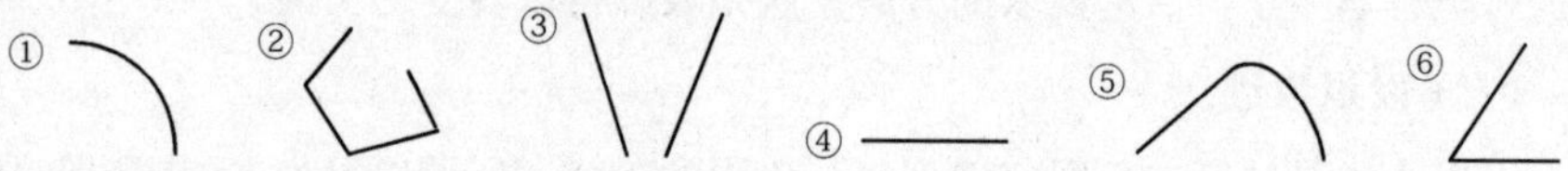

议课的老师指出，教师R在这个教学环节的处理上有两处不妥：第一处，当学生认为④不是角时，教师R只是让学生再看看书上是怎么解释角的概念“从一点引出的两条射线所组成的图形叫做角”。议课老师的疑问是，学生仅凭这句解释是理解不了为什么这条看上去的直线是角。第二处，当学生认为②和③也是角时，教师R又一次拿出这句解释角的概念让学生来套，最后评判学生是错误的。对于这位议课老师提出的第一处问题，各位数学教师没有深入展开讨论，但是对于第二处问题，大家纷纷表示了自己的观点。有的老师认为，教师R没有让学生说明自己的理由就评价学生是不对的，因为这两个图形中确实是有角的，图形②就有3个角，图形③的两条直线延伸一下也就有角了。但有的老师认为，这样让学生无限制地发散开来会造成学生思维的混乱，就是应该用书上的角的概念严格区分。还有的老师提出，围绕书上角的概念展开教学没错，但也要听听学生是怎么想的，哪怕学生想错了，也可以知道学生究竟错在哪里。对同行们的评议，教师R当时并没有反驳。回到办公室，教师R有些感到不平，和我聊了起来。

R：书上已经明确指出角的概念，我如果不依照这个让学生判断什么是角，什么不是角，那我要让学生依照什么。难道是学生那些不正确的想法吗？而且，我让学生一对照书上角的概念，学生一下子就明白了呀，要有“一点”、“两条”、“射线”。

M：你当初为什么会想到设计这道讨论题的呢？

R：我觉得应该帮助学生巩固他们对角的概念的理解，所以才设计了这道讨论题。当然,我也借鉴了别的老师的教学方法。

M:那你觉得学生为什么会认为②和③也是角呢?

R:这个学生的错误原因就很多了,我一下子也很难说得清楚。我的任务就是帮助学生纠正错误,所以我主要考虑的就是怎样让学生能够不认为②和③也是角。其实,我平时如果有时间会点一些学生来帮助那些答错的学生。今天,主要是后面还有两个教学环节,时间又快不够了,所以我就略过去了,直接让学生回到书上的角的概念再思考(说到后面的时候,教师 R 的声音小了一些)。

M:其实,我开始也以为②是角,但后来你反复强调书上角的概念,我也就明白过来了。不过,如果②不是角,那是什么图形呢? 说角吧,不是;说是四边形吧,又没合上(我一直注视着教师 R,只见她突然间不吱声了,我赶紧补充说)。我也是随口一问,纯属外行的发问。也许学生并不需要知道这些,但我只是想,如果教师能弄明白这个问题,教学的时候是不是会更游刃有余一些。

“中转站”和“变压器”

第二天,我如约早早来到教师 R 的办公室,按照我们事先的约定今天要听她第二节课的随堂课。

R:对了,昨天你跟我说的那个问题我回家查了一下。就你说的,那个没合拢的四边形是什么图形(说着,她从包里拿出了一本《中国小学教学百科全书(数学卷)》)。你看,这上面写道:“在同一平面上,由不在同一条直线上的几条线段,顺次首尾相接组成的图形叫做折线。”图形②是折线。

M:是吧,你还真把这个问题放在心上了。你的学习精神真是值得我学习啊!不过,课都上完了,估计你的发现怕是没有用武之地了(我一边说着,一边用期待的目光注视着教师 R)。

R:怎么会呢? 我昨晚重新思考了一下那些老师给我提的建议,而且修改了教案。我今天要在另一个班再上这课。欢迎你来听课。

不知道为什么,我坐在教室后面有些紧张。说不上紧张什么,就是一颗心悬在那里。终于,教师 R 和学生一起来到了那道讨论题的环节了。在出示这道讨论题之前,教师 R 并没有急着跟学生讲解书本上角的概念,而是让学生根据书上角的概念自己判断。这时,我发现教师 R 和以往教学的最大变化就是,她没有像以往一样在每位学生发言之后急着给予评价,而是耐心地等着学生们说出自己的判断,她只是说观点相同的就不要再说了。等学生都说出自己的判断后,教师 R

说："我总结一下大家的判断。大家基本上都认同⑥是角，①和⑤不是角。这是没有异议的。但是大家在②、③、④三个图形上存在着分歧。我想先和大家讨论讨论④是不是角。"学生踊跃地举手发言，在学生主动提到书本上角的概念时，教师R让学生上台来，指出这个角中的射线。这位学生在④的直线中间划了一个重重的黑点，然后拿出一个量角器，一边量角一边告诉同学这是一个180度的角。教师R接着问："那②和③是不是角呢？这两个图形看起来都是有角的哦。"一位学生说："②不是角，因为有好几个点，不是一个点，而且也不止两条射线。"教师R立刻回应道："有角，但不是角。就是说，并不是有角就能说它是角。像这个由几个线段首尾相接组成的图形叫做——折线。""哦，原来是这样。"几位学生兴奋地说，"我知道了，我知道了。"教师R问道："你知道什么了？"一学生站起来说："③不是角，虽然他们延伸后会相交，会有角，但是有角并不一定就是角。它们就是两条直线。"……"看起来有角，并不一定就是角"，是这堂课学生运用频率最高的一句话，也是学生判断"是不是角"的主要依据。

课后，我和教师R聊开了。

R：以前我主要是怕学生出错，所以总是防着学生出错，总希望学生能不出错。这堂课，我不仅让学生出错，而且还从学生的错误开始展开教学。我感觉自己像是"中转站"和"变压器"。我在教学角的概念时，没有急着先出示概念，而是让学生自己先学，这样一来学生就一定会出现一些错误。因为有了前一次的教学经验，所以我能把学生的错误快速进行分类。然后，在图形④和②的处理上，我考虑的是学生是怎么想的。学生认为图形④不是角，这主要是因为没有看到那个"隐形"的"点"，所以我让学生来画出那个点，没想到这个学生居然还带上量角器来量角，并得出180度角。图形②的教学，我想到上个班教学后，有老师指出这个图形里面有角。所以，我就借用她的话"有角"，并且故意强调"有角"，然后让学生辨别。特别是学生说这个图形不是角以后，我准确地说出这是"折线"。没想到，学生触类旁通，把图形③有角不是角也给说出来了。这是学生给我的惊喜。

当务之急

在接下来的三天里，我和教师R尝试运用"从积极学习的视角计划课程"[①]。我们将这个计划课程的起点设定在探究学生在学习过程中可能出现的学习问题，

---

① (美)麦克尼尔. 课程：教师的创新(第3版)[M]. 徐斌艳，陈家刚主译. 北京：教育科学出版社，2008：63.

然后按照学习准备、探究和应用整合三个阶段展开教学实践。三天后，我们展开了一番交流。

R：我觉得学生的积极学习看起来是让学生学，其实对教师提出的要求更高。以前，我感觉自己虽然是做了一些激发学生兴趣、调动学生积极性的工作，但那都是皮毛性的。我骨子里还是没有真正“放手”。“放手”不是老师愿不愿意的问题，而是老师敢不敢的问题。因为不放手，绳子就在老师的手上，老师在课堂上其实不必太费劲，我以前甚至都很少听学生究竟在说些什么。可是现在，看起来我们的教学设计都是以学生探究为主，可是对老师的要求却非常高。因为我一不注意，就不知道学生究竟是怎么想的，不知道学生怎么想的，下一步该怎么教我就会不清楚。有时我总觉得和以前相比，我总是比学生慢一拍，但是在这一拍的时间里，我要做的事情其实比以前只是就着教案进行的工作更多。因为这慢了的一拍是要想着怎样让学生更进一步地学。

M：我也觉得你在课堂上更善于倾听学生了。特别是对待学生的错误，没像以前那样急着纠错了，尤其是将学生的错误作为教学的新起点和新资源处理了。

R：但我觉得，我的数学专业水平还需要提高。因为，要真正理解学生并真正指导学生，光凭书本上的一点数学知识是不够的。我以前普师毕业，虽然什么都学了，但是这么多年没怎么接触数学，那些老本早都忘得差不多了。后来，进修了本科也是教育学，离数学专业本身也很远。我的当务之急是提高自己的数学专业知识。老师只有了解得比学生更深，才能看得更透。

2. 案例分析

(1) 问题情境

家长到校长面前告教师R“体罚”学生，这让教师R有些烦恼。烦恼的原因是家长总是忽视教师为学生的付出，让教师R“操碎心”。教师R开始产生了抵触情绪，尤其是在校内公开课后面对同行的评议时。在教师R的原有认识中，教师操心的就是怎样让学生不出错。为了让学生不出错，教师R借鉴其他教师的成功教学方法，这些方法多是巩固学生正确认识的方法。直到研究者提出“如果②不是角，那是什么图形呢”，这个问题的确是教师R没有想过的，即使学生误认为图形②是角，也未能引起教师对这个问题的思考。可见，在教师R的担心结构中有关教师的因素是有意隐蔽起来的。事情的转机出现在教师R通过查找参考资料的方式获知“图形②是折线”，而且更为重要的是她通过回应这个问题联想到其他教师的建议,并且在这些建议中感受到了自己和学生关联建立上的误区,由此开始怀疑起过去自己的控制式操心。这种怀疑让教师R产生了一种新的尝试,那就是"从学生的错误开始展开教学"。这也教师R的研究问题。

(2) 解决思路

为了能重新认识学生的错误,为了能将自己的教学建立在学生的错误之上,教师R的解决思路主要从两方面展开:一是如何理解学生的错误;二是如何后行于学生错误展开教学。

因为教师R的担心中有了教师因素的渗入,这使得她在筹划应对时,首先考虑的不是怎样让学生学得不出错,而是学生在学习中会出现什么错误。教师R巧妙地将评课时其他数学教师提到的意见转化为对学生的理解。教师R并没有再纠结于"没有让学生说明自己的理由",而是驻足思考在"这两个图形中确实是有角的"。由此,教师R建立的学生理解是:学生在判断事物时,往往会将"有"等同于"是"。所以,在课堂教学中,教师R以"这两个图形看起来都是有角的哦"作为撬动学生反思的支点;在回应学生的回答时,教师R强调学生学习运算中"有角,但不是角"的判断考量。这无疑让学生有豁然开朗之感,以至于学生后来对其他图形的判断都以"不是……而是……"的句式表达自己的判断,这是学生对学习运算排除和保留的表征。正是由于教师R有了对学生学习的理解,才使得教师R在反应的契机上把握得恰到好处。

在正确理解学生错误之后,如何后行于学生展开教学,教师R自己概括为"中转站"和"变压器"。"中转站"和"变压器"都是接收装置,这一隐喻的重要之处在于,教师R的感受机制中已经有了接受的环节,她开始以一种被动的姿态接收来自学生学习状态的各种信息。正如在课堂教学中,她对待学生的回答并不是急着给出正确与否的评判,而是让学生充分地展示自己的主动学习状态。接下来,教师筹划的不是自己的权威,不是以自认为正确的解题思路去框定学生,而是"把学生的错误快速进行分类",这就是教师R称作的"中转站"。分类处理后的分解,是教师R以联合的方式将有关角概念的学科知识转化为学生学习上可能遇到的学习障碍,将学生的学习活动建立在相似感的形成上,这就是教师R称作的"变压器"。正是因为教师R将自己定位在"中转站"和"变压器"的层面,所以,她开始和学生之间建立了一种合作关系。合作的前提是教师不再以自己的意志强行左右学生,而是让学生充分展示自身学习的主动性和学习的需求。合作的方式是教师以妥协的姿态让学生暴露出自己在判断学习运算上的不恰当，然后将如何保留和排除学习运算的空间留给学生自己。合作的推进在于教师在学生未曾暴露的可能疑惑处为学生解惑，由此师生之间的信任感得到建立，学生在学习上所表现的触类旁通正是在师生信任关系之上共通感的形成。

(3) 先备条件

妥协式操心的尝试让教师在重识学生中开始以妥协的方式将改变转向自己，这是教师R开始迈向第一象限的表征。"对教师提出的要求更高"，是教师R运用以退为进的策略突破临界点的先备条件。这主要体现在：其一，教师R敢于放手让学生充分展示自身主动学习的状态，是因为她不仅掌握了角本身的概念，而且掌握了与角相关的折线的概念。这一认识让她足以应对学生在学习中出现的将"有"等同于"是"的错误判断。这是教师得以转变的底气。其二，教师R愿意在家长不理解自己、同行不肯定自己的情况下进行尝试改变，这是因为在教师自身本来就有着愿意为让学生更好而改变的潜能，哪怕这种改变是朝向自己。这是教师R得以转变的勇气。其三，教师R愿意接受研究者的提问、愿意重新思考同行们的建议，是因为她作为教师心中有一团积极向上的火焰。这是教师得以转变的朝气。

(三) 收放自如

收放自如是从第三象限突破到第一象限的策略。所谓收放自如，就是指教师在教学中的学习，一方面从与学生建立关联的基本交往技巧开始建立学科理解；另一方面从感受学生学习状态的开放性入手建立对学生的理解。对学科的理解让教师的操心向自身收敛，对学生的理解让教师的操心转移给学生，使得教师在一收一放间将自己替代学生的操心转向学生的自主操心。

1. 案例

从提问开始①

这个星期是教师J在年级集体备课活动中作中心发言。按照学校的规定，每个星期年级组内都要开展集体备课的活动。教师J所在的二年级语文备课组的集体备课定在每周四上午一二两节课，这个时间段大家都没有课，正好聚在一起集体备课。集体备课的活动内容大致是：统一教学进度、分析即将上课的教材、介绍教学方法、交流布置给学生的作业，等等。每次集体备课由该年级语文备课组

① 原始材料来自对教师J的个案研究、行动研究和叙事研究。

组长主持，会有一个分管该年级组的校领导出席，另外还会有一个中心发言人。这个中心发言人由该年级语文组成员轮流担当，其主要任务就是分析即将讲授的教材内容。一般大家会选择一篇比较难把握的教材来评议和讨论。这是学校的常规活动，本也算不上什么，但因为最近我总是跟着教师J做研究，总是和教师J在校园角落僻静的蘑菇亭里一谈就是两三个小时，这可能引起了其他教师的好奇，所以大家都明示或暗示地向教师J表示对她这次集体备课的发言很“期待”。

怎样向学生提问

J：我这段时间都在琢磨，什么是语文课啊，教师怎样跟着学生走而不是学生跟着教师走啊。但我感觉还是抓不住主心骨。

M：你都思考了些什么呢？

J：我觉得语文课应该抓住理解和运用语言文字，还是要在语言文字上下功夫。

M：很好。语言文字是我们钻研教材的命脉。钻研教材从语言文字入手。继续。

J：我觉得我太注重教案了，没功夫关注学生。我觉得我总是很难找到一节课的核心问题。另外，我每个环节好像都是过一下，没有一个过程。其实，我只是知道要有一个过程，但具体什么过程我也不大明白。

M：你刚才说的那些体会中有一点至关重要的是“过程”。这个过程就是教师和学生的教学交往过程，也就是说，教师和学生并不是一个提问，一个回答，然后一个环节结束的简单交往，而是提问中循序渐进，回答时层层深入。一个提问带来的不是标准答案似的回答，而是学生理解的深入。那你说说要体现教师和学生交往的“过程”，教师最需要做的是什么？

J：向学生提问。

接下来，教师J选定了二年级语文的《从现在开始》作为她这次集体备课中心发言的篇目。我们商定以文中第二自然段的“神气极了”一词的钻研和提问设计为发言内容。为了让教师J对这个词的把握更全面，我给她提供了一份阐述“神气极了”的表格。（见表5-1）这份表格是根据“词汇的阐述方法”[1]，经过改编后绘制而成的。

---

① （美）詹森．深度学习的7种有力策略[M]．温暖译．上海：华东师范大学出版社，2009：231．

表 5-1 阐述“神气极了”

方法	阐述
1.给出该词语的同义词	
2.给出该词语的反义词	
3.运用该词语创编一个比喻	
4.给出一个生活中运用该词语的范例	
5.给出一个生活中运用该词语的错误范例	
6.课文中哪些内容和这个词相关	
7.这个词对文章的主旨起到什么样的作用	

提问是怎样“炼”成的

两天后，教师J作为集体备课中心发言人开始阐述她对《从现在开始》一课的教材分析和提问设计。教师J先按照阐述“神气极了”的表格顺序详细分析了“神气极了”一词，再介绍自己关于“神气极了”一词的提问设计：①“神气极了”和“神气”的区别是什么？②带着“神气极了”的语气读读猫头鹰说的话。③做出“神气极了”的表情再读读猫头鹰的话。

教师J刚说完她对“神气极了”一词的提问设计，全组语文老师就议论开了。一位语文老师说：“这个设计有些单薄，学生这样下来可能还是理解不了‘神气极了’的那个‘极了’的意思。”另一位语文老师想了个点子：“你阐述‘神气极了’的时候不是说了它在生活中的运用吗？我觉得可以让学生结合生活实际先说说在平时生活中有没有过神气极了的时候，或者有没有见过那种神气极了的人，让学生先描述一下。”这位语文老师的点子得到了大家的附和和认可。这时年级备课组长发言了：“我觉得小J还是进步很大的，今天的备课发言也是让我们耳目一新。抓这个‘神气极了’教学就抓住了这课教学的重点。因为，首先课后习题中就出现了关于什么什么‘极了’的填词，其中就出现了‘神气极了’这个词。这说明这个词是本课教学的重点词语。《从现在开始》表达的中心就是要让学生从小懂得‘尊重别人’，尊重别人的生活方式、生活习惯、思想，等等。尊重别人就不能什么都按着自己想的去做，要考虑别人。我们教学的时候不一定要说出这些来，但是要让学生体会到一点。不过，小J还要再多琢磨琢磨这个词语到底还要怎么教才能更‘入味’，而不是浮在表面。”

集体备课后，教师J主动找到我。

J：关于阐述“神气极了”的表格对我作用很大。经过这张表格的填写，我一下子就对这个词理解加深了。只是，我边填表格边想，这些问题我思考起来都有些费劲，如果问二年级的学生，他们肯定答不上来。所以，我就挑了几个简单点的让学生回答。

M：你能想到这张表格如果给二年级的学生填写，他们答不上来，这说明你已经在考虑学生了。但是，你说你就挑了几个简单点的让学生回答。你为什么挑这么三个问题呢？

J：我就想，先让学生比较一下“神气”和“神气极了”，理解“极了”在这里就是“非常”、“特别”的意思。再让学生用朗读的方式和表演的方式加深对“神气极了”的理解。

M：你觉得学生了解了“极了”就是“非常”、“特别”的意思就能够直接读出“神气极了”的语气吗？就可以自己表演出“神气极了”的样子吗？你回忆一下有位老师说“我觉得可以让学生结合生活实际先说说在平时生活中有没有过神气极了的时候，或者有没有见过那种神气极了的人，让学生先描述一下。”你觉得这位老师提得有道理吗？

J：我觉得有道理，因为这样学生就可以更好地理解“神气极了”。因为如果学生回想起自己生活中见过的有关“神气极了”的范例就有了画面感，如果学生还能把脑子里的画面感说出来，那他们其实就已经理解这个词语的意思了。其实，我也是从那张表格的“给出一个生活中运用该词语的范例”和“给出一个生活中运用该词语的错误范例”开始对这个词的理解加深的。只是我当时没想到怎样把这样成人化的阐述转变成我的教学提问。

M：那你现在知道怎么转变吗？

J：好像是明白了一点。就是用学生的语言来提问。比如，我如果问“请说出‘神气极了’在生活中的范例”这就是成人化的阐述。但如果我问“请小朋友想想平时生活中有没有过‘神气极了’的时候，是什么时候，能说说当时你什么心情吗？”或者“你们平时见过那种神气极了的人吗，他们是什么样子的，你能说说或者演演吗？”这就是用学生的语言提问。

M：非常好。你已经开始从学生学习的角度思考教学了，已经开始和学生建立起真正的关联了。另外，有位老师提到“神气极了”的“极了”，你怎么看。

J：我开始设计了一个提问是“神气极了”和“神气”有什么区别。我原以为可能提出这个问题学生就应该知道“极了”的意思。不过我刚才想到了一种新的教学方法。我可以用两种语气来读猫头鹰的话，然后让学生分辨一下哪种语气是“神气极了”，接着让学生说说为什么那种语气是“神气极了”。

M：让学生说说从这个“极了”里面听出了什么。

J：对。这样一来，学生就是用他们自己的话去说“极了”的意思，而不是我想到的“非常”、“特别”。

M：学生可能会说“神气得不得了；神气得不能再神气了；神气得要飞到天上去了”……

J：对，学生会这么说的。哦，我明白了。这就是过程，一步一步的，学生是自己学的，这些回答不是我事先想好的，而是要让学生说出他们自己的理解。

M：你对教学的理解越来越深入了。还有，备课组长提出“神气极了”在全文中的作用问题，你怎么看。

J：我觉得这个“神气极了”把猫头鹰当了“万兽之王”之后的傲慢表现得淋漓尽致，和后来小猴子的做法形成了鲜明的对比。

M：你在这里谈到了两个方面，一是这个“神气极了”可以概括猫头鹰的表现；二是这个“神气极了”可以与后面小猴子的做法形成鲜明对比。像这种词语是不是可以起到牵一发而动全身的作用呢？

J：怎么牵一发而动全身？

M：比如，在写猫头鹰当“万兽之王”的这段，还有哪些词语是需要教学的？

J：“议论纷纷”和“叫苦连天”。

M：为什么要教学这两个词语？

J：因为，“议论纷纷”是生字组成的词，“叫苦连天”是旧字组成的新词。

M：如果要你从“神气极了”过渡到这两个词的教学，你会怎么过渡？注意，这种过渡不能让学生觉得很唐突，最好是用“神气极了”顺利地牵连出来对“议论纷纷”和“叫苦连天”的理解。

J：有了。猫头鹰一上任就这么神气极了，那小动物的反应是怎样的呢？

M：这个问题很好。既不唐突，又将这些词语连贯起来，形成了一个整体。

J：我以前一直纳闷什么是核心问题。好像我有点理解了。其实，就是抓着一个问题不放，咬定青山不放松。

M：立根原在破岩中。这核心问题就来自这些关键词。

J:我明白了,明白了。后面小猴子那段就可以抓住"非常担心"这个关键词教学,然后牵连出"荡来荡去"和"立刻欢呼起来"这两个词语的教学。

M:祝贺你,你已经可以触类旁通了。

留给学生的空间

周五,教师J在自己的班上执教了《从现在开始》一课。整堂课,教师J牢牢抓住"神气极了"和"非常担心"两个词语展开,牢牢扣住词语发问,问题贴近学生的生活实际,学生的发言也非常积极。尤其是在几个让学生自己拓展对词语理解的环节上,学生的发言非常精彩。课后,教师J笑容满面地向我走来。

J:我现在的教学始终想到怎样关注学生了。因为对整个教学就是抓几个要点,提问也是有一个循序渐进的过程,不是东拉西扯的。不过,我有时对学生提出的一些问题还是有些发怵,不知道怎样去应对。

M:比如学生提出的什么问题?

J:比如有位学生问:"为什么小猴子让大家照自己的方式过日子,而不是让大家照它的方式过日子?"我原本以为学生会问"为什么小猴子会当上最后的'万兽之王'",没想到会问这个问题。我当时就不知道怎么回答了。

M:你的处理好像是没有回应这个学生的提问,然后又回到你的问题上。

J:你也注意到了,是的。我当时就想这个学生怎么会问出这个问题来呢,我应该怎么回应她呢?我当时不回应其实不大好。

M:看来,你已经从"怎样向学生提问"进入到"留给学生学习的空间"了。这其实涉及到两个问题。第一,你需要回想一下你当时是在什么环节上让学生提出这个问题的。因为这就是引导学生发问的时机。引导学生发问是学生主动学习的重要环节。第二,你提到怎样回应学生的提问。我们可以借鉴一下别人的研究成果。

接下来,我和教师J探讨了"回答问题的七个水平等级",这七个等级是:"回绝问题;重复问题;承认自己无知或简单呈现信息;鼓励发问者寻找资料;提供可能的解答;鼓励儿童对可能的答案进行评估;鼓励儿童评估答案,最后一一验证。"①根据这七个水平等级,我和教师J交流的重点是从第四级开始往上,就学生提出的"为什么小猴子让大家照自己的方式过日子,而不是让大家照它的方式过

① (美)斯腾伯格等.思维教学:培养聪明的学习者[M].赵海燕译.北京:中国轻工业出版社,2001:73—76.

日子?”这个问题教师可以有哪些回应的方式，这些方式可能带来什么样的教学效果。

2. 案例分析

(1) 问题情境

行动研究前，教师J将教学看作是一种单方面意愿控制的技能操作，是教师的“独角戏”。失去了对学科、学生和教师之间的关联性认识，让教师J“抓不住主心骨”，也让教师J总是盲目行事“瞎操心”。为此，研究者以教师J认识中的“抓不住主心骨”为切入口，将教师J这段时间总在琢磨的“什么是语文课”，“教师怎样跟着学生走而不是学生跟着教师走”都统统归结到这个“主心骨”的寻找上。寻找“主心骨”本身就意味着教师的操心无法事无巨细，只有抓住要害才能操心到位，而要害以外剩余的空间都应该留给学生自己。正如教师J自己提到的“没有一个过程”，这个“过程”就是教师从替代操心转向学生自主操心的平台。由此，研究者和教师J将研究的问题聚焦在:如何体现教师和学生教学交往的“过程”。这一问题所指向的是如何帮助教师J建立学科、学生和教师之间的关联。

(2) 解决思路

为了帮助教师J建立学科、学生和教师之间的关联，需要对如何体现教师和学生教学交往的“过程”这一问题本身进行分解。这一问题的解决思路体现在教师J的“收”与“放”的结合中体验教师怎样向学生提问。

研究者和教师J抓住语言文字钻研教材和立足提问展现过程，以及二年级语文教学重在词语教学的特点，将提问教学缩小在对文中“神气极了”一词的钻研和提问教学设计上。从表格5-1中呈现的阐述方法来看，这七项内容都是指向“神气极了”的言语形式，侧重对这个词在理解和运用上的多维阐述，体现了语文学习重在语言文字本身的理解和运用，重在因言得意而不得意忘言的特殊性。对教师而言，阐述本身就是一种语文学习经历。

尽管教师J完成了这份对“神气极了”的阐述，但是她的提问教学设计只是停留在对“神气极了”的“极了”意思的换词上。这说明，教师J和学科知识之间的关联是没有学生在场的。为了让教师J能够建立起学生意识，研究者以“你为什么挑这么三个问题”为起点，以学生学习的视角和其他语文教师的教学建议逼问着教师J，由此，教师J产生了“用学生的语言来提问”的全新认识。紧接着，研究者帮助教师J建立起学生和教师之间的关联，寻找学生主动学习的契机，将教师对学科知识的理解转化为适应学生学习需要的发问。然后，将词语在文中的关联转化为以一个词牵动其他词语教学的提问，这是教师建立起学科、学生和自身教学关联的表现。整个试验思路体现出教师J在阐述词语上的“收”，和在学生学习词语中的“放”，这种向内的“收”和向外的“放”，使得教师J得以转变。（见图5-4）

假设	尝试
教师运用词语的阐述方法建立学科和自己的关联。	阐述“神气极了”之后的提问设计未能建立良好的教学关联。
分析其他教师的提问设计迁移学生立场。	在分析中体会到“用学生的语言来提问”。
以“用学生的语言来提问”建立学生和教师的关联。	在重新设计“神气极了”和“神气”比较的提问中体会到“让学生用自己的话说”。
以一个词语的提问教学扩展建立学科、学生和教师之间的关联。	在其他词语的提问设计中以“神气极了”为线索展开；举一反三设计“非常担心”的教学提问。

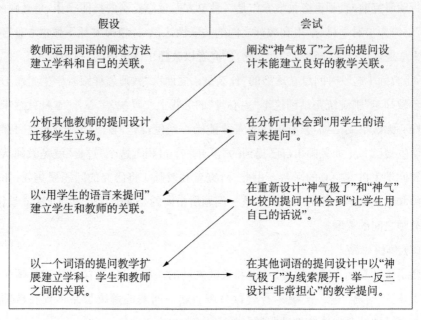

图5-4 “教师怎样向学生提问”的试验

(3) 先备条件

教师J在课堂教学中立足改变自己以建立教学关联的体验是教师迈向第一象限的表征。回顾教师J运用收放自如的策略突破第三象限，得益于以下几个先备条件：其一，教师J在教学试验过程中每一次认识的更新都得益于她自身认识的开放性。尽管她的原有认识经常局限她的思维，但是她愿意接受新鲜的认识，愿意理解新鲜的做法。这是教师转变的内在条件。其二，教师J的认识始终运行在专家型教师的教学思考轨道上，这得益于研究者为教师J量身定制的从旁指导。这是教师得以转变的外在条件。其三，在教师J和研究者的对话中，需要不断地掺入鲜活的教研资源，这其中包括同年级教师执教同一课的教学经验，等等。这是教师得以转变的客观条件。

三、突破临界点的动力源

《孟子·公孙丑》中写道："人皆有不忍人之心。"这里恻隐、羞恶、是非的"不忍"是一种对人、对己、对事的基本态度。这种态度本身是不牵扯利害关系、不涉及名利得失的，是一种人作为人的端点和本体。教师的操心就植根在"不忍"当中。"我们可以把导致所有这一切的、持续不断的生活过程，都称之为力。"①为此，以下将从放心的位置、不适的经验、转向的节点三方面展开对教师表达能量、趋势和历史力量的生命历程进行梳理，以探寻教师操心转变的动力源。

(一) 对人的不安心

对人的不安心是第四象限教师突破临界点的动力源。尽管第四象限的教师看重学生的学习成绩，但他们着眼于不断填充自己的学科知识，不断调整自己的教学方式，这些操心所走向的正是期望能在学生学习成绩的提升上安放下自己的心，让自己的付出能有所安，"人心安放在人心里"②。可是，他们安心的对象并没有让他们的心得到安顿，尤其是在遭遇差强人意"操错心"的冲击下，他们不忍心看到学生为了学习成绩而备受折磨，他们不安心、不放心。

1. 案例

我的路和学生的路③

这是一个初夏的黄昏。夕阳一边敛聚着柔和的光芒，一边深情地抚摸着大地。平静的湖面闪耀着金黄的光粒，高大的香樟树泛动着鲜绿的生机。欢乐了一天的校园此刻迎来了它的宁静。那夹着孩子气味的晚风吹拂着项颈，耳畔传来稚嫩的鸟鸣，婉转清丽。笔尖凝视着空白的纸页，和手指交换着彼此的温度。当语言凝固时，身体的感官就会变得异常活跃，那些附着在毛孔上的精灵们此刻苏醒，她们正乘着气流探险远行。

我的小学老师

(教师 H 经常在这个时间段下班，她喜欢一个人静静离开校园的感觉。)

H:我现在都还记得我的小学老师，一个扎着麻花辫的乡村女教师，刚从师范学校毕业就教我们。如果要说影响，她对我的影响最大。我那时所在小学是当地

---

① (德)狄尔泰. 历史中的意义[M]. 艾彦译. 南京：译林出版社，2011：58.

② 钱穆. 人生十论[M]. 桂林：广西师范大学出版社，2004：63.

③ 原始材料来自对教师 H 的个案研究和叙事研究。

比较有名的一所村小，学校的设施在当时来说也还是不错的。我记得那时还会有一些外校的老师来听我们老师的课，当时一有老师来听课，我们就很起劲，我们觉得很光荣，因为有老师来听课说明我们老师是很厉害的老师。我当时是班上的学习委员，我每次走进办公室都会看到她在看书，其实我也不知道她在看什么书，可能是小说，也可能是别的什么书，反正每次我看见她在办公室总是手里捧着一本书。我很喜欢她。她会跟我们讲故事，而且这些故事都是一些我们不知道但都很有意思的故事。她对我们也很严，每次考试成绩不好的男同学都会被她留下来。我后来听说，有的同学被留下来晚了，她还管饭。有时候我还真的很羡慕那些到她家吃过饭的男孩子。我当时觉得她家的饭肯定跟别家的饭菜不一样，我甚至还幻想过她做饭的样子。我们老师跟我们说得最多的一句话就是："知识改变命运。"我那时在班里的学习成绩数一数二，她一直拿我作大家的榜样。可是，快五年级的时候，她跟我说，我的成绩在班里看起来还不错，但是要想上大学这样的成绩还是不够的。我记得她当时送了好几本课外辅导书给我。

(在谈到老师送书给自己时，教师H的眼里闪烁着泪光。)

H：我印象最深的一件事就是她告诉我们她那个时候是怎样考上师范的。她是怎样一边带她刚出生的小弟弟一边背英语单词的。我当时听得热泪盈眶。她很用功，成绩也很好，考师范是因为当时师范有分配，而且还有一份旱涝保收的工作，一辈子谈不上荣华富贵但是受人尊重。我觉得我后来读师范跟她有很大关系。

刻苦的学习经历

(教师H是她现在所在小学为数不多的硕士毕业生之一，她当时是以优秀硕士毕业生的身份考进这所小学的。选择小学一方面是因为这所小学是省城小学界的翘楚，更重要的是因为教师H想在这所小学干出些事业来。)

H：我不觉得教小学就比教大学低人一等。其实，我在读硕士的时候也在一些职业学院和大学带过课。我觉得教大学比教小学容易得多。教大学根本不需要管纪律，在小学纪律是一个很重要的问题，如果我没有办法管好纪律，我就没有办法上好课。大学生是不需要抓成绩的，但是小学是要抓成绩的。大学生的学习完全由他们自己负责，但是小学生的学习大部分是要老师负责的。

(说到"负责"这个词的时候，教师H的语气加重，而且语调坚定。)

H：我觉得"负责"就是对得起学生。现在有很多学生会到校外去参加一些补习班，我觉得如果学生坐在教室里就能学到很多知识，那就不需要去上补习班了。

特别是英语。其实，外面那些有名的英语培训机构我也去上过，他们最厉害的就是应试。只不过他们的老师各个能歌善舞，上起课来手舞足蹈地吸引学生，其实教的还是应试技巧，还是要靠自己在家多练的题海战术。我是学英语语言学的，其实学习一门语言最重要的就是多记多练。我那个时候怎么学英语的？每天天没亮就端着英语书到校园树林里读英语，每天把看外文电影当作吃中药。我当年考英语专业八级的时候，做的习题和我书桌差不多高。学英语就是这样，没有什么花架子，就是扎扎实实，每天每天地学，每天每天地练。其实，我知道，我说这些你可能会觉得这样的理念不对。但这是我的切身感受。学习本来就是一件苦差事。如果说学习会带来快乐，那是因为学习换来了成功，这才会给人带来快乐。我记得有句古话说“吃得苦中苦，方为人上人”。

H：不过，说实话，我觉得经过这段时间和你做研究，我的观念也有了一些变化。我觉得我对学生的思维方式还不大了解，我还不大了解学生的心理。有时候，我觉得应该这样想，可后来发现他们是那样想的。一开始，我会有些不适应，我觉得学生不是应该跟着老师的思路走吗，学生不是应该理解老师的意思吗。因为老师是在让他们学得更好啊。但我发现，其实老师觉得好的，未必就对学生好。有时候，老师自以为自己这样很好然后硬要学生接受，很可能学生根本接受不了。有时候，老师觉得自己没教什么，但是学生却能学得很好。每当遇到这种情况的时候，我就会怀疑老师究竟是干什么的。

（经验有时就是一种障碍。生活中，大多数失误都来自于错误的经验。经验是对时间的总结，是树枝上结出的果实。它只在长出果实的一瞬间展现出价值，而此后可能只是一件艺术品。人们往往习惯于从已知到已知，其实，真正的转变是从已知到未知。）

认识独特

H：每天留学生下来背单词，我也很累。其实，这没有任何人要求我这么做，我只是觉得老师应该这样做。但我就真的忍心看着这些学生站在走廊上像念经一样有口无心地背吗？我有时也很可怜这些孩子，我以后也要做父母，如果我的孩子成天放学后这样站在老师办公室门口我也会很心疼。我是真心想帮助我的学生，让他们的英语学好，但是，如果我的真心帮助只是让他们每天像“受刑”一样煎熬，我觉得这也不是个办法。

H：通过做研究，我觉得我看到了学生的另一面。以前，我可能看到的学生就是学习成绩上的学生，就是怎样让他们变成学习成绩都很好的学生。说心里话，学生的成绩究竟要到多少分才是好，我也不知道。我好像有些想好了又想更好的感觉。现在，当我从学习成绩之外看这些学生时，我看到了他们的可爱。学生自己听懂了英文卡通片里的一句对白时那种高兴得跳起来的劲头，还有学生在小组学习时拿着评价表认真监督同学学习的模样，尽管他自己学习还不怎么认真，但他那股子认真的劲，这真的让我很感动。虽然我现在还不是很有底，还不知道这样的结果会怎样，但至少我觉得我看到了不同的学生。

（当我们带有一个固有的评判标准去看待人事时，我们自以为看到了对的和错的，看到了美的和丑的，看到了善的和恶的，但其实我们看到的可能只是一个假象，一个由我们头脑中的评判标准构想出的假象。通往真实的道路永远是可遇而不可求的。）

2. 案例分析

(1) 放心的位置

教师H最初操心的是怎样让学生的英语学习出成绩。之所以会形成这样的操心，有三方面的经验因素在影响她。第一，是小学老师对她的影响。那种以自己教师教学被观摩为荣的幸福感，那种受到自己教师爱学习的感召，那种对教师知识丰富的佩服，那种对教师额外付出的崇敬，而这一切都凝练在“知识改变命运”的崇高信仰中。教师H在解读这句话时，将“知识”等同于“考试成绩”，将提高学生的考试成绩作为教师的责任。第二，是她自己刻苦学习的经历。可以看出，教师H在学习上是吃了苦的，而且她的吃苦没有白费，考上英语语言学硕士，通过英语专业八级考试，这些都是她刻苦学习的见证。由此，她在自身的学习经历中总结出英语学习就是“多记多练”。要想让学生考试出成绩，就要让学生像自己这样经历一个刻苦学习的过程。第三，是她在校外培训机构的教学经历。教师H在学生学习出成绩这个问题上，不仅勇于承担责任，而且还将这个责任全部归己。她所说的“负责”就是指教师要能保证自己的学生考出好成绩。为了让学生考出好成绩，这种复制自己成功学习经验的操心应对就是教师H放心的位置。

(2) 不适的经验

如果教师H复制自己成功学习经验的操心能让那些以前学习成绩不好的学生取得好成绩，恐怕她是不会产生不适的。可是事情并没有朝着教师H放心的方向发展。

这些不适的经验主要体现在两方面:一方面是教师对自己操心效用的质疑。这种质疑看似是对自己操心的反应,但其实真正指向的是帮助教师建立教学信念的教师自身学习经验。这是一种来自过去经验和现在经验之间的矛盾冲突。另一方面是教师不忍心看见学生像"受刑"一样被自己逼着学英语,这是对自己操心结构的否定。这种否定来自教师的恻隐之心,而且这种深切的同情是不带有任何功利色彩和得失计较的,完全就是一种己所不欲、勿施于人的推己及人。如果说教师 H 对教师究竟应该干什么的质疑所引起的是对处理问题的手段改进,那么由恻隐之心引起的不安就是教师 H 对操心本身的刨根究底。

(3) 转向的节点

引起教师 H 开始否定自己操心结构的关键是教师开始摒弃过去用考试成绩看待学生的"近视"。不带利害得失地看待学生是教师 H 操心转向的节点。当教师不带利害得失地看待学生后,她看到了学生的独特。教师 H 体验到了学生对学习本身产生的成功感、相似感、期待感,这种共通感的建立是人与人之间沟通交流的原点。在这一原点处,教师看到的是学生的真实,体验的是自己的心和学生的心相交融,在这种身心和合中教师的操心得以安放在学生的心里。这种体验本身带给教师的是一种"惊异",这是推动教师继续尝试、继续前行的动力源。但是,这种惊异的体验对一个人的转变来说仅仅只是一个开始,而且这个开始本身就受到来自自己根深蒂固的经验因素的干扰。习惯势力和惊异体验之间的较量会给教师 H 带来更大的挑战。

(二) 对己的不尽心

对己的不尽心是第二象限教师突破临界点的动力源。一直支撑着第二象限教师不断控制学生、改变学生的是他们以为帮助学生改正错误和缺点就是对学生最大的帮助,他们的控制是出于他们不懈地尽心,学生的错误不止,他们的尽心也不止。可是,他们在无限的尽心中遭遇到的却是"操碎心",他们不忍心看到自己的付出就这样受到伤害,他们不尽心、不放心。

1. 案例

不再回避[①]

走进四年级组办公室,教师 R 的办公区域很醒目。尽管全校教师的办公桌

① 原始材料来自对教师 R 的个案研究和叙事研究。

椅都是统一的，但是教师R会用鲜亮的色彩装点它们。柠檬黄的人偶陶瓷杯夸张但不失趣味；玫瑰红的笔筒旁夹着一张她和儿子的照片，那灿烂的笑容足以消除一切烦恼；鹅蛋黄的坐垫配上橄榄绿的靠垫，邀请着主人的入座。尽管桌上的东西不少，但都摆放得井井有条，学生作业平平整整地一沓一沓横排着摞在桌子的左上角，教师的备课本和教科书叠放在右边靠墙的位置。书桌中间有一片空地，像是随时等候工作的来临。

认真

（教师R带合唱团和舞蹈队时，经常带学生出去外出表演、参加比赛。她爱人的工作也是常年在外出差。教师R转岗那年也是她孩子上小学一年级的时候。）

R：我那时候刚教数学，很多老师都认为我是在开玩笑。甚至有老师说，你如果要转岗可以转到语文岗啊，为什么转数学岗呢。我在他们的印象中以前是带学校合唱团和舞蹈队的，好像文化知识就要差一截。他们不知道我那个时候中考数学可是满分。我觉得语文其实很难教，因为语文太灵活了。但数学不一样，数学是“死”的，1加1就是2，变不出3来。当时校长问我，你能教数学吗。我跟校长说，你可以试试我啊，实在不行就让我再回去带合唱团和舞蹈队好了。

R：我不觉得我不能当好数学老师。因为我觉得我只要拿出我那时带合唱团和舞蹈队一半的精力就可以教好学生数学。我那时候带合唱团和舞蹈队就是啄木鸟和树的关系，我就是啄木鸟，学生就是树木。啄木鸟的工作就是给树捉虫。我们那时候一个动作要抠上几十遍，直到正确为止。我当时就想，如果我们其他学科的老师能这样教学生，那学生哪里还会不好。当老师不就是认真嘛。

（有时候，“认真”和“敬业”成了形影不离的朋友。时下，懒散应付的工作态度横行，“认真”是对一个人工作的高度认可。但是，一个人认真，是对认真这回事本身认真，还是对那个想要得到的结果认真，这却很少思考。往往，我们认真的是那个结果，那个让我们想得到或者想避开的事物让我们认真。）

回避

R：你别看我平时乐呵呵的，像个没事人一样。其实，转岗的这几年，我是咬着牙挺过来的。刚开始转岗不久，家长是接二连三地跟校长反映要换掉我，后来，总算是被我镇住了。再后来，我拿了个全区青年教师数学教学竞赛二等奖，这下好了，一些数学老师开始有意见了。我以前带学生合唱、跳舞拿全国金奖，大家都没意见，现在我拿了数学比赛的奖，他们就觉得我好像是抢了他们的饭碗一样难受。

R:我有一次上公开课用乐曲作为各个教学环节的衔接,效果非常好。这是他们谁也做不到的。他们动不动就拿什么数学专业知识来吓唬我,我根本不吃他们那套。我就不信这小学数学的那点知识我还拿不下来了。

(用别人的错误惩罚自己,这不仅表现在和别人生气较劲,更表现在较劲中回避了对自己的发现。)

R:开始,我觉得我是不服气,我不觉得自己就比他们差,较着一股子劲。他们越提什么,我就越不把什么当一回事。我记得北京一个很有名教育专家,好像她以前当过班主任,现在主要是做家庭教育这一块,上次来讲座,我是作为家长去听的。她叫任小艾。她有很多理念我都不大记得了,但她有句话我一直放在心上,她说:"孩子有病,家长吃药。"当时她说这句话我是听不懂的,但我现在老会想到她说的这句话。我一直觉得自己对学生做得够可以了,我教两个班的数学,有一个班的班主任刚毕业不久,没什么经验,我觉得我在这个班比他们班主任管得还要紧些,另一个班我也没放松。

R:可我发现,我做的很多事都得不到理解。学生怕我,避着我。就说那个年轻班主任带的班的学生吧,我真的是付出了很多,但学生说什么,"R老师太凶了,还是F老师好"。学生不懂事也就算啦,可家长也是听孩子的一面之词,仗着自己和校长的私人关系,动不动就到校长那里去打我小报告。有时候,我真怀疑这些人是不是好歹都不分了。直到现在,我才开始意识到我自己真的就做得那么好吗?仔细想想别人说我的那些话,其实有些还是有些道理的。

新生

R:这次和你一起做研究,我发现我最大的进步就是我看到了自己的不足。我一直抓着学生,一直不放手,总是对学生不放心,觉得他们这里不是,那里不是。我可能就没有认真想过,学生这个样子是不是因为我的原因造成的,我也不是什么都对的,我也不是什么都知道的。但说实话,一旦我自己放手了,其实对我自己的要求更高了。不像过去一样什么都在我的控制范围,我可以把握住课堂。但现在我觉得我每天上课都在挑战自己。我比以前更认真听学生的发言,比以前更注意学生是不是在动脑筋,比以前更看重学生自己的学习。这真的很难。我现在就觉得平时上课压力都很大。但我突然发现学生在用期待的眼光看着我,以前学生都是见到我低下头的,现在把我当作和他们一样的同学了。

R:我发现我现在可能回不去了。因为,我发现以前我那样压抑着学生,学生其实是在一直忍着我。现在我放开了，学生尝到甜头了，那我要想再像以前那样学生可能就不买账了。不过，教学本来就是瞬息万变的，我有了那种跟随变化而变化的体会，我感到自己其实可以做得更好。

（每个人都是一个自相矛盾的统一体。当头脑中的一部分希望改变自己的时候，另一部分可能正唱着反调。没有什么是一蹴而就的，也没有什么是理所当然的。）

2. 案例分析

(1) 放心的位置

教师R原先操心的是怎样改正学生的错误。这一操心的形成，至少有两方面的经验因素在影响她：第一，是以前教学生合唱和舞蹈的比赛获奖经验。教师R指导学生的合唱团和舞蹈队经常获得各级各类大大小小的奖励，而她指导学生的重心就是通过动作技能的分解，以规范性动作作为学生表现的比照，然后反复强化学生的正确动作表现，抑制学生的错误动作表现。教师在这一过程中体验到的是：教师如何控制学生服从于规范性动作的塑造；如何一遍一遍不厌其烦、精雕细琢地对每一个动作模仿精确度的打磨；如何看到学生在重复性技能训练中日益趋近标准，表现出规范性动作。第二，是教师学生时代的数学学习经验。教师R并没有具体描述她是怎么学数学的，但是她用中考满分的这一事实想证明的就是她自身的数学知识是过硬的，由此也是可以胜任小学数学教学的。在教师R看来，教学的实质就是将学习学科知识的习惯进行技能层面的分解，这种分解不是立足于学生学习中出现的问题，也不是立足于对学科知识的掌握，而是立足于对学生学习习惯的动作规范性。在这两股力量的作用下，教师R所做的一切都落脚在自己是否"认真"，也就是对是否能让学生不出错这一结果认真。这种对自己能否竭尽全力地坚持于对结果的认真就是教师R放心的位置。

(2) 不适的经验

教师R的转岗引来了同行教师的质疑，质疑的焦点是凭借教师R已有的知识水平，她当数学教师是否合格。这一质疑并未指向教师R的操心结构，而是针对教师R已有认识中颇为牢固的成功经验。为了对抗其他教师的质疑，教师R为自己已有的操心结构建造了更为坚固的"城墙"，这表现在她完全否认了其他教师的任何建议，以对人的反感和与人对着干的情绪，将所有情况的归因全部向外。教师归因向外的方式看似在保护自己，其实是在回避自己，回避那个生长着的自己，回避那个自我实现的自己。然而，真正让教师R对以控制事态发展的方式展开的操心产生不适的是学生和家长对教师操心作出的回应。当教师投入了大量精力和时间后，学生和家长对教师“认真”的不屑一顾引起了教师的不适。起初，教师R仍然将这一不适归因在外，但是，经过和研究者一起做研究，开始将问题的源头转向自己，这是她对自己操心结构的否定。这种否定来自教师R的羞恶之心：她对自己一味控制学生而引起学生和家长反感的行为羞恶；对自己以往不接受别人的建议感到羞恶。这种羞恶之心的萌生触动了教师以往的“认真”观念，此时，那种自以为对过程控制、对结果执着的认真和尽心反而让教师产生了羞恶。这种深感自己的不尽心引起了教师R的不适。

(3) 转向的节点

引起教师R产生不适经验的关键是她开始将所遇事态的症结转向自己。将担心事态发展的归因点凝结在自己是教师操心转向的节点。这一转向的契机是教师在妥协式操心的试验中体验到“认真”的意蕴，感受到课堂中在控制与被控制的师生关系之外，还可以有一种师生之间相互信任的关联存在。而这种信任的发端是教师首先对学生的信任，也就是教师R所说的“放手”。“放手”是妥协式操心的基本态度，然而，“放手”并不意味着教师就可以不认真，恰恰相反，教师感受到，“一旦我自己放手了，其实对我自己的要求更高了”，这才是认真的真正意蕴。在转向后，教师要面临的是重建自己以数学学科知识为核心的教师知识体系。比照过去，教师觉得现在的压力更大，人趋易避难的本能开始干扰着教师的转变。接下来，教师R教学信念的形成将需要更多这样的研究体验。

(三) 对事的不甘心

对事的不甘心是第三象限教师突破临界点的动力源。尽管第三象限教师的操心既对应于改变学生又对应于学生的被动学习，表现出教师操心损害教育意义的生成，但他们仍然在“做”着。尽管他们感受到自己所做的可能都是一些盲目的“瞎操心”，但他们仍然选择去做，总想在做中改变些什么，总想在做中让事情做得更好些。他们不甘心看到事态就这样发展下去，他们甘愿承担想要去做的一切风险。

1. 案例

做得更好[①]

雨，已经下了整整两天。抬眼望去，灰黑厚重的云层密密实实地压在头顶，毫

① 原始材料来自对教师J的个案研究和叙事研究。

无色彩的天空留下的只有积怨已久的宣泄。最不该来到的上课铃声此时已响起，生锈的金属在猛烈撞击后发出了持续的沉重嘶鸣。散落在校园里的朵朵“伞花”从各个角落向教学楼聚拢。远处的两个小男孩，一边急切地交换着手中的贴纸，一边忍不住停下匆匆的脚步再争吵几句。他们太专注于为那些贴纸而争执，以至于另一只手倾斜得让伞都无法完全遮住他们的身体，穿着黑色雨鞋的两只小脚也在各个大大小小的小水摊里乱踩乱蹦。直到那沉重的嘶鸣落下最后一声低吟，他们才慌乱地收起贴纸，拔腿飞奔“入巢”。

充分发挥我的优势

（每次在办公室见到教师J，她总是一边站着一边手里拿着些东西，有时是备课本，有时是学生作业，还有时是粉笔。我常常好奇，为什么这些东西她总是拿在手上。）

J：我去年才到这所小学。我是硕士一毕业就到这儿来工作的，专业是文艺学。本来想继续考博的，但是太难考了，再加上导师的推荐就到这儿来教书了。我观察过这里的老师是怎么教语文的，我发现他们都很依赖教学参考书，甚至有的老师就是端着教学参考书去上课的。我仔细看过教学参考书，主要是对教材的分析和一些教学建议。其实，里面有很多对教材的分析都很表面，缺乏对文本整体上的把握。那些教学建议里，我觉得有点用的就是教学目标，但是，我后来发现每篇课文的教学目标也是大同小异。所以，我后来写教案的时候也就是抄抄教参上的教学目标，没有多想什么。我觉得这些目标之类的就像一个摆设，基本上都是那么一回事，没有什么实际的用处。

J：工作这两年，我印象最深的是两件事。一件是有一次期末考试改卷子，年级组交叉改卷子，我们当时改的是五年级的卷子，有一道关于“的、得、地”区分用法的题目。在改卷子的时候，老师们都来问我怎么区分是看前面还是看后面，我告诉他们主要是看后面，还告诉他们具体怎么使用，因为有些老师好像自己也不是很清楚该怎么用。这件事让我觉得自己的语文专业知识还是比这些老师要好一些的，至少在一些知识点上更准确一些。另一件事就是听我们语文教研组组长的课，她上的是四年级的《尊严》。这篇课文写的是一个逃难的年轻人在饥肠辘辘的情况下没有接受别人施舍给他的食物，坚持要用自己的劳动换取食物，赢得做人尊严的故事。当时，老师怎么问学生的，我不记得了。我只记得有位学生读了文中这位年轻人说的话，然后这位学生说：“这位年轻人不是不想吃东西，是希望吃了东西以后不被别人嘲笑。”我觉得这位学生说得有道理，但老师当时觉得这个回答不好。我说这个学生说得有道理，是因为我觉得尊严是指赢得人的尊敬，这其实就是人与人在人格上的平等。这个学生说的“嘲笑”其实是站在人格平等的角度上说的。后来，我就觉得对学生观点不要随意否定，他们这样说一定是有原因的。我觉得这两件事让我教学的时候会比较有自信。因为，我可以充分发挥出我自己在语文专业方面的优势，我可以把我的学生教得更好。

（自信是一种兴奋剂，能让人沉浸在期盼成功的喜悦中。但是，建立在比较之上的自信，往往也会因为比较而失去自信。）

家长的关注

（教师J在这所小学很受学校领导的重视，在一年级分班的时候，教师J的搭班老师是学校数学教研组的组长。当时，家长对这个班的期望值都很高。这个班也云集了不少“有权势”、“有资产”、“有思想”的家长。）

J：我觉得教这个班的压力特别大。因为，我感觉这个班的家长无时无刻不在关注我的一举一动。我的QQ空间里登出了学生的一篇写话作文，家长会在最短的时间内进行回复。而且这些回复就像是领导对下级的鼓励，什么“请老师多花心思关心孩子的点滴进步”、“老师需要再想些办法让他们认真学习”之类的。我今天的作业还只是抄在黑板上，学生还没放学回家，家长抱怨作业太多的电话就打到我手机上了。学生的考试卷子我稍稍改慢了一点，家长就会晚上打电话问我考试成绩。甚至有的家长还会跟我计算一个星期我一共点了他们家孩子几次发言。有的家长还特别有策略，在校长面前就拼命表扬我怎么怎么关心他们家的孩子，在我面前就来跟我提意见希望我能更关心他们家的孩子。还有的家长恨不得教我怎么教他们家的孩子，连学生在家里的一些小事情也要我来处理。

（自以为是的人往往喜欢假设别人都是傻子，因此，他们待人接物的方式也趋近于他们假设的对象。遇到这种人，可以在零摩擦中置之不理。）

J：我觉得自己每天都在处理一些琐琐碎碎的事情，成天婆婆妈妈的。开始我还蛮有自信的，渐渐地，我发现自己真的没什么突出的。我以前还希望能有一天自己可以办学，现在看来我连身边这些小事都处理不好。有时候，我都觉得自己硕士毕业这件事就像是个笑话。我能感觉有些老师会背后议论我。我确实没有接受过像他们那样的教学技能训练，我也不大懂怎么教学。我的工作就像是一团乱麻。

J:不过,我还是觉得我会慢慢适应过来的。因为,我觉得有的学生还是喜欢我的,有的家长也还是接受我的。尽管我觉得每天做的这些事情琐琐碎碎,但是我知道自己还是愿意去做的,而且我真的很想把每件事都做好。我不想就这样了,我不愿再这样了,我应该还可以更好的。我不能就这样下去,不能就这样放弃,我可以做得更好的。我记得莎士比亚的《李尔王》中有一段李尔的台词是:"不,不,不,让我们到监牢去。我们就这样活着,祈祷,唱歌,说些过去的故事,笑看那些金翅蝴蝶……用我们的见解说明各种事情的奥妙。"就算是"监牢",就算有这么多眼睛监控我,我也还要"活着"、"祈祷"、"唱歌",我不能只看到那些对自己不好的一面,我要看到还有一些对自己很好的一面,这就是我的工作。

找回自信

J:和你一起做研究以来,我发现我以前是遇到什么事做什么事,我现在觉得做事一定要有"主心骨",我要学会分清轻重缓急做事。我觉得我已经在发现一些"事情的奥妙"了。"怎样向学生提问"这个试验对我的帮助真的很大。我以前向学生提问,是无目的的,而且每次我都在等着学生能说出我心里想着的那个回答,像是跟学生玩猜谜游戏,有的学生说得不一样,我不会否定他们,但是我也不知道该怎么办,有好几次我就在课堂上一直愣在那里。通过这个试验,我发现我的每一步提问都是有目的的,我很清楚地知道每一步的教学意图是什么,而不是只想着学生回答什么样的结果。所以,学生在回答的时候,我想的就不是他们在说什么,而是他们在想什么。我在应对他们回答的时候,我想的就不是怎样让他们说得更好,而是怎样让他们想得更好。以前,学生回答一个问题,好像是完成一个任务,答完了就坐下,我的那些无关紧要的评价语对他们来说也是可有可无的,他们不在乎。但是,现在,我觉得我对学生的每一个回应他们都会很认真地听,他们会看着我,用眼神跟我交流。这是我以前从来都没见过的眼神。我以前上课整纪律的时候也会让学生的眼睛看着老师,但那时候他们的眼神是无神的。但现在,我看到他们眼睛里的内容了。你说,这是不是教学的奥秘!

J:我以前一上课就很急,急着把我的教案都上完。但是,我现在更注重"过程"。这个过程是学生自己学习的过程。我觉得我就像是一个导游,带着学生旅行。"怎样向学生提问"就是我的导游词,但真正有景点的风景还是要学生自己去感受。感受到什么样的风景是学生自己的事情,而学生会怎么感受风景,感受时会遇到什么困难,这才是我要关心的。在我现在的课堂上,我感到了一种创造性。

我的意思不是说我在课堂上发明了什么新的教学方法，或者什么新的东西。我说的创造性是思想层面的创造性，是和学生思想交流的火花。

（窗外的雨停了，空气里弥漫着一股新翻泥土的清香。太阳的余晖开始冲破云层洒落下缕缕光亮。树干在雨水的浸润下颜色有些灰暗，但经雨水洗净后的枝叶一定会在几天后更加幽绿、更加浓密。）

2. 案例分析

(1) 放心的位置

教师J原先操心的是如何让学生跟着自己学语文，这一操心的形成源于教师在踏入教学岗位之初经历的一些教学片断。第一个片断是发现其他语文老师“很依赖教学参考书”。教师J对这一教学片断的认识并不是效仿其他教师的做法，而是在阅读教学参考书后产生了对教学参考书效用的怀疑，以此发现了自己在钻研教材方面的优势。第二个片断是“的、地、得”的区分让教师J觉得“自己的语文专业知识还是比这些老师要好一些”。第三个片断是，在听学校语文教研组组长公开课时发现，“学生说得有道理，但老师当时觉得这个回答不好”。教师详细分析了她对这篇文本的解读，以及对那位学生回答的理解。从这三个教学片断不难看出，教师J找到立足于讲台的“自信”是她展开操心的前提。然而，教师所建立的自信主要依赖于比较，而且这种比较的基础是始终在以自己的优势比较别人的不足。比较，往往让人在认识上缺乏整体性。教师J看到了其他教师依赖教学参考书，却没有看到其他教师对教参的运用；她看到了其他教师在一些语文知识上的不准确，却没有看到其他教师如何将语文知识转化为教学知识；她看到了教师忽视学生的回答，却没有看到教师是怎样介入学生的学习。这些来自教学片断的零散经验注定了教师自信心的脆弱。在充分肯定自己专业知识优势的前提下，教师所做的一切都落脚在让学生跟着自己学。这种对自己专业优势的展现就是教师J放心的位置。

(2) 不适的经验

教师J对教学理解的零散性，给她带来了意想不到的“麻烦”。这些“麻烦”的爆发点来自于学生家长。家长为什么会如此干涉教师的教学，这里的确有家长个人的因素，但是，如果要将家长的自以为是置之不理，那么就需要询问家长们这样做的现实背景究竟是什么？教师J的工作之所以“一团乱麻”，不是因为家长的干预才如此，而是因为她的工作早已一团乱麻，这才引起了家长的担心。家长们看到一种缺乏头绪、没有重心、乱作一团的教学工作场景后，担心的当然是自己的孩子，他们真正在乎的是教师是否能在这种混乱中花上更多的精力和时间投注在自己孩子身上。指向展现自己专业优势的教师J为了证明自己，只有一味迎合家长的需要。从自己的孩子着眼，不同的家长就有不同的需要，这无疑让教师的工作更加错乱，这里的“琐琐碎碎”、“婆婆妈妈”所对应的是教师期望满足家长的需求来证明自己。然而，源于证明自己的专业优势、行于满足家长需求的操心本身就注定是难以让教师真正放心的。由此，教师J感受到了不适，自信心的重创让她开始否定自己。这些否定是教师对已有操心结构的全盘否定。这种否定来自教师的是非之心，在教师尚且不知道自己究竟应该怎么做之前，她已经将自己已做的都放进了“不是”的范畴中。这种是非之心让教师勇于面对自己，并且力争改变现状。她不甘于“我不能就这样下去，不能就这样放弃，我可以做得更好的”；不甘于“我觉得有的学生还是喜欢我的，有的家长也还是接受我的”。这种对事的不甘心是引起教师J不适经验的根本。

(3) 转向的节点

教师J对事的不甘心是转变操心的前提，但真正让教师的操心得以转向的是她在适应环境中体验到的“事情的奥秘”。也就是说，专注于事情本身的条理性是教师J操心转向的节点。教师在遇到不适经验时，尽管自信心受到重创，但是没有自暴自弃，她想起了莎士比亚《李尔王》中的经典台词，这段充满隐喻的台词，让她将台词中的“监牢”类比成自己身处的环境，将台词中的“活着”、“祈祷”、“唱歌”类比自己今后做事的方向。“李尔王”让教师找到了发现“事情的奥妙”的方向。如果说“李尔王”为教师J指引了前进的方向，那么她和研究者所做的“怎样向学生提问”的试验就是点亮了前进方向的“路灯”。这一试验立足于一个教学基本问题“怎样向学生提问”，在解决这一问题时，试验着眼于帮助教师建立学科、学生和教师之间的关联。在试验中，教师J非常关注教学的“过程”，这种师生之间的交往过程让她有了惊喜的发现。她发现了教师和学生“眼神间”的共通感；发现了教师和学科之间的“导游”关系；发现了学生在学科世界的“旅行”。转向本身就是一种创造，欣喜于创造的快乐将会成为教师J继续前行的动力。

第六章　教师操心的人性追求

操心是在终端之间存在的可能性,“是作为有限的可能性得到领会的”①。教师操心有限的可能性表现在对教师人性的认识和追求中。在以人性为圆心的人类活动中,人性展示出各种力量的对立冲突和张力摩擦。人在不断自我解放的历程中所追寻的不是这些力量的彼此排斥,而是其统一性。从中国文化来看,这个统一性表现为:“向上之心强,相与之情厚。”②为此,本章将对向上心和相与情有限的可能性展开论述,并最终归结到情理结构的和谐之路上。

一、教师向上心的边界

向上心让教师向内开凿着自身的潜能,然而,教师的向上心是需要得到他人向上心回应的,否则,教师就会遭遇到自身与世界的冲突。将内心的冲突作为我们生命中不可或缺的一部分是我们正视冲突的基本态度,这种正视意味着“更多的内心自由和更大的力量”③。这种自由和力量的赋予依靠的是对教师向上心的边界认识。“原则的边界事实上服从其他原则的控制。”④安心、尽心、甘心是教师操心的终端,它们代表着来自环境的控制原则迫使教师的向上心服膺于此。

(一) 不安心中要安心

1. 无可奈何的不安心

当教师操心于让学生在复制成功学习经验中取得优秀学习成绩时,他们想从学生

---

① (德)海德格尔. 存在与时间(修订译本)[M]. 陈嘉映,王庆节译. 北京:生活·读书·新知三联书店,2006:303.

② 梁漱溟. 中国文化要义[M]. 上海:上海人民出版社,2011:127.

③ (美)霍尼. 我们内心的冲突[M]. 王作虹译. 南京:译林出版社,2011:6.

④ (英)波兰尼. 社会、经济和哲学:波兰尼文选[M]. 彭锋等译. 北京:商务印书馆,2006:362.

学习成绩的不断提高中安置自己的操心。然而，他们看到了学生不情愿地为实现自己设定的学习目标而备受折磨，出于恻隐之心，出于推己及人的怜悯，他们不忍心看着学生将学习当作一件苦役，学生在被动学习中身心禁锢的学习状态让他们开始不安。这种不安心促使教师发生着转变，他们尝试着将自己的心安放在学生主动学习的身心自由中。如果学生既能表现出主动学习中的身心自由，又能在学习成绩上不落后，那么，教师就会一直保持着这样的操心状态。可是，教师可能会看到，“有的学生学习积极性和以前相比的确提高了，最明显的表现就是上课发言积极，而且还会提问题。但是成绩还是没上来，这次单元测验中有些过去不会出错的拿分题这回都错了”；“学生是喜欢这样的教学，很活泼，但是，和过去相比，我好像很难保证每个学生都学到了什么”；“对一些过去就不愿意学习的学生来说，现在他们的改变仍然不大”①。教师们在一种无可奈何中又坠入不安心。

2. 不安心和安心

此时的不安心反映出教师内心的冲突，冲突的一方是代表致力学生在主动学习中的身心自由；另一方是代表致力学生复制成功学习经验的被动学习。这两股力量都曾给教师带来过类似成功感的体验，也都曾给教师带来过类似失败感的体验。要在这两可之间作出选择是困难的，教师感到两股力量都在以同样强度驱使着自己。

回到事情本身，在教师作出选择之前，需要重新认识当前面临的境况。在教师对以往操心结构进行调整逐渐转向第一象限时，这种转向本身就不是一蹴而就的。因为，当教师将自己的心安置在学生心里时，教师在渴望得到学生理解，希望学生理解自己的苦心，理解自己的用意，然而教师很可能忽视了得到学生理解的前提是自己对学生的了解。《论语·学而》中写道：“不患人之不己知，患不知人也。”教师将自己的心安放在学生的心里，是教师期望能通过改变自己而让学生呈现出主动学习的状态。这种寄托在别人身上的期望能否实现，并不取决于学生是否了解教师的改变，而取决于教师是否了解学生的生长。教师是否了解学生的生长是有过程的，这个过程是缓慢的；是否了解学生需要适应生长环境的变化，而不适应是自我调节为适应的前提；是否了解学生要“结出果实”只能依靠他自己，任何人都帮不上忙；是否了解学生的生长是有遗传基因的，豌豆的种子是结不出南瓜的。当教师在这些方面对学生有所了解，才能以自己的心贯入学生的心里，才能将自己安心于学生的心田。然而，教师了解学生的

① 此处引文出自笔者的研究笔记，是对一些中小教师的访谈摘录。

程度真正取决于自己愿意和能够被人了解的程度。“你要衡量你了解人的程度吗？你须先衡量，你愿被人了解与能被人了解的程度。”①也就是说，教师了解学生，是根据自己去了解学生的。因为在教师去感受学生、了解学生时，他们在学生身上所看到的是自己的影子，是自己理解世界的折射。教师在不安心中得以安心的正是基于理解自己的对学生的了解。

3. 安心于等待

教师了解学生，意味着教师需要重新认识无可奈何的不安心，需要在无可奈何的不安心中安心于等待。那么，教师在何处等待呢？

第一，培根后的等待。“彻始彻终一贯而不易者即后来所见于人心之主动性是已。”②学生学习的主动性是自身生长的“心根”，这是生命生长的原点。教师所要了解的是：教师“在枝头雕刻果实”不仅是昙花一现，而且更是对学生的摧残。那么，教师就只能立足培植学生的心根。“培养人心灵能力的最佳方式，是让一个人自己去做他想做到的事。”③让学生自己去做他想做到的事，这里所包含的意蕴是承认学生的学习主动性是先于教师介入而存在的。学生想做到并不是在学生个人欲望支配下的，而是学生和教师在学习上建立共通感的体验。让学生去做去体验他们自己可以做到但他们从未认识到自己可以做到的事才是学生真正想做到的事。让学生在期待感的体验中振奋地发现自身周遭世界的无限生机和可能；在相似感的体验中惊奇地发现自己与世界之间的内在关联；在成功感的体验中欣喜地发现置身世界中的自己所具有的能量和价值。当教师“培根”之后，就需要安心于等待。学生是易感的存在，他们的情绪变化会随着天气、季节、人事的些微变化而变化，这些都无规律可言。当教师的培根遭遇学生生长的冬季时，教师只有安心地等待，不催促，不急躁，不厌烦，才能让学生感受到那份等待中的期待。

第二，判断后的等待。教师在教学中对自身意志力的运用是导致教师无可奈何不安心的症结。其实，教师对学生学习主动性的培根不是意志力的运用，而是判断力的运用，也就是说，教师在学生学习中，需要在判断中区分学生与自己的责任。在有关学生自己的学习责任问题上，诸如，是否要记忆学科知识点，要取得怎样的学习成绩，是否要更多地参与小组学习，等等，这些都是学生自己自由选择的结果。只要是学生在

---

① 唐君毅. 人生之体验[M]. 桂林：广西师范大学出版社，2005：48.

② 梁漱溟. 人心与人生[M]. 上海：上海人民出版社，2011：31.

③ (德)康德. 论教育学(附系统之争)[M]. 赵鹏等译. 上海：上海人民出版社，2005：33.

愿意承担后果的前提下作出的选择，这些关于学生自己的学习问题教师都无须干涉。教师不仅无须干涉学生的选择，还需要做到在判断后等待，等待学生自己的选择并且尊重学生的选择。

（二）不尽心中要尽心

1. 无能为力的不尽心

当教师操心于让学生在纠错中得到改变时，他们在自己不懈地控制或抑制学生错误中尽心于自己的操心。然而，他们看到了学生对自己的埋怨、误解，看到了学生和家长对自己尽心所做的不屑一顾，出于羞恶之心，他们不忍心看着自己的付出就这样受到伤害，他们在自己一直认真执着的那个学生学习行为中感到不尽心。这种不尽心促使教师发生着转变，转变的关键是将所有事态的归结点都凝结在自己的身上，尝试着将过去对改变学生的认真转向对改变自己的认真。如果学生能在教师作出的自我改变中也随之发生改变，而且这种改变是教师所期待的，那么，教师就会一直保持着这样的操心状态。可是，教师可能会抱怨“我感觉自己像是捅了‘马蜂窝’，以前在我严密监控下他们身上的很多恶习都得到了控制，可是现在，我一放手，他们身上的坏毛病全部都暴露出来的，我有些招架不住了”；“学生好像受压过久的‘弹簧’，得到释放以后反弹回来了”；“我感到他们经常挑战我的底线，甚至有些得寸进尺，可是，等到快要接近我爆发的边缘时，他们又收敛起来，他们和我在玩猫和老鼠的游戏”；“现在的学生实在太厉害了，他们好像总是想看到我出丑，看到我不行的一面，或是不好的一面，他们会找回很多市面上难得一见的怪题来考我，这让我很难堪”[①]。教师在一种无能为力中重又坠入不尽心中。

2. 不尽心和尽心

此时的不尽心反映出教师对所面临真相的不忍接受，一方面他们不忍看到立足于改变自己的操心不仅没有让一些学生改正自己的错误，反而成为了学生变本加厉的“筹码”；另一方面他们不忍看到学生将自己置于一种表现无能的窘迫情态中。而这其中真正让教师无法接受的是自己从控制者的位置上移开后的边缘化，教师无能为力的是自己在师生之间以自我为中心的博弈中无法取胜。教师是一个长期受人尊敬的职业，这一职业特点让教师始终处于被迎合、被吹捧、被神化的状态，这种状态极易引起教师的自我极度膨胀。为了维护自我的极度膨胀，有的教师会在一点迎合、吹捧之后

---

① 此处引文出自笔者的研究笔记，是对一些中小教师的访谈摘录。

立刻被谎言、伪善所蒙骗，而且还陶醉在自我赞美、自我欺骗中。

事情本身远不止自我欺骗这么简单，教师所面对的学生或家长可不是无缘无故迎合、吹捧和神化教师的，别忘了，他们也在以自我为中心。如果说，教师以自我为中心只是希望以控制和改变学生来维护自我的荣耀；那么，学生的以自我为中心就显得更为复杂。学生以自我为中心的根源在于谋取私利。如何在自己犯了错误的时候能逃避教师的惩罚，如何让教师对自己的所作所为看起来都没办法，如何让自己在同学面前有威望，等等，这一切都是学生所谋取的私利。千万不要低估了学生在谋取私利上施展的聪明手段。“这是那种为了打洞而掏空了房基，而在房基即将倒塌前就立即搬迁的老鼠式的聪明。这是那种用欺骗来让熊为它挖洞，当洞一挖成就把熊给轰走的狐狸式的聪明。这是那种在即将吞噬落入口中的猎物，却假惺惺地流下伤心的眼泪的鳄鱼式的聪明。”①当学生在施展他们谋取私利的自我中心主义时，教师是无能为力的，因为教师任何的施力都会被学生看作是两股自我中心主义之间的较量，都会激起更大范围、更深程度的自我中心主义。如果教师对自己的改变是想让学生不再以自我为中心的话，那么教师这样的尽心只能是缘木求鱼，只能在无穷无尽的无能为力中备受折磨，或者在教师和学生自我中心的势力较量中彻底伤心绝望。当教师面对学生的自我中心主义时，可以在无能为力的不尽心中选择一种尽心。这种不尽心中的尽心是指教师在无法接受中选择放下自己的自我辩护、自我赞美和自我欺骗，然后宽容地接受所面对的真实。

3. 尽心于忍耐

《礼记·中庸》中写道：“唯天下至诚，为能尽其性。能尽其性，则能尽人之性。能尽人之性，则能尽物之性。能尽物之性，则可以赞天地之化育。”这里的“赞天地之化育”描述了一种“人之性”在对“物之性”的至诚追求中所达到的天人合一状态。“人性有两方面：一是形下的气质人性，此即是生物生理的私利之性；二是形上的义理人性，此即是道德的克服私利抒发理想之性。”②从这个角度上说，人性的追求是人对存乎于自然之间的理的顺应和发挥。这个自然之理，也就是性。尽管人初始时，性相近，但是，受到环境影响后，“人之性”就有了迥异差别。尽心和尽性是对人在个人气质之性和天地之性的参差交错中追求仁义礼智这些理性根底的自觉和主动。这种至诚的追

① (英)培根. 善待人生[M]. 龙婧译. 西安：陕西师范大学出版社，2005：82.
② 牟宗三. 生命的学问[M]. 桂林：广西师范大学出版社，2005：173.

求是“无所往而不尽”[①]的。可见，教师所面对无能为力的不尽心，实则是教师遭遇学生在失去仁义礼智的天地之性而一味展现利己私欲的气质之性时，教师的自觉内省无法唤起学生的至诚追求的无能为力。中小学教师无法选择自己的教育对象，即使有选择也无法得天下英才而教之。而学生既是教师的教育对象也是父母家长的教育对象，大凡在学生身上展现出的气质人性皆有其父母或家人的身影。此时，教师仍需尽心，而这个尽心是从知出发的行，是知之无尽的行之忍耐。只有在零碎事物上的忍耐，才能对人之性和物之性有拨云见日的洞见；只有洞见了人之性与物之性之间的差距，才能随事而观、随人而动。而这一切都归结为忍耐二字。

忍耐，是教师对自我中心主义的抑制，是对学生自我中心主义的清理。教师对自我中心主义的抑制表现在教师对自己时刻保持清醒的认识，以至诚的心态面对一切，学会调整自己和他人之间的距离，学会将自己融合在更广阔的情境中，学会不纠缠别人的错误和自己的得失，学会站在时间的维度上自我愈合。此外，当今社会上存在着这样一种现象，不少人假借着“张扬个性”之名，行使着恣意任性、伤害他人之事。如果教师在学校教育中能够为此做些什么改良工作的话，那就是清理学生的心灵上的“垃圾”。这种清理不是以扫除干净的方式试图将“垃圾”剔除出学生的心灵，而是让学生在恣意于个人私欲时看到周围和自己内心中制约力的存在。“教师唯一关心的是帮助学生了解在他周围和他自己内心的有制约力的影响，这样学生就能智慧地、没有恐惧地面对人生的复杂过程，而不是在已经存在的混乱之上再添加更多的问题。”[②]这里的“制约力”既是法律法令、规章制度，也是人内心的自律。自律不是诉求于自觉的无能为力，而是人适应社会生活的需要。教师在忍耐中所指向的正是这种作为需要的自律。一个人只有自律才能与人共处，才能与人共事，否则，将遭到人的离弃和事的惩罚。这样的道理无需教师言之以理，全凭借学生自己的亲身体验。教师也不用担心学生会犯“错误”、会“栽跟头”、会受到“惩罚”，其实，学生在学校教育中所犯的错误、所栽的跟头、所受的自然惩罚都是可挽回的。如果学生在学校教育中欠缺了这种因缺乏制约力而受到的应有体验，那么一旦学生步入社会，等待他们的将是不可挽回的错误、跟头和惩罚。教师尽心于让学生体验到制约力的影响，忍耐于对无能为力的自我愈合，足矣。

---

① (宋)黎靖德编. 朱子语类[M]. 王星贤点校. 北京：中华书局，1986：1569.

② (印)克里希那穆提. 浩渺无垠——生命的注释 II[M]. 李立东等译. 上海：华东师范大学出版社，2005：184.

（三）不甘心中要甘心

1. 无所适从的不甘心

当教师操心于让学生跟着教师学时，他们将自己的操心着眼于个人表演。然而，他们看到了学生对自己个人表演的不配合，看到了自己在面对繁琐事务中个人展现的错乱不堪，出于是非之心，他们不忍心看着肯定自己的自信心的全盘否定，他们在勇于面对自己、力争改变现状中感到不甘心。这种不甘心让教师发生着转变，转变的关键是立足事情的条理性，体验事情的奥秘。如果事情能在教师的条理和预料中一件一件做完、做好，那么，教师就会一直保持着这样的操心状态。可是，教师往往会苦恼，"我不知道我这样做学生究竟会怎样。有时候，我觉得学生是这样想的，可学生却是那样想的"；"一种教学方法好像也是对一些学生有效，而对另一些学生的作用不是很大，我应该怎么做下去"；"这样的磨课真的是一种折磨，今天来一位专家，提了很多建议，我按照这些建议改了，明天又来一位专家，把昨天那位专家说的给否了，然后我又改了重来，这样一天一变，个个说得都有理，但我真的不知道该听谁的"；"我做了那么多教学改革和尝试，可是到头来家长还是要看学生的成绩，还是要问我要分数"。① 教师在一种无所适从中重又坠入不甘心中。

2. 不甘心和甘心

这里的不甘心反映出教师教学信念的徘徊，一方面，改变自己以往的做法，做出一些新的教学尝试，源于教师对教学的某种理解；另一方面，这种教学理解正在经受着来自外在势力的考验。这些外在势力并不指出教师当前所做的教学理解的合理性，而是对教师做法本身的否认。尽管教师表现出对这些外在势力的畏惧和屈从，但他们不明其由，由此产生了无所适从的不甘心。

教师的教学是脆弱的。一方面教学本身蕴含着无限性；另一方面教学固有着不可预见性。从教学活动的无限性看，"在最有限环境里的最微小行动也蕴涵着潜在的无限性，因为有时候，一个行动甚至一句话，都足以改变整个局面"。② 教师的教学活动是在层层叠叠的人际关系网中展开的，也就是说，在教师展开教学活动的同时还存在着其他行动者的活动，而这些行动者也正展开着他们自己的活动。这样一来，教师的教学活动一旦开始，就会产生无限的连锁反应，这些反应是不受作为当事人的教师所

---

① 此处引文出自笔者的研究笔记，是对一些中小教师的访谈摘录。

② （美）阿伦特．人的境况[M]．王寅丽译．上海：上海人民出版社，2009：149.

控制的，也会不断引起不可预料的结果。从教学活动的不可预见性看，“活动者本人无法知晓自己所进行的活动的意义以及结果。只有当这个活动所引起的过程全部结束之时，活动者才能够对此做出判断。但是，在另一方面，活动者必须对这种既没有目的、也不可预测的结果承担责任”。[①] 教师对自己采取的教学活动全凭自己的教学理解，而不是依赖对活动结果的预见。没有哪位教师可以预见自己的学生会学到什么，或是自己的学生会成为一个什么样的人。这些结果不仅只能在活动结束以后做出判断，而且教师对这一结果的形成是没有控制力的。然而，在这样的情况下，教师仍要继续行动，教师无法放弃自己行动的能力，只有在这种教学活动的脆弱性面前，在这些由教学活动的无限性和不可预见性面前表现出甘心。甘心，意味着对企图适从于教学活动中其他行动势力的放弃，同时对自己教学理解的信奉和坚持。“什么是教师？难道指的是那种‘叫你干啥就干啥’的人吗？教师要学会教书，首先应当学会读书，学会思考。”[②]

3. 甘心于坚持

当教师从盲目的自我表演转向探索教学本身的奥秘时，教师就已经开启了操心的新端。这一开端启新的重点是教师开始培养起自己的独立思考能力。这需要教师依靠自己对学生学习状态的真实感受形成担心的同心环，需要教师以事情的条理性为抓手筹划应对，需要教师在自己经验的基础上寻找契机展开操心的反应。而对这一循环过程的合理性与否的判断全凭教师自己，教师对自己操心活动评价体系的建立，对自己操心结构的调整和转化，这些都是由教师自己完成的。教师无法对操心活动的结果如何发出承诺，但教师可以对自己判断体系的合理性负责。只有这样，教师才能形成自己的教学信念。当然，教师需要在这个过程中宽容地对待所处人际关系网中其他行动者的反应和建议。这些反应和建议可以选择性地纳入到操心筹划机制的理解和体谅环节，但无法干涉和控制教师操心应对考虑的主轴。教师在无所适从的不甘心中需要甘心的就是对自己教学信念的信奉和坚持。

当教师所坚持的教学信念遭遇其他势力的怀疑，或者被其他观念所诱惑的时候，教师需要敢于做真实的自己。“能够面对真实的世界，面对自己内心的真实的责任感，真实地存在下去，真实地活下去，承当一切，这就是一个真人了。”[③]做真实的自己，意

---

① (日)川崎修. 阿伦特：公共性的复权[M]. 斯日译. 石家庄：河北教育出版社，2001：256.

② 吴非. 不跪着教书[M]. 上海：华东师范大学出版社，2004：43.

③ 牟宗三. 生命的学问[M]. 桂林：广西师范大学出版社，2005：95.

味着教师放下自己对名利得失的计较，唤醒自己对教师工作的精神期待，始终追寻着自己所坚持的教学信念，在别人的质疑和抵触中宽容以对，不仅为学生更为自己真实地活着。“这份工作要求我不断地有所创新，要有始料不及的办法来突破我个人和专业的局限，这正是我情有独钟之处。我的教学不是依靠教学理论，而是凭借我‘从里往外’冒出的那股无所畏惧的勇气。我成为了真正的教师。”①

二、教师相与情的限度

在教师操心的情理结构中，与向上心相与同体的是教师的感情。教师的感情能够柔化理性，但如果不加以节制则可能险象环生。“行为的一切道德性被安置在行为出于职责和出于对法则的敬重必然性之中。”②节制不是限制人的发展，而是让人在摆脱本能决定的控制中获得自由。探寻教师相与情的限度不是对教师感情的束缚、压制和伤害，而是让教师感情中本质的东西显现出来，让教师在本质的引导下展开操心，在有限的存在中得到确定、安排和解放。

(一) 教师同情的条件

1. 同情中的黏合

同情是指“一个人从经验角度对他的同伴的经验的参与，以各不相同的方式实现自身，这一点是由其所在群体的本质结构决定的”③。在操心的视域中，教师的同情源于教师在看到学生言行受限制、生命被压抑、快乐遭剥夺、精神在受苦的一种类似“牺牲”的学习状态时，出于己所不欲、勿施于人的推己及人，会产生感同身受地体验到学生的“牺牲”状态，会分享到学生在此状态中的痛苦，会参与学生在此状态中的煎熬。此时，教师在对学生牺牲、痛苦、煎熬的一致性体验、分享和参与中，萌动了自己对这一切无法忍受的不忍，由此，教师产生了恻隐之情，也就是同情。教师在萌动同情之时，是一种非理性的感同身受，是教师与学生之间的一种原初共在。这种原初共在使得教师的精神之流与学生的精神之流在一致性中交融，使得教师和学生成为了一个共同体。此时，教师的同情会散发出一种无与伦比的黏合作用。

首先，教师的同情让师生情感的共有黏合出意识的共有。“同情能够将个人扩展

---

① (美)莱斯利·扬. 体验真理：一个教师的道路[C]//(美)英特拉托主编. 我的教学勇气. 方彤等译. 上海：华东师范大学出版社，2008：18—21.

② (德)康德. 实践理性批判[M]. 韩水法译. 北京：商务印书馆，1999：88.

③ (德)舍勒. 知识社会学问题[M]. 艾彦译. 南京：译林出版社，2012：66.

到一般原则领域，在这个领域公众相信仁慈，并促使个人的行为与情境保持一致。”[①] 当学生感受到教师对自己的同情时，那种久旱逢甘露般的心灵认同感带来的满足感会让学生将原本个人的感受扩展到对情境的信任和认可中。此时，教师向学生展现的意识状态极易被学生接受。这种接受包含学生非理性的感受性判断，以回报对方认可而让对方得到满足的样态接受教师的意向。由此，教师的教学意图能够迅速转化为学生自己的学习意图和学习行为。这不是教师对学生的控制，而是学生希望与情境保持一致的接受。其次，教师的同情还可以黏合师生关系之间以往可能出现裂痕的缝隙。这是因为同情创造一种彼此情感感同身受般的相互参与。同感之“同”就是一种参与，这种参与不是共同建设的参与，而是作为一个知心人敞开心门，愿意在场的驻足式参与。当一个人感受到在自己封闭的情感世界还有人愿意在场分享自己的感受，还有人愿意注视自己的隐痛，还有人愿意承受自己的感染，那么，即使那个人什么都不“做”，这种在场都足以溶解自己封闭心灵的冰层，足以愈合自己受伤心灵的疮口，足以点亮自己黑暗心灵的希望。

2. 同情中的蒙蔽

同情使得师生之间建立起信任和关心的关系，但也会造成蒙蔽。这种蒙蔽是指，当教师的同情开始蔓延时，尤其是当教师在毫无节制地任由这种原初情感蔓延时，往往会将学生所遭受的“牺牲”状态进行无数倍的放大和无限量的夸张，而这种放大和夸张往往伴随着自欺欺人的意味。“我们因为看到与我们的处境的一种对比而快乐；因为想到只要我们愿意帮助就能够帮助而快乐；因为我们的帮助可能给我们带来的赞扬和承认而快乐。”[②]教师被无节制同情所蒙蔽是为了摆脱自己的痛苦，是为了表达自己的快乐，而这些都是无节制的同情中坏的部分。

也许教师的同情行为只是为了摆脱自己在施予学生限制、压抑、剥夺和痛苦时，自己也承受着与学生形态不同但性质相同的限制、压抑、剥夺和痛苦。“这学期，我申请了一个‘快乐学习法’的校级课题。不给学生布置作业，为学生减负。学生开心，我更高兴。第一天我就感到一种从未有过的轻松。我终于可以结束那种‘愚公移山’改作业的日子了。我就后悔啊，我怎么早就没这么做呢。”[③]也许教师的同情行为只是表达

---

① Connie Titone. Virtue, Reason, and the False Public Voice: Catharine Macaulay's Philosophy of Moral Education [J]. Educational Philosophy and Theory, 2009, Vol. 41, 91 - 108.

② (德)尼采. 生命的意志[M]. 孙志军选编. 武汉：长江文艺出版社，2009：124.

③ 此处引文出自笔者的研究笔记，是对一些中小教师的访谈摘录。

自己的一种快乐，一种能够给予学生帮助时给自己带来赞扬和承认的快乐，一种在施舍帮助时给自己带来虚荣和满足的快乐。“我很喜欢这个班学生。生源不一样，教得都舒服。上次我班上学生写一篇习作，‘最熟悉的一个人’，结果我班上百分之七十的学生都是写我的，而且都是写我对他们点点滴滴的帮助。其实，我做那些，就是一种良心，一种责任。但是，这个班的学生就记住了。”①如果教师以为这些为了摆脱自己痛苦、为了表达自己快乐的同情，别人都不能体察，那恐怕就是掩耳盗铃、自欺欺人了。当这些夹杂在教师同情中的坏的部分被学生和家长体察到以后，教师的同情就会被他们利用并转化为为自己谋取私利的工具和手段。所以，当有的教师抱怨学生和家长“不知好歹”、“过河拆桥”、“得寸进尺”的时候，是不是会想到这可能正是由同情的自我蒙蔽所造成的呢。

3. 同情的条件

在教师同情中同时存在着作为较好部分的黏合和作为较坏部分的蒙蔽。那么，如何让教师同情中蒙蔽的部分受到黏合部分的控制呢？这就是教师同情的条件。“在条件中，事情赋予自己以外在的、无根据的有的形式，因为它作为绝对的反思，是对自身的否定关系，并且使自身成为自己的事先建立前提。”②也就是说，教师同情的条件是对教师同情的否定，这种否定外在于同情，但却是教师同情得以存在的事先前提。由此，可将不受蒙蔽，这一对教师同情中应有蒙蔽内容的否定，作为教师同情的条件。不受蒙蔽，是外在于同情的，在同情中没有这样的内容，但是，却是教师同情中黏合部分得以控制蒙蔽部分的事先前提。

教师在同情中遭受蒙蔽的根源在于同情让教师在他者性中失去了对自我的认识。“我们对他人痛苦的同情程度，不决定于痛苦的数量，而决定于我们为那个遭受痛苦的人所设想的感觉。”③设身处地为人着想是教师同情的本质，但是先于这一本质的前提条件是对别人遭受痛苦的设想需要一种距离感，而不能任意扩大和夸张情感体验。教师的同情让教师的情感有种切身性。当情感只专注于作为对象的学生时，教师开始忘我。师生之间的距离就是让教师超脱于那个切身性，让教师和学生之间始终保持着叠合。叠合，意味着教师和学生之间隔着几层重叠在一起的圆环。因为这些圆环重叠在一起，所以不会损失同情在师生之间情感上的共有性。但是，因为有数层圆环的叠加，

① 此处引文出自笔者的研究笔记，是对一些中小教师的日常观察。

② (德)黑格尔. 逻辑学(下卷)[M]. 杨一之译. 北京：商务印书馆，1976：113.

③ (法)卢梭. 爱弥尔[M]. 李平沤译. 北京：商务印书馆，1978：309.

使得教师在投注同情时就有了距离感。这些叠合在教师同情中的圆环正是教师操心结构中完整担心的三个层面。当教师始终以学科——学生——教师的嵌套圆环叠加在师生之间时，教师的同情就将学科对学生的兴趣、学生对学科承担学习责任的能力、教师与学生之间的信任感等叠合在教师和学生之间。此时，教师的同情就开始形成了前提条件，而这一条件不仅让教师同情中的蒙蔽得到解蔽，而且也让教师的同情助益于教师操心之教育意义的生成。

（二）教师期待的依据

1. 期待中的增值

“期待是尚未满足的，因为它是对某种东西的期待。”①在教师操心的视域中，教师的期待源于教师在看到自己为学生所做的一切无法得到学生和家长的理解，教师不忍心看到自己的付出就这样受到伤害，于是在羞恶之心的驱使下教师产生了不尽心的向上心，在这种不尽心中，教师一边立足于改变自己，一边期待着自己的操心能得到他人的理解。这种伴随着教师不尽之心的情感就是期待。教师的期待中既有对可能性的现实追求，又有着对促成可能成为现实的相关因素的自然实现。此时，教师的期待就有了增值作用。

首先，教师的期待增值教师的预期。期待总是带有对事情发展的某种可能性的希望，这种希望是教师对学生学习状态和学习效果的希望，是教师对学生自身学习行动的暗示。换言之，当教师对学生产生期待时，其实是在期望学生在学习中应该怎样表现。由于这种期待本身的指令具有隐藏性，甚至具有妥协性，所以学生对这些期待不会表现出反感和抗议。在教师期待的暗示与强化下，渐渐地，教师的期望还会转化为学生对自己学习的期望。这种转化会让学生的自我观念、成就动机、投入程度得到提升，会让学生的潜能得到激活。由此，学生在教师期望中表现的实际学习状态和产生的实际学习效果往往会高于教师的预期。其次，教师的期待增值教师的信念。“提高对学生表现的期望也能够提升教师的实践期望。”②教师的期待除了有教师对可能性的追求实践，还包含着教师对学生自身在学习中发挥作用的希望，这种希望建立在教师对每一个学生学习主动性的承认，对每个学生的尊严有深切的体验和共鸣。这些承认、体验和共鸣让教师在希望中获得了自由。教师在希望中获得的自由

---

① （奥）维特根斯坦. 哲学研究[M]. 李步楼译. 北京：商务印书馆，1996：194.

② Spillane, J. P. Halverson, R. Diamond, J. B. Investigating school leadership practice: A distributed perspective [J]. Educational Researcher, 2001, vol. 30, 23 - 26.

是教师在他人主体性中体验到自身主体性和本真性的自由，是教师在与有别于以往对学生控制的妥协中的自由。这种自由可以升华教师的教学体验，增值教师的教学信念。

2. 期待中的减损

教师对学生的期待中有着教师希望延续已有快乐的欲望。当教师的期待增值了教师的预期，增值了教师的信念时，无形之中也让教师在自己期望的应验效应中产生了维持性期望。尽管维持效应没有应验效应的影响大，但是维持效应发生的频率非常高。教师往往在品尝到期待的增值后就希望不断将这种增值复现，由此形成了教师的习惯性思维。这种习惯性思维的表征是：一方面教师将期待归结在学生的学习积极性、独立学习能力、发展的潜能等学生个性的倾向性；另一方面又将这些个性因素当作是理所当然。这种认为理所当然的思维习惯就是教师期待中较坏的部分，这部分会让教师的期待受到减损。

一则，期待的习惯性思维减益教师的教学理解。教师期待中的习惯性思维隐含着一种因果关联，促进学生的个性倾向是因，学生对教师期待的应验是果。这两者之间曾经产生过前后关系，而维持这一前后顺序的关联是教师的期待之情。如果仅凭曾经有过的前后关联就对以后的期待作出必然性的判断，这就会减损教师的教学理解。例如："我教书这么多年，从来没见过像你这样的学生。我都讲到这个份上了你还是会出错。""同样是'学法指导后学生自学'，我在前一个班教，一归纳出学法学生就可以自学后面两首古诗了。在这个班，学法归纳了可学生就是用不出来。怎么两个班的差别这么大呢？"①二则，期待的习惯性思维减损学生的学习信心。当教师在习惯性思维的驱使下产生对学生的期待，而学生又没能理所当然地实现教师的期待，教师可能会表现出一种失望。当学生感受到教师的失望时，会内化为学生对自己学习能力的失望，由此降低学生对自己学习的要求，进而减益学生的学习信心。"对自己的信心与对他人、对生活的信心是有内在联系的，它取决于人们是否能够建立起可信的关系。"②当学生对自己的能力缺乏信任感，甚至时常怀疑自己时，这种不信任感会在学生的生活中不断蔓延。这可能不仅导致学生在人际关系间的信任危机，而且滋长出对他人的不诚信。

---

① 此处引文出自笔者的研究笔记，是对一些中小教师的访谈摘录和日常观察。

② （瑞士）卡斯特. 依然故我[M]. 刘沁卉译. 北京：国际文化出版公司，2008：35.

3. 期待的依据

显然，教师期待中的增值部分有助于教师操心之教育意义的生成，而教师期待中的减损部分减损于教师操心之教育意义的生成。那么，如何让教师期待中减损的部分受到增值部分的控制呢？这就是教师期待的依据。“任何一个规定性，只要这规定性和它相联属的直接实存的关系，被认作自身联系，或被认作是一肯定的东西，都可叫做根据。”[①]也就是说，教师期待的依据是将期待中受到肯定的东西作为自身联系，由这种自身联系规定着教师期待的存在。教师期待中得到肯定的东西是增值部分，相较于减损部分，增值部分的突出特点就是非习惯性思维。这种非习惯性思维是一种从可能到现实的情境性，也就是说，教师的期待是产生在当下教学情境中的。而这种情境性就是教师期待的依据。

作为教师期待依据的情境性主要表现在以下两点：其一，教师的期待应降低对学生个性倾向的指望。教师的期待中存在着一种对学生自然因素的指望，这种指望的实质是教师在创造一种师生之间的合作关联。“创造合作学习的教师往往把边缘化的儿童作为课堂沟通的中心来对待。”[②]如果教师能将学习有困难的学生、不能融入课堂教学的学生和难以参与课堂学习的学生作为合作的中心，那么教师的教学理解就会从恢复师生之间基本关联处入手展开考虑。这种考虑一方面有助于教师从个性和共性的相互作用中建立全面的教学理解，另一方面也有助于教师对个性因素中可能的不尽人意早有准备并且很快产生体谅。更为重要的是，教师的期待不是指向学习产品的以结果为导向的期待；而是“赋予我们耐心、宽容和相信我们儿童可能性”[③]的期待。其二，教师的期待应限制在能力范围。“我们只能把自己所有的依靠限制在自己意志的范围之内，或者在我们的行为行得通的许多可能性之内。”[④]教师的教学能力是教师在开掘学生自身学习能力上表现出的能力。学生得到开发的主动学习能力质量越高、程度越深、样态越多，教师的教学能力就越强。因此，教师的期待应控制在自己可以达成的教学能力范围之内。总而言之，教师期待的情境性既是教师对学生的情境性理解，又是教师在开掘学生学习能力上的情境性。这种情境性让教师的期待摆脱了习惯性思维的束缚，使得教师期待的增值效应一直处于主导和引领地位。

---

① (德)黑格尔. 小逻辑[M]. 贺麟译. 北京：商务印书馆，1980：265.

② (日)佐藤学. 教师的挑战[M]. 钟启泉译. 上海：华东师范大学出版社，2012：26.

③ Van Manen, Max. The tone of teaching [M]. Canada: The Althouse Press. 2002. 82.

④ (法)萨特. 存在主义是人道主义[M]. 周熙良，汤永宽译. 上海：上海译文出版社，2012：18.

（三）教师激情的平衡

1. 激情中的勇气

在教师操心的视域中，教师的激情源于看到自己在面对繁琐事务中个人展现的错乱不堪，不忍心自己的自信心被全盘否定，这种是非之心让他们表现出一种勇于面对自己、力争改变现状的不甘心，不甘心中伴随着教师的不管不顾、甘愿重来的奋发热情，这就萌动着教师的激情。激情是一种激烈的情感状态。当教师带着一种“出于自我牺牲的依恋性”①的热情展开操心时，会表现出一种激情中的勇气。

激情中的勇气是创造性勇气。教师在力求改变现状的驱动中有一种对发现新的形式、新的象征、新的模式的渴望，这种求新本身就意味着对过去的反叛，从这种反叛中诞生的创造性与教师的激情密切联系着，这是一种想要使生命得到超越的激情。创造性勇气不仅表现在与过去力量较量中的意志努力，也表现在各种力量交会中的投入程度。这里的交会是指教师操心所处的教学情境，这种情境将教师操心转向临界点的两个端点进行会面。“交会的一个显著特点是强度。或者我所说的激情。这里所谓敏感的人是指具有产生激情能力的人。”②当教师操心转向中拥有这样一种激情中的勇气，就会提升投身交会的强度，就会在投身中保持高度的敏感性。这种敏感性会让教师将自己置身的情景生动化，会在情景的生动化中获得深受启发的突然性，会在启发的突然性中出现与自己过去坚持的东西相悖的顿悟，会在简洁性与短促性的顿悟中波动到沉睡已久的潜意识，会在潜意识的唤醒中迸发出令人心醉神迷的灵感。灵感不仅有助于教师在操心转向中获得成功感，而且能让教师在新意义的诞生中品尝到高峰体验。

2. 激情中的冲动

激情犹如注入教师情感的“强心剂”，让教师的精神受到刺激，情感被激活，一股强大的猛力贯注其中。“最有力的刺激起任何感情来的方法，确实就是把它的对象投入一种阴影中而隐藏其一部分，那个阴影一面显露出足够的部分来，使我们喜欢那个对象，同时却给想像留下某种余地。”③激情中的想象由于产生于一种阴影或隐藏的部分，因此是一种建立在模糊现象上的想象，是缺乏理性参与的想象。为了给感情增添力量以刺激精神，这种想象的最大功用就是将好的想象得更好，将糟的想象得更糟。

---

① （苏）赞可夫. 和教师的谈话[M]. 杜殿坤译. 北京：教育科学出版社，1980：28.

② （美）罗洛·梅. 创造的勇气[M]. 杨韶刚译. 北京：中国人民大学出版社，2008：75.

③ （英）休谟. 人性论[M]. 关文运译. 北京：商务印书馆，1980：46.

由此,这种激情的形式就产生了冲动。

冲动是引起某种给自己带来快乐动作的兴奋,是缺乏节制的发怒。当教师的激情中喷发出冲动的部分时,那么出于怒气所做的事情会给人带来痛苦,甚至会让激情中的勇气迅速转变为恐惧。首先,激情中的冲动是因为教师在操心中由于遭受到来自于外界的否定自己的过激力量引起的。“你还反了你(学生)啊,我说一句你顶一句,我说两句你还十句。你想证明你很行是吧,想证明你很能是吧。好,我成全你,给我站到一边去,今天你要是不跟我把这篇课文抄上十遍你就别想回家。”[①]尽管教师在宣泄这些冲动的怒气时给教师带来了酣畅淋漓的快感,但是出于这些怒气所做的事情不仅给学生也给教师带来了痛苦。“我没有想到这个学生在毕业这么多年以后还会来报复我,就因为他考试舞弊我扇了他一个耳光,他就一直记恨在心。这段时间不是恐吓短信,就是拦路威胁。除了报警,我不知道自己应该怎么办。但其实我知道这也只是治标不治本。我想离开这所学校可能是我现在唯一的选择。”[②]这种痛苦是与教师当时冲动相冲突的一种力量,这种力量让教师对自己所做的行为生气,更为自己行为产生的或可能产生的后果而后悔,这种后悔中包含着深深的恐惧。恐惧犹如一盆冷水浇向教师,那种透心凉的滋味不仅抑制教师的激情,而且会让教师变得冷漠、麻木和消沉。如果教师一旦陷入这样的境况,那恐怕他们就已经在放弃教师操心、背离教师责任中离教师角色越来越远了。

3. 激情的平衡

相较于教师的同情和期待,教师激情中作为坏的部分的冲动对教师操心教育意义生成的破坏力是最大的。所以,不少教师会在抑制自己冲动时表现出一种对激情的否定。其表现形式就是:以事不关己的方式外在于教育教学活动,以息事宁人的方式放弃对教育教学问题的处理。其实,在教育教学的合作本性中,教师单方面的放弃合作并不能阻止活动的合作需要。破坏合作也是一种合作,只不过这种破坏可能不仅不能中止合作,而且会让教师自己陷入合作失败的窘境中。这种对激情的否定不仅没法让教师真正事不关己,也不能如教师所愿息事宁人。那些学生变本加厉的“闹事”,师生信任关系破裂的“闹剧”,难以服众、无以立足的“闹心”,会把这些看起来无事一身轻的教师们折腾得身心俱疲。“无平衡的恐惧和无平衡的勇气都是对生命的摧毁,生命的

① 此处引文出自笔者的研究笔记,是对一些中小教师的日常观察。
② 此处引文出自笔者的研究笔记,是对一些中小教师的访谈摘录。

保存和发展乃是恐惧和勇气达到平衡时所具有的功能。"[①]因此，放弃激情不是教师的选择，只有在激情的平衡中教师才能觅出存在之路。

平衡激情，意味着对激情中创造性勇气的发挥，而对激情中缺乏节制冲动的抑制。而勇气和冲动都带有一种对否定自身力量的不管不顾，只不过，勇气开掘出了这种不管不顾中的创造性潜能，而冲动激发了这种不管不顾中的兴奋性发怒。可见，不管不顾乃是激情中"成也萧何败也萧何"的关键。"成"在不管不顾中对解决问题的热情、对事情全神贯注的强度和对世界的高度敏感性；"败"在不管不顾中对个人得失的看重、对自我保护的加强和对否定自己的过敏过激。也就是说，是将自己寓居于事情之后，还是将自己暴露于事情之前，这是"成"与"败"的关键。当教师将自己寓居于事情之后，教师就能将在世界中所遭遇的一切转化为对事情本身的作用力，而不是对人的作用力；教师就能将集中精力对这些作用力展开深入的观察、发问、探寻，而不是对作用力本身全盘否定；教师就能对这些分解后的作用力进行转化路径的摸索和解决问题的突破，而不是追求对作用力的鲁莽回击。"一个富有激情的头脑一直在摸索、探寻、突破中，不接受任何传统；它不是一个被确定的头脑，不是一个已经达成的头脑，而是一个年轻的、尚未达成的头脑。"[②]教师的激情不是头脑发热、热血沸腾、跃跃欲试的兴奋状态，而是热情、敏感、宽容的学习状态。"需要唤醒的激情是对处于自身学习的不确定性的工作兴趣。对叙述一个有差异的、自身情感状态难以认识的教育情境产生兴趣。"[③]如果教师能发挥出这种激情，那么教师不仅能游刃有余地应对好教育教学中的各类事件，还原出教师操心应有的教育意义，而且还能在教师操心中获得身心解放。

三、教师操心的黄金定律

教师操心的人性结构是"理在情之中，理是通过交谈、对话建立起来的，情统一于理"[④]，是理在情中的配比。在配比中，理是如何置身于情，又是如何在与情的对话共生中得以交融，这就是教师操心的黄金定律。"主体性的人性结构就是理性的内化、理

---

① (美)蒂利希. 存在的勇气[M]. 成穷，王作虹译. 贵阳：贵州人民出版社，2007：46.

② (印)克里希那穆提. 生命之书——365天克里希那穆提禅修[M]. 陶稀译. 上海：华东师范大学出版社，2005：127.

③ DEBORAHP. BRITZMAN. Between Psychoanalysis and Pedagogy: Scenes of Rapprochement and Alienation [J]. Curriculum Inquiry , 2013, vol. 43, 95 - 117.

④ 张世英. 哲学导论[M]. 北京：北京大学出版社，2002：251.

性的凝聚和理性的积淀”[①]。为此，接下来将从内化、凝聚、积淀三方面整体展现教师人性结构在情理配比上的黄金定律。

（一）相信学生大于相信自己

教师操心的第一条黄金定律：相信学生大于相信自己。对人而言，教师操心的恒定宗旨就是要建立个体之间的信任关系。这种信任关系建基于人与人之间的平等，这种平等不是言语中说出的平等，而是在行动中以自己的积极行为将他人带入到一种互惠互利的共同体中，以一种宽恕的心态面对他人的“不是”。

1. 案例

“拾穗者”[②]

《拾穗者》是法国画家米勒在1857年创作的一幅油画。它吸引我的是在柔淡的光芒和金色的麦田之间竟然散发出了野草和土地的气息。画中的三位身着粗布长裙、脚穿木鞋的农妇正俯下身去拾捡地上的麦穗。在她们头上醒目的红、蓝、黄色头巾的指引下，我开始注意到她们的身躯，瞬间感受到她们的健硕，那种在烈日炙烤和寒风侵蚀中的健硕，那种承担着生活重压的健硕。当她们用结实的手臂伸向地面那不起眼的麦穗时，她们的身躯完全弯曲了下去，以至于她们俯身后的脊背几乎与地面平行。这不是一个灵巧的动作，但也谈不上笨重；这不是一个优雅的动作，但却透着庄严。当目光流向她们身后的影子时，我似乎看到了她们拾捡麦穗时浅起深俯的节律，那种沉着有力的连贯性让她们手指间的活动瞬间清晰了起来。那是一种对土地的信任与热爱。在自己信任和热爱的土地面前，她们表达着勤劳与谦卑。

还是学不好

教师D已有超过20年的教龄了，这样的资历还愿意参与我的行动研究，实属不易。当然，教师D说是正好可以利用这个和我一起做研究的机会把她两年前申报的一个省级中小学教改课题给结了。但我很清楚，这只是她的一个借口，在她内心深处她还是希望能改变些什么，能再为学生做些什么。教师D申报的课题是关于“如何培养初中生英语自学能力”。在我介入教师D教学之前，她已经开

① 李泽厚.关于主体性[C]//瞿葆奎主编.教育与人的发展.北京：人民教育出版社，1989：101—115.

② 原始材料来自对教师D的个案研究和叙事研究。

展了一些工作。诸如引进了外校的成功教学经验“题题清、堂堂清、日日清”；总结了初中生自学英语的“四步法”。这些都让教师D在与我展开行动研究之初颇为得意。但是，教师D似乎并没有满足于此，因为她总觉得“有的学生学得很辛苦可还是学不好”，她想让我给她想想办法。教师D所说的这类学生就是一些经常作业质量不过关、学习成绩不理想的学生。

我和教师D的行动研究就从她提出的这个研究问题入手，从学生学得辛苦但学得不好，到学生学得辛苦但学得好，再到学生学得不辛苦但学不好。我们的行动研究似乎总是没有办法达到教师D认为的理想状态——学生学得不辛苦但学得好。

D：其实，学生是不是学得辛苦，这很难说。就是问学生自己“你学得辛苦不辛苦”，他们可能也说不上来。但是，通过跟你做研究，我发现，学生如果看到通过自己的努力能学到什么或学成什么样，就是你说的“学习成功感”，那他们可能就觉得不辛苦了。我承认，你的这个观点是很有见地。但是，我问你，如果学生就算是能“主动学习”了，但就是成绩上不去，你说我应该怎么办？我以前的教学的确是让学生被动学习了，但是他们一步一步学到哪里，走在哪里，我是很有数的。现在，学生的学习主动性好像是有了，也更看重知识的运用了，但是，成绩还是那样。

M：那您怎么评价学生“学得好”和“学不好”呢？

D：以前很简单，考试分数定好坏。现在，和你做研究以后，我也觉得你说的有道理，而且我也确实看到了学生在学习状态上的变化。特别是那些以前学习成绩不大好的学生现在好像对学习还真的有点兴趣了，但是我总是还要面对现实的吧。

学不好又怎样

我已经有整整四个月没有见教师D了，这之间还隔着一个寒假。尽管我们没见面，但联系一直未断。春暖花开的时节，我再次走进了教师D的办公室。在一阵寒暄过后，教师D跟我聊起了她寒假里遇到的一个人。这个人就是她15年前的学生，如今这个学生已是一家灯具店的店员，他的奋斗目标是能经营一家属于自己的灯具店。如今，这个学生为人处世的周到让教师D赞不绝口。可当年，这个学生不知道挨了教师D多少骂，罚了多少站，补了多少作业，留了多少次晚归。可这个学生对教师D充满着感激，感激的是教师D是他这么多年来，除了父母以外真心为自己好的一个人。只怪他自己不是读书的料，所以辜负了教师D

的一片苦心。但是,教师D对他的好,他是要记一辈子的。尽管这个好究竟是什么这个学生自己也说不清,但是那份一心为他的感觉是让他始终铭记的。这个人引起了教师D的反思。

D:如果当初知道他今天是要当一家灯具店的小老板,我干嘛要成天逼着他抄抄背背那么多卷子啊。我当初应该花三年时间让这个学生知道他到底有多能、有多行,让这个学生对自己充满着自信,而不是目光短浅地盯着那点儿可怜的分数。现在看起来,他说我对他的好,我都觉得很惭愧,真的很惭愧。现在想想,这个学生就是当初学得不好又怎样?人家现在比当初那些学得好的学生更有仁有义。我也相信这个学生以后会比那些看起来上了大学但眼高手低的学生更好。而且我还在想,即使我的学生以后就是从事和英语相关的工作,现在这样压着他们抄抄背背、讲讲练练,对他们又有什么好处呢?

D:我自己以为让学生考出好成绩就是为学生好,我总觉得我比学生更聪明,更懂英语。我不相信学生离开了我就能自己学好。但其实,学生一下子就是学不好,达不到那个分数又怎么样呢?你看,这个学生,我当年苦口婆心说的那些知识我估计他是早就忘记了。可他记的是我对他的这份情。其他学生不是不记我的情,是我压根就没有给其他同学领情的机会。你想,我当初就一个劲地钻在分数上,对那些抓一抓就上的学生,哪还有什么时间多接触啊。

D:上次你说什么是学生"学得好",什么是学生"学不好"。我觉得这真的很难说,因为好与不好不是我说了算的,分数也说了不算。只有他们自己说了算。我想既然是他们说了算的,那我还总是纠缠干嘛。就像你提到的,"学生主动学习中的成功和期待",这才是教他们书本上学不来的知识,这才是教他们怎样领情。

向学习成绩不好的学生学当老师

我为教师D的领悟欣喜不已。当教师D在描述当年那位学生现在的情形时,我的脑海中浮现出"拾穗者"的身影,那份对"土地"的热爱、信任与谦卑。

D:这段时间我继续实践上学期你和我在开发探究性课程方面的研究。那个时候我也说过相信学生的话,不过我当初相信的是那些好学生。我相信有的学生是无师自通的,是可以好上加好的,甚至可以帮助其他同学提高成绩的。但我现在说的相信学生是相信那些学习成绩不理想的学生。我说我相信他们,不是说相信他们可以取得和那些好学生一样的好成绩,而是相信他们在学习上有他们自己的成功。这可能不是取得好成绩的成功,而是克服困难的成功。这就是学生的成功感。

D:我还发现,那些我以前认为学习成绩不好的学生其实是我的老师。我跟你举个例子啊。有个学生以前学英语整个一个小和尚念经有口无心,英语语法是一塌糊涂。我前几天就找到他。你猜我做了一件什么事。我请他给我刚上初一的小外甥上英语课,就讲他那时候特别头疼的语法知识。他被我的这一举动惊得瞠目结舌,但又跃跃欲试。我大概告诉他备课是怎么一回事,然后给了他一本教参,让他回家的作业就是备课。第二天中午,他提早到校就在我办公室跟我小外甥上英语课。我发现他比我更懂教学,因为他比我更懂学生。他知道学生一般学到什么地方会出现问题,什么内容是用不着反反复复讲的,什么内容是不需要练的。这让我很吃惊。他也很兴奋,因为他后来告诉我,他第一次发现原来自己不是学不好,是学习的时间不对。用这个学生的话说,"不是成绩不到,只是时间未到;只要时间一到,成绩就到"。我当时真是眼泪都要笑出来了。从那天起,这个学生每天在教室门口、在办公室门口守着我,不为别的,就为跟我打声招呼,称呼我:"D老师好!"他跟我打招呼时那个眼神是我以前从来没有见过的。

2. 案例分析

(1) 内化

什么是"相信学生大于相信自己"? 教师D给出的解释是:"我说我相信他们,不是说相信他们可以取得和那些好学生一样的好成绩,而是相信他们在学习上有他们自己的成功。"这一认识体现了教师D在认识上的一个转变,从过去"相信自己大于相信学生",到现在"相信学生大于相信自己"。相对于相信自己大于相信学生的"近视"和"不安",相信学生大于相信自己体现出了教师D在操心有限性认识上生成出的可能性。一方面,相信学生大于相信自己,意味着承认学生学习主动性,并始终以学生的成长需要制衡教师的主观意愿,这就孕育出了教师操心中的等待。这种培根后的等待让教师在操心中得到一种释然。另一方面,相信学生大于相信自己,意味着教师在看待学生时距离感的建立。这是一种时间延绵中的距离感,这是一种在学科——学生——教师的层叠关联中建立的距离感,这种距离感让教师在距离中放弃了对学生考试分数的执着,开创出了教师操心的新篇章。

(2) 凝聚

"相信学生大于相信自己",源于教师D对学生的深切同情。这不仅仅是一种对人的怜悯,而是一种源于母爱的寻求感受一体的融合。一个学生在毕业十余年后还能回想教师D的这份情，并能将这份情与父母的爱相提并论，这足以见到教师D用情之深。也正是因为这样的深情，使得教师D已有20余年的教龄仍愿意参与我的行动研究。在大多数人不相信真情的今天，教师D需要用一个世俗的借口保护起自己最细微脆弱的情感。也正是这股深情让教师D一次次经历着转变。起初觉得“有的学生学得很辛苦可还是学不好”，由此展开的让学生能不能学得不辛苦但又学得好的试验。后来感受“现在看起来，他说我对他的好，我都觉得很惭愧，真的很惭愧”，由此展开的对“什么是学生学得好，什么是学生学不好”的重构。每一次转变都是教师D情感的一次升华，从分享式的同情升华为一体式的同情，最后升华为博爱式的同情。这是一位朴实的“拾穗者”对土地般的热爱、信任与谦卑。当教师D的操心流淌出博爱式的同情时，她对学生的接纳度在扩大，对学生的容忍度在放宽，她接受的不是学生的优点，也不是学生的缺点，而是学生的全部。当一个教师能够以博爱式同情去接受学生时，她/他所凝聚的精神能量足以让自己在一次次转变中获得自由。

(3) 积淀

教师D对“相信学生大于相信自己”的内化和凝聚，最终积淀出操心的信手拈来和得心应手。“向学习成绩不好的学生学当老师”是教师D操心艺术的最好诠释。“有个学生以前学英语整个一个小和尚念经有口无心，英语语法是一塌糊涂。”这是教师D感受到的学生学习状态，而教师D在这一学习状态中已经从担心该学生对语法知识的掌握中跳脱出来，而将担心点建立在“学生的成功感”。教师D相信学生大于相信自己，她颇为大胆地请这位学生“给我刚上初一的小外甥上英语课，就讲他那时候特别头疼的语法知识”。这是一种在相信的信念鼓舞下敢于让学生挑战自己的操心应对。结果，这份相信酝酿出的不仅是“我发现他比我更懂教学，因为他比我更懂学生”的教学理解；更是在师生之间最易生发、感染、绵延的情感产生了：“他跟我打招呼时那个眼神是我以前从来没有见过的。”这是一个教师在操心中酝酿出的情感，没有什么比这份感情的积淀来得更香甜醇厚。

(二) 承认不完美，心灵才自由

教师操心的第二条黄金定律：承认不完美，心灵才自由。对己而言，教师的操心展现了教师自身的完整性。人的完整性体现在，“在感觉方面把被动性推向最高程度；在理性方面把主动性推向最高程度”。① 有限地表达在感觉方面的被动性和在理性方面

① (德)席勒. 审美教育书简[M]. 张玉能译. 南京：译林出版社，2009：39.

的主动性并不是限制自己的发展，也不是阻碍自己的独立和自由；恰恰相反，只有在明确有限性的前提下，才能延展出个体最高程度的被动性，才能创造出个体最高程度的主动性。

1. 案例

“维纳斯的诞生”①

《维纳斯的诞生》是意大利画家波提切利1487年在画布上创作的蛋彩画。人们常说，“米洛斯的维纳斯”的美就美在双臂的残缺。残缺可以理解为美，完整也是美。在拜阅了不少大师之作后，我认定波提切利的“维纳斯”是我见过的画得最美的“维纳斯”，或者说，他画出了我心目中的维纳斯。在蔚蓝的天空和碧绿的海平面之间，维纳斯从爱琴海中诞生，赤身站立在贝壳上，风神齐菲尔将粉红色和白色的玫瑰花瓣吹向她身边，果树之神波摩娜正为她披上红色的新装。娇美的面庞侧向左边，金黄的长发被风微微吹起，她一只手遮挡在胸前，另一只手夹着长发安放在腿部。有人说她正充满惆怅地来到这充满苦难的人间。从维纳斯的面容中我也很难读出惆怅。我感受到的是一种浑然天成的美，一种纯然柔和的美，一种与生俱来的美。这才是真正的美，而美往往就在这诞生之时。

我不完美

教师T是一位很有艺术品位的初中语文教师。这不仅表现在他着装的独特眼光，也表现在他推荐给学生读物上的慧眼识珠。在很多老师眼里，教师T非常完美。

T: 完美？这是谁在跟我开玩笑啊。我可不完美，说实话，我的教学还有很多不尽如人意的地方。我也时常会有无能为力的感觉，但我明白有这种感觉很正常。因为我不是全能的，我有知识的漏洞、有观察的盲点，还有无法控制的小情绪，呵呵，你知道的，就像天气变化一样的小情绪，这些都会在我的教学中产生一些小小的瑕疵。但这很正常，因为我不是圣人，不完美的那个才是我。别人觉得我完美，那是因为不了解我，和我有距离，距离产生美嘛。

T: 每个人都有缺点，不仅是我，学生也有缺点。我承认自己不完美，其实也是在承认学生的不完美。有人说，同学之间要互相学习对方的优点。我告诉我的学

① 原始材料来自对教师T的个案研究和叙事研究。

生，同学之间要发现并接受别人的缺点。现在社会上很流行一句话叫“羡慕嫉妒恨”，这充分表达了一个人看待别人优点的“三部曲”。为什么人与人之间会“羡慕嫉妒恨”？我发现，正因为有的人只善于炫耀优点，而没有学会分享缺点。当一个人无法分享缺点时，就会觉得别人的优点对自己构成了一种威胁。而当一个人学会分享缺点时，就会从内心深处意识到，原来大家都是一样的，都会有缺点，都不完美，这样一来，别人的优点就会变成一种鼓励我们自己前进的力量。因为大家会觉得，他/她和我一样有缺点，但他/她能做到，我也能做到的。

T：我喜欢美国学者厄尼斯特·科兹的《承认不完美，心灵才自由》。他是美国戒酒协会的第一人，他从戒酒协会的精神中引出了一个关于人的灵性的深入思考。他的书中就表达出这样的观点：“接纳自己和别人的不完美，我们就会变得宽容，内心就会感到轻松自在。”这句话对我的启示很大。

自我愈合

“接纳自己和别人的不完美，我们就会变得宽容，内心就会感到轻松自在。”能说出这句话的人一定是有故事背景的。一个沉浸在自我陶醉中的人是说不出这样的话的。一个没有宽容体验的人也是说不出这样的话的。

M：你说这句话对你的启示很大。是不是可以理解为你有过一段认识自己不完美的经历呢？

T：哈哈哈，我就知道你会在这里刨根问底的。好吧，把你当朋友，就跟你说说吧。就像你敏感到的，我刚工作的头几年真的很追求完美。怎么追求完美？我要求我自己一定要成为全校最好的语文老师，我也要求我的学生也是最好的。不仅是学习成绩最好，各项比赛成绩也是最好的。第一届学生带下来，真的，我班上的学生样样都是第一，学习成绩，文艺活动，只要是我学生出场的地方都是完胜记录。我呢，也是频频拿奖，三年时间，从市里到省里，什么教学比赛、论文比赛、教案比赛、基本功比赛，我都是一等奖。但是，好景不长。等我带第二届学生时，我发现一个非常奇怪的现象，这个班的语文成绩无论我怎么抓都考不过另一个班。我班上的数学、英语都可以看齐甚至超过那个班，为什么语文就是超不过呢？不仅如此，而且在学校的各项比赛中，我班上学生就是比不赢那个班的学生。无论我想什么办法，用什么招数，就是不行。我那时是“霸气外露”，好胜之心，尽人皆知。所以，就有老师开始在我面前说话了，说什么呢，说这次分班，校长动了手脚，故意抬高另一个班的生源，想压压我的风头。对这种没凭没据的事，我当时只是有点生闷气。后来，我自己班上家长中间传出了一种声音，说那个班其实是全年级的第一，有点后悔当初选错了班。听到这话我真的很伤心。

M：但你还是走出来了。（我很小心地说出了这句话。）

T：是啊，我走出来了。我没有必要跟这些人一般计较，因为如果我跟这些人计较就意味着我不久就会成为他们那样的人，这不是我希望的。同时，我也开始正确认识我的那些个对痴迷“第一”的想法。其实，我那届学生也不是不好，他们在我的调动下都在尽力，但就是差那么一截，他们也很无奈，甚至我感觉他们慢慢都有了一种对那个班的“恐惧”，这是很要命的。他们尽力了，我也尽力了，可就是考不过，那说明什么，说明我对“第一”的痴迷出了问题。我无法绝对地控制任何事情。我对“第一”的痴迷其实只是我的幻想，只是我的虚荣，只是我希望证明自己和学生能力的一种方式。那为什么要选择这种让我和学生都无法控制的方式呢？就像我当时和学生开玩笑，“要不，我们就冲到他们班，把他们班学生手里的笔都拧断好了”。这句话把我班上学生全逗乐了，我们也在这句话里开始有些释然了。因为大家都知道我们无法控制让别人考得不如我们，我们只有做好我们自己。而我们做好自己，不是去追求结果，而是要看重过程。所以，我和学生并没有放弃，我们选择了另一种证明自己的方式，那就是“做好自己”。我亲自用毛笔书写好“做好自己”这句话然后挂在教室正前方黑板的上面。从那时起，我开始和学生一起畅游在语文的乐园里。我想用语言文字的魅力提升学生的心智、开阔学生的眼界、净化学生的心灵。我想让学生在语文学习中体会到学语文、用语文的快乐。

心灵的归宿

教师T是一个和语文教学融为一体的教师。在他看来，每一次教学都是新的诞生。“维纳斯”的美也正是在诞生之时。

M：如果说操心是人应对担心的反应。那你觉得，你是一位操心的教师吗？

T：操心，我觉得我是，也不是。

M：怎么说呢？

T：一位真正负责任的教师就会为学生担着一份心，但这份心要担得不显山不露水，担得恰到好处。不显山不露水，就是说，教师不要让学生感觉到老师在为自己操心，因为学生一旦察觉有老师在为自己操心，那他们很可能就自己不会为自己操心了。恰到好处，就是说，教师一个人操心没用，操心中一定要有余地，要给学生留有余地。

M:那你在教学中,都操心些什么呢?

T:呵呵,这可不好说,对不同的学生我有不同的操心,在不同的场合我也有不同的操心。这要看具体情况。但有一点就是,我操心但不累,因为我知道很多时候是没有办法一步到位的,也是没有办法求得完美的。而在这种无法一步到位和不完美中,我需要享受操心带给我的新鲜感和创造感。不计较分数,不在乎别人的流言蜚语,就是做好我自己。我觉得可以轻松地操心,轻松地面对一切。

2. 案例分析

(1) 内化

什么是"承认不完美,心灵才自由"?教师T给出的解释是:"我承认自己不完美,其实也是在承认学生的不完美。同学之间要发现并接受别人的缺点。"这一认识体现在教师T认识上的一个转变,从过去的"追求完美"到现在的"承认不完美,心灵才自由"。相对于追求完美的"强势"和"不尽心",承认心灵不完美才自由体现出教师T在操心有限性认识上创造出的可能性。一方面,承认不完美,心灵才自由,意味着教师要承认自己"无能为力的感觉",承认自己"不是全能的,我有知识的漏洞、有观察的盲点,还有无法控制的小情绪"。这种承认本身就是对自身有限性的自我认识,这就培养出教师操心中的忍耐。正如教师T所说,"做好自己"。这种以退为进的忍耐不是教师知难而退的畏惧,而是教师在忍耐中对操心的新生。另一方面,承认不完美,心灵才自由,意味着教师期待中建构的依据。"我无法绝对地控制任何事情",但在教师T能力范围之内可以期待的是,"我想用语言文字的魅力提升学生的心智、开阔学生的眼界、净化学生的心灵。我想让学生在语文学习中体会到学语文、用语文的快乐"。看起来这是在降低对学生个性倾向的指望,但其实是在放弃操心中夹杂的幻想和虚荣,是在追寻语文教学的真意,是在操心中创生教育意义。

(2) 凝聚

"承认不完美,心灵才自由",源于教师T对教学的期待。这不是一种对人的指望,而是一种对理想的追求,更是教师T对自己的严格要求。在教师T描述学生和自己获得的荣誉时,不是对荣誉的沾沾自喜和自鸣得意,而是这些荣誉背后教师在实现自己期待时所饱含的超常付出、顽强毅力和不懈追求。这是一种仍保有原初理想的纯真在教师T成长中的体现。也正是这份对理想追求的纯真，让教师T经历了教学生涯的重要转变。其实，一个人的成长史就是一部与逆境相抗争的历史。一个人的成长本身就是一个在屈辱中挺进的传奇。正如教师T所言，“霸气外露，好胜之心，尽人皆知”，这些潜伏在纯真另一面的情绪正预示着成长中“暴风雨”的到来。学生无法雄踞年级第一，家长的冷嘲热讽，甚至同事的挑唆和领导的压制等，大多数年轻教师就在这样的“暴风雨”面前伤心绝望了，就在这样的“暴风雨”中沉沦迷失了。没有人可以完全体验到教师T在那个环境中需要付出多大的毅力和决心在独自舔舐伤口中自我愈合并最终走出来，但可以肯定的是，他没有丢弃自己的那份纯真，不仅没有丢弃，还犹如“凤凰涅槃”一般在这份纯真里生发出了崭新的期待。这份崭新的期待凝聚出的能量无以撼动，凝聚出的潜能无法估量。

(3) 积淀

教师T对“承认不完美，心灵才自由”的内化和凝聚，最终积淀出操心的别具一格和不同凡响。当别的教师都在激励学生“同学之间要互相学习对方的优点”时，教师T却告诉学生“同学之间要发现并接受别人的缺点”。这不是简单的追新逐异，而是源于教师T对社会生活的深切关注和对学生未来的担忧。其实，“接纳自己和别人不完美”的观点并不是教师T的原创，但是用这一观点解释当下人际关系的“羡慕嫉妒恨”却是教师T所积淀的人文关怀的绽露。当我们的社会正在直接或间接地生产着精致的利己主义者时，当大多数人都在嘴里谩骂别人自私而自己无时不行自私之事时，我们太需要像教师T这样的教师。一个真正的教师，不在乎跟学生宣扬什么鸿鹄之志，也犯不着张口闭口的仁义道德，一切尽在行动中。一个真正的教师懂得怎样将目睹的现状还原成一些平常的道理，更懂得怎样将这些平常的道理落实到具体的教学实践。桃李不言，下自成蹊。一个有人格魅力的教师不是说不来的，而是做出来的。行动，是所有积淀最后的归宿。

(三) 最好的打算，最坏的准备

教师操心的第三条黄金定律：最好的打算，最坏的准备。对事而言，教师操心需要秉持的基本观点是，人不是达到某种外在于自身目的的手段而是目的本身。而人要作为目的本身立身于事情中，就需要以能力支配自己的意志，以自律节制自己的欲求。一方面，教师可以对事情作出尽可能完善的打算，但另一方面，教师更需要从能力和欲求的边界处做好最坏的准备。

1. 案例

“孟特芳丹的回忆”[①]

《孟特芳丹的回忆》是法国画家柯罗晚年的一幅风景画。孟特芳丹位于巴黎以北桑利斯附近，这幅画是柯罗回忆那儿湖边森林的一景。画中有两颗对比鲜明的树：位于观赏者右边的是一棵大树，向左倾斜着，树干坚实，枝繁叶茂；和大树正对着的是一棵小树，光秃而细长的枝干也和大树朝着同一方向倾斜着。在小树下是一位身着红裙的妇女和两个孩子：这位妇女正伸长手臂、踮着脚尖采摘树上的草莗，修长的侧影婀娜多姿；身旁是两个分别扎着蓝色和红色头巾的小女孩，她们一个蹲下身子采摘地上的野花，另一个伸着小手臂学摘树上的草莗。整幅画最妙的就是色彩，远山和湖面在稀薄雾气的笼罩下像是披上一层轻纱，近处大树的枝叶在深绿和浅绿之间疏密错落，与地面葱绿的青草融为一体，又平添了对面那颗弯曲小树的律动美。凝视这幅画，就像阅读一首抒情诗，明丽中带着温润，宁静中充满生机。

计划的与计划不了的

教师Y是一位敢于冒险、追求新异的初中数学教师。和这样的老师一起展开行动研究需要做好随时“精彩不断”和随时“头破血流”的准备。“精彩不断”，是因为教师Y对任何教学理念的解读都有自己独到的见解，这种类似于“教学门外”的解读有时还真能抓住问题的要害，出其不意但又在情理之中。“头破血流”，是因为教师Y认准的道理会一直坚持下去，即使错了，也要一错到底。所以，对他的行动研究就像是一个不断试误、不断重来的过程。这样做的好处就是，教师Y在看似凌乱的想法中总能“杀出一条血路”；这样做的不好之处就是，他的学生总是要在他错乱变换之间适应好长一段时间。

Y：我觉得这么一年来你对我最大的帮助就是让我看到了什么是“计划”。但我对“计划”的理解是，计划是为了不要计划。

M：什么是“计划”？

Y：计划，就是安排一件事。如果教学是我和学生要共同去做的一件事，那么我就要先去安排一下我该怎么跟学生一起做好这件事。是不是？

---

① 原始材料来自对教师Y的个案研究和叙事研究。

M:好像不全是吧。我非常强调“计划”前的“感受链”和“问题环”哦。

Y:我的意思就是,当我想好了教学活动应该怎样一步一步进行的时候,其实,我真正关注的就不是计划,而是计划之外的东西。

M:这个观点我举双手赞同。那你会关注些什么呢?

Y:关注学生怎么学的啊。比如,我会关注学生解题背后的运思过程和我的有什么不同,哪个的更先进。学生的更先进,我就向学生学;我的更先进,学生就要向我学。你看,这我就计划不了吧。我总不能安排一个学生这样想,另一个学生那样想吧。

M:这倒是计划不了的,或者说,是计划中的计划不了。我知道你很擅长逆向思维,那请你再举一个计划不了中有计划的案例,怎么样?

Y:(沉思片刻)比如,我记得和你做过一个“从学生的最低水平开始教学”的研究,我觉得那个就是计划不了中有计划。我先从学生学习的最低水平入手,设想学生以这个水平为起点应该怎么学。有了这个最坏的准备,每一步的教学都出乎我的意料。但每当出现一些出乎我意料的学生发言,我都会把它向更高的思维水平上引。学生最后学到了什么我计划不了,但是这个能让他们长进的学习过程是可以计划的。

复杂的关系

教师Y并不擅长与人交际,或者说,他在与人交际的时候更擅长扮演主角,不善于充当配角。他对别人言谈举止中有关自己的内容保持高度的敏感性,这让他的人际交往显得有些尴尬。比如,他会因为校长鼓励他和另一位年轻教师“两两PK”,跟校长争得面红耳赤;他会因为同年级老师“流水”改卷时对他班上学生的不公,对那位老师不留情面地一顿痛骂;他会因为家长在他面前说了几句评点他所带班级比较“逆耳”的话,跟家长拍桌子;他会因为学生的不服气,跟学生当众掰手腕……所幸的是,我和他的相处倒还算愉快,用他的话说,我算是“可以说得上几句话的人”。

这天,教师Y所在的年级统一更换窗帘,可谁知,年级组长在发窗帘的时候忘记发给教师Y班上了。为此,教师Y又跟年级组长吵了几句。

Y:我真希望能在一个真空的环境里教书,免得有这么多烦心的事干扰我。

M:别烦。这几天学校迎接检查,大家都挺忙的。她(年级组长)也不一定是针对你。

Y:怎么不针对我啊,全年级就我班上没发,其他班上都有。这难道还不明显吗?

M:如果你班上没换窗帘,等校长问起来,她也难逃干系。你认为,她会用这样的方式针对你吗?其实,你遇到的烦心事大家都会遇到的。自己放宽心就好了。不过,这也是说起来容易做起来难。我可没有梭罗那境界。

Y:梭罗是谁?

M:他是美国19世纪的一位作家。他想体验一下一个人该如何回归自然的生活,于是在一个叫瓦尔登湖的湖畔开始了为期两年的隐居体验。两年间,他就生活在湖畔丛林,聆听自然之声,享受孤独寂寞,生活所需自给自足,还与禽兽为邻。

Y:(没等我说完)这不就是我要的生活吗?

M:呵呵,他把自己的体验记录下来写了一本书,叫《瓦尔登湖》。

接下来的几个星期,教师Y都在和我讨论梭罗的《瓦尔登湖》。起初,与其说是讨论,不如说是演讲,教师Y总是会大谈梭罗的思想和他自己的生活理念。渐渐地,随着教师Y的阅读进程不断深入,他的演讲时间却在不断缩短,有时我有意让教师Y多说点,但他也总是话语不多。我从来没指望一本书就能改变一个人,但是一本书的确可以影响一个人。当一个人全身心地融入自然时,他就会洞见自己的微不足道。当一个人沉迷于对自然的好奇时,他就会重新发现和了解自己。

安静的头脑

在与教师Y的交谈中,我很喜欢营造一种宁静的氛围,就像是《孟特芳丹的回忆》,明丽中透着温润,宁静中充满生机。我发现,宁静是让头脑充满活力的最佳方式之一。因为,宁静可以暂停琐碎的冲突,可以疏通闭塞的观念,可以舒缓寻求答案的急切,可以回归还原真相的觉知。

《变量与函数》是我和教师Y试验“如何让学生建立相似感以活用知识”的课例。在教学前研讨中,教师Y曾和我谈到过有关运用反例认识“唯一确定”的含义问题。谁知,一到课堂上,教师Y就开始天马行空起来,变式和反例列举了一大通,可就是不“收口”,导致学生在后面的概念辨析练习中错漏较多,为纠正学生的理解教师Y花了九牛二虎之力还是收效甚微。这就是很多老师俗称的“夹生饭”。课后研讨中,教师Y显得非常性急。先是对这个试验的一顿诋毁,再是对我的一阵指责,最后,情急之下,他说出了“外行指导内行,这不是瞎捣乱吗”这样的话。

此时，我应该怎么做。其实，从教师Y下课至今，我一直保持着沉默，没有半句辩解，我知道课上成这样他心里其实比我更难受，因为毕竟是他在面对学生，而我坐在教室后面更像一个旁观者。我与教师Y的这个行动研究的确显得有些心急，我有点想急于见到他的转变，急于见到我的研究成果。但是，欲速则不达。而此时，面对现在的教师Y，我该怎么做。我的头脑必须首先安静下来，我不能执着于教师Y话语中"对我"的冲撞，不能专注教师Y刚才教学中局部的"失败"而对完整的真相麻木起来。另一方面，我的话语沉默和表情从容已经向教师Y作出了最好的回应。教师Y也察觉到自己的出言不逊，显得有些不好意思。我没有选择借故回避，只是提议找个安静的地方继续聊。我和他走向校园乒乓球台旁的石桌时，我的头脑像在回放电影一般对他刚才的教学进行"倒带"。这时，校园已经恢复了上课时的宁静，从教学楼偶尔传来的读书声成为了宁静中的节律。

这不是我和教师Y的最后一次课后研讨，但却是令人印象深刻的一次。因为，当我们分别入座石桌旁的石凳时，我们保持了足足几分钟的宁静。整个交谈也时常因一方的思考而进入到安静中。与教师Y平时"机关枪"似的快言快语相比，他像是在一边沉思一边表达，一边倾听一边交流。至于课后研讨的具体内容此时已经变得不是那么重要了，重要的是我在这次课后研讨中有了一次让头脑保持安静的体验，我相信他也是。

2. 案例分析

(1) 内化

什么是"最好的打算，最坏的准备"？教师Y给出的解释是："我真正关注的不是计划，而是计划之外的东西。"这一认识体现在教师Y在认识上的一个转变，从过去"最好的打算，最好的准备"到现在"最好的打算，最坏的准备"。这个在"准备"上的变化也就是教师Y提到的"计划"。相对于缺乏计划的"错乱"和"不甘心"，最好的打算，最坏的准备体现出教师Y在操心有限性认识上开发出的可能性。一方面，最好的打算，最坏的准备，意味着教师在寻求实现通往最好打算的切实"道路"，意味着教师开始建立真正的教学关系式理解。而且这条"道路"不是封闭的单向路径，而是开放的多向交流。这种关系式理解的建立本身就是一种有限性的表达，"计划的"和"计划不了的"看似辩证的教学交往中内蕴着两者之间的互相约束和相互生成。另一方面，最好的打算和最坏的准备，意味着教师需要在激情中找到一种平衡机制。"安静的头脑"也许是使教师Y激情得到平衡的一条路径。

（2）凝聚

“最好的准备，最坏的打算”，源于教师Y对教学的激情。这份激情中的不管不顾虽然略带几分固执己见，但却培植出教师敢于面对困难的勇气。他愿意参与我的行动研究，也许有几分新奇感，但更多的还是对目前现状的不甘心。当这份不甘心在对外界力量的不断内化过程中就能凝聚出新意。显然，“计划”本身是研究者带给教师Y的，但是当教师Y在将这个交谈中的“计划”转变为教学中的“计划”时，当他在内化“计划”的意蕴时，他所凝聚出的是对学生的全新理解，“从学生学习的最低水平入手，设想学生以这个水平为起点应该怎么学”。这是教师Y在内化中的自我凝聚，而这一自我凝聚所带来的也正是对教师Y激情的激发。《变量与函数》的教学试验，尽管教师Y的教学有些“夹生饭”，但不可否认的是他在教学“天马行空”背后那股对教学未知不断开拓的激情。正是出于对这份激情的珍视才使得教师Y在与研究者的课后教研中起初显得有些“出言不逊”。也正是出于对这份激情的保护才使得研究者以对自己激情的平衡回应了教师Y的情绪冲动。这种对教师操心的情理结构的凝聚不是一日之功，也绝非一本书就能解决的问题。当研究者决心与教师共同历练、共同凝聚时，作为研究者就需要在这一共同的历练和凝聚中保有对信念的坚持，对学习的热爱，对激情的平衡。

（3）积淀

教师Y对“最好的准备，最坏的打算”的内化和凝聚，让他积淀出对关系的关注，积淀出对平静的渴望。“我真希望能在一个真空的环境里教书，免得有这么多烦心的事干扰我。”教师Y对这种“真空环境”的憧憬其实是平衡自己激情的萌动。没有这份对平衡激情的萌动，也就不会对梭罗的《瓦尔登湖》产生真正的兴趣，也就不会在意识到自己出言不逊之后还愿意与研究者一起课后教研。积淀本身就是一个荡涤心灵的过程，对心灵的荡涤需要等待、忍耐和坚持。相信教师Y在阅读《瓦尔登湖》后的话语不是矫揉造作，相信教师Y在那次课后教研之后的一边沉思一边表达、一边倾听一边交流是他头脑中片刻安静的积淀。而这些真情的流露、安静的积淀所滋养出的正是一个人的学习状态。学习，并不仅仅是模仿，也不仅仅是向书本、向权威，或向其他什么的吸取，而是一种对真相的回归。当我们放下对自我的迷恋时，我们就开始对真相产生一种敏感；当我们放下对片面的幻想时，我们就开始认识到真相中的完整；当我们在开放地接受完整的真相时，我们就开始在认识自我中获得心灵的自由和个性的解放。

参考文献

一

1. (奥)弗洛伊德. 精神分析引论[M]. 高觉敷译. 北京:商务印书馆,1984.
2. (澳)马什. 理解课程的关键概念(第 3 版)[M]. 徐佳,吴刚平译. 北京:教育科学出版社,2009.
3. (奥)维特根斯坦. 哲学研究[M]. 李步楼译. 北京:商务印书馆,1996.
4. (巴西)弗莱雷. 被压迫者教育学[M]. 顾建新等译. 上海:华东师范大学出版社,2001.
5. (德)本纳. 普通教育学[M]. 彭正梅等译. 上海:华东师范大学出版社,2005.
6. (德)狄尔泰. 历史中的意义[M]. 艾彦译. 南京:译林出版社,2011.
7. (德)第斯多惠. 德国教师培养指南[M]. 袁一安译. 北京:人民教育出版社,1990.
8. (德)海德格尔. 存在与时间(修订译本)[M]. 陈嘉映,王庆节译. 北京:生活・读书・新知三联书店,2006.
9. (德)海德格尔. 路标[M]. 孙周兴译. 北京:商务印书馆,2000.
10. (德)海德格尔. 面向思的事情[M]. 陈小文,孙周兴译. 北京:商务印书馆,1996.
11. (德)海德格尔. 形而上学导论[M]. 熊伟,王庆节译. 北京:商务印书馆,2005.
12. (德)海德格尔. 在通向语言的途中[M]. 孙周兴译. 北京:商务印书馆,2004.
13. (德)黑格尔. 精神现象学(上卷)[M]. 贺麟,王玖兴译. 北京:商务印书馆,1962.
14. (德)黑格尔. 逻辑学(上卷)[M]. 杨一之译. 北京:商务印书馆,1966.
15. (德)黑格尔. 逻辑学(下卷)[M]. 杨一之译. 北京:商务印书馆,1976.
16. (德)黑格尔. 美学(第一卷)[M]. 朱光潜译. 北京:商务印书馆,1979.
17. (德)黑格尔. 小逻辑[M]. 贺麟译. 北京:商务印书馆,1980.
18. (德)胡塞尔. 逻辑研究(第二卷,第一部分)[M]. 倪梁康译. 上海:上海译文出版社,2006.
19. (德)伽达默尔. 诠释学 I:真理与方法(修订译本)[M]. 洪汉鼎译. 北京:商务印书馆,2010.
20. (德)伽达默尔. 诠释学 II:真理与方法(修订译本)[M]. 洪汉鼎译. 北京:商务印书馆,2010.
21. (德)康德. 纯粹理性批判[M]. 蓝公武译. 北京:商务印书馆,1960.
22. (德)康德. 论教育学(附系统之争)[M]. 赵鹏等译. 上海:上海人民出版社,2005.
23. (德)康德. 判断力批判[M]. 彭笑远编译. 北京:北京出版社,2008.

24. (德)康德. 实践理性批判[M]. 韩水法译. 北京:商务印书馆,1999.
25. (德)卡西尔. 人论[M]. 甘阳译. 上海:上海译文出版社,2004.
26. (德)罗姆巴赫. 作为生活结构的世界——结构存在论的问题与解答[M]. 王俊译. 上海:上海书店出版社,2009.
27. (德)马克思. 1844 年经济学哲学手稿[M]. 中共中央马克思恩格斯列宁斯大林著作编译局编译. 北京:人民出版社,2000.
28. (德)尼采. 生命的意志[M]. 孙志军选编. 武汉:长江文艺出版社,2009.
29. (德)舍勒. 知识社会学问题[M]. 艾彦译. 南京:译林出版社,2012.
30. (德)韦伯. 新教伦理与资本主义精神[M]. 李修建,张云江译. 北京:中国社会科学出版社,2009.
31. (德)韦伯. 学术与政治:韦伯的两篇演说[M]. 冯克利译. 北京:生活·读书·新知三联书店,2005.
32. (德)沃尔夫冈·布列钦卡. 教育科学的基本概念:分析、批判和建议[M]. 胡劲松译. 上海:华东师范大学出版社,2001.
33. (德)武尔夫. 教育人类学[M]. 张志坤译. 北京:教育科学出版社,2009.
34. (德)席勒. 审美教育书简[M]. 张玉能译. 南京:译林出版社,2009.
35. (德)雅斯贝尔斯. 什么是教育[M]. 邹进译. 北京:生活·读书·新知三联书店,1991.
36. (德)尤尔根·哈贝马斯. 认识与兴趣[M]. 郭官义,李黎译. 上海:学林出版社,1999.
37. (俄)乌申斯基. 人是教育的对象(下卷)[M]. 张佩珍等译. 北京:人民教育出版社,2004.
38. (法)伯格森. 创造进化论[M]. 肖聿译. 南京:译林出版社,2011.
39. (法)福柯. 规训与惩罚:监狱的诞生[M]. 刘北成,杨远婴译. 北京:生活·读书·新知三联书店,2003.
40. (法)福柯. 知识考古学[M]. 谢强,马月译. 北京:生活·读书·新知三联书店,2003.
41. (法)利科. 解释的冲突:解释学文集[M]. 莫伟民译. 北京:商务印书馆,2008.
42. (法)卢梭. 爱弥尔[M]. 李平沤译. 北京:商务印书馆,1978.
43. (法)莫里斯·梅洛-庞蒂. 可见的与不可见的[M]. 罗国祥译. 北京:商务印书馆,2008.
44. (法)莫里斯·梅洛-庞蒂. 知觉现象学[M]. 姜志辉译. 北京:商务印书馆,2001.
45. (法)莫兰. 复杂性理论与教育问题[M]. 陈一壮译. 北京:北京大学出版社,2004.
46. (法)萨特. 存在与虚无[M]. 陈宣良等译. 北京:生活·新知·读书三联书店,2007.
47. (法)萨特. 存在主义是人道主义[M]. 周熙良,汤永宽译. 上海:上海译文出版社,2012.
48. (古希腊)柏拉图. 理想国[M]. 张竹明译. 南京:译林出版社,2009.
49. (古希腊)亚里士多德,(古罗马)贺拉斯. 诗学·诗艺[M]. 郝久新译. 北京:中国社会科学出版社,2009.
50. (古希腊)亚里士多德. 尼各马可伦理学[M]. 廖申白译. 北京:商务印书馆,2003.
51. (古希腊)亚里士多德. 形而上学[M]. 苗力田译. 北京:中国人民大学出版社,2003.
52. (加)马克斯·范梅南. 教学机智:教育智慧的意蕴[M]. 李树英译. 北京:教育科学出版社,2001.
53. (加)伊丽莎白·坎普贝尔. 伦理型教师[M]. 王凯等译. 上海:华东师范大学出版社,2010.
54. (捷)夸美纽斯. 大教学论[M]. 傅任敢译. 北京:教育科学出版社,1999.
55. (美)阿伦·C·奥恩斯坦. 当代课程问题[M]. 余强主译. 杭州:浙江教育出版社,2004.

56. (美)阿伦特. 人的境况[M]. 王寅丽译. 上海:上海人民出版社,2009.
57. (美)埃利斯. 课程理论及其实践范例[M]. 张文军译. 北京:教育科学出版社,2005.
58. (美)安迪·哈格里夫斯. 知识社会中的教学[M]. 熊建辉译. 上海:华东师范大学出版社,2007.
59. (美)鲍里奇. 教师观察力的培养:通向高效率教学之路[M]. 么加利,张新立译. 北京:中国轻工业出版社,2006.
60. (美)贝克. 儿童发展[M]. 吴颖等译. 南京:江苏教育出版社,2002.
61. (美)布兰斯福特编著. 人是如何学习的:大脑、心理、经验及学校[M]. 程可拉等译. 上海:华东师范大学出版社,2002.
62. (美)蒂利希. 存在的勇气[M]. 成穷,王作虹译. 贵阳:贵州人民出版社,2007.
63. (美)杜威. 民主主义与教育[M]. 王承绪译. 北京:人民教育出版社,1990.
64. (美)杜威. 确定性的寻求:关于知行关系的研究[M]. 傅统先译. 上海:上海人民出版社,2004.
65. (美)杜威. 我们怎样思维·经验与教育[M]. 姜文闵译. 北京:人民教育出版社,2004.
66. (美)杜威. 艺术即经验[M]. 高建平译. 北京:商务印书馆,2005.
67. (美)多尔等编. 课程愿景[M]. 张文军等译. 北京:教育科学出版社,2004.
68. (美)Kieran Egan 等编著. 走出"盒子"的教与学:在课程中激发想象力[M]. 王攀峰,张天宝译. 上海:华东师范大学出版社,2010.
69. (美)格莱德勒. 学习与教学:从理论到实践[M]. 张奇等译. 北京:中国轻工业出版社,2007.
70. (美)霍尼. 我们内心的冲突[M]. 王作虹译. 南京:译林出版社,2011.
71. (美)加拉格尔. 解释学与教育[M]. 张光陆译. 上海:华东师范大学出版社,2009.
72. (美)卡斯皮肯. 教育研究的批判民俗志——理论与实务指南[M]. 郑同僚审订. 上海:华东师范大学出版社,2005.
73. (美)克利福德,马库斯编. 写文化:民族志的诗学与政治学[M]. 高丙中等译. 北京:商务印书馆,2006.
74. (美)拉里斯等. 动态教师——教育变革的领导者[M]. 侯晶晶译. 北京:北京师范大学出版社,2006.
75. (美)罗洛·梅. 创造的勇气[M]. 杨韶刚译. 北京:中国人民大学出版社,2008.
76. (美)罗洛·梅. 焦虑的意义[M]. 朱侃如译. 桂林:广西师范大学出版社,2010.
77. (美)马尔库塞. 单向度的人:发达工业社会意识形态研究[M]. 李继译. 上海:上海译文出版社,2008.
78. (美)马斯洛. 动机与人格(第三版)[M]. 许金声等译. 北京:中国人民大学出版社,2007.
79. (美)马斯洛. 马斯洛人本哲学[M]. 成明编译. 北京:九州出版社,2003.
80. (美)麦克道威尔. 心灵与世界[M]. 刘叶涛译. 北京:中国人民大学出版社,2006.
81. (美)麦克尼尔. 课程:教师的创新(第 3 版)[M]. 徐斌艳,陈家刚主译. 北京:教育科学出版社,2008.
82. (美)麦克伊万. 培养造就高效能教师——高效能教师的十大特征[M]. 胡荣堃等译. 北京:北京师范大学出版社,2007.
83. (美)米德. 心灵、自我与社会[M]. 赵月瑟译. 上海:上海译文出版社,2008.
84. (美)莫里森. 当今美国儿童早期教育(第八版)[M]. 王全志等译. 北京:北京大学出版

社,2004.
85. (美)诺丁斯.学会关心:教育的另一种模式[M].于天龙译.北京:教育科学出版社,2011.
86. (美)乔治・J・波斯纳.课程分析(第三版)[M].上海:华东师范大学出版社,2007.
87. (美)塞尔.心灵、语言和社会:实在世界中的哲学[M].李步楼译.上海:上海译文出版社,2006.
88. (美)舍恩.反映的实践者:专业工作者如何在行动中思考[M].夏林清译.北京:教育科学出版社,2007.
89. (美)施皮格伯格.现象学运动[M].王炳文,张金言译.北京:商务印书馆,2011.
90. (美)舒尔茨等.教育的感情世界[M].赵鑫等译.上海:华东师范大学出版社,2009.
91. (美)舒尔曼主编.教师教育中的案例教学法[M].郅庭瑾等译.上海:华东师范大学出版社,2007.
92. (美)斯腾伯格等.思维教学:培养聪明的学习者[M].赵海燕译.北京:中国轻工业出版社,2001.
93. (美)托马斯・内格尔.人的问题[M].万以译.上海:上海译文出版社,2004.
94. (美)威金斯,麦克泰.理解力培养与课程设计:一种教学和评价的新实践[M].么加利译.北京:中国轻工业出版社,2003.
95. (美)韦伯.有效的学生评价[M].国家基础教育课程改革"促进教师发展与学生成长的评价研究"项目组译.北京:中国轻工业出版社,2003.
96. (美)沃尔什,萨特斯.优质提问教学法:让每个学生都参与其中[M].刘彦译.北京:中国轻工业出版社,2009.
97. (美)耶伦.教学原理[M].单文经等译.上海:华东师范大学出版社,2003.
98. (美)英特拉托主编.我的教学勇气[M].方彤等译.上海:华东师范大学出版社,2008.
99. (美)詹姆斯.彻底的经验主义[M].庞景仁译.上海:上海人民出版社,2006.
100. (美)詹森.深度学习的7种有力策略[M].温暖译.上海:华东师范大学出版社,2009.
101. (日)川崎修.阿伦特:公共性的复权[M].斯日译.石家庄:河北教育出版社,2001.
102. (日)佐藤学.教师的挑战[M].钟启泉等译.上海:华东师范大学出版社,2012.
103. (日)佐藤学.课程与教师[M].钟启泉译.北京:教育科学出版社,2003.
104. (日)佐藤学.学习的快乐——走向对话[M].钟启泉译.北京:教育科学出版社,2004.
105. (瑞士)卡斯特.依然故我[M].刘沁卉译.北京:国际文化出版公司,2008.
106. (瑞士)皮亚杰.发生认识论原理[M].王宪钿.北京:商务印书馆,1981.
107. (瑞士)皮亚杰.结构主义[M].倪连生,王琳译.北京:商务印书馆,1984.
108. (瑞士)皮亚杰.人文科学认识论[M].郑文彬译.北京:中央编译出版社,1999.
109. (苏)阿莫纳什维利.孩子们,你们好![M].朱佩荣译.北京:教育科学出版社,2005.
110. (苏)阿莫纳什维利.孩子们,你们生活得怎样?[M].朱佩荣,高文译.北京:教育科学出版社,2005.
111. (苏)B・A・苏霍姆林斯基.给教师的建议(全一册)[M].杜殿坤译.北京:教育科学出版社,1984.
112. (苏)赞可夫.和教师的谈话[M].杜殿坤译.北京:教育科学出版社,1980.
113. (以)柯祖林.心理工具:教育的社会文化研究[M].黄佳芬译.上海:华东师范大学出版社,2007.

114. (意)克罗齐. 美学原理[M]. 朱光潜译. 上海:上海人民出版社,2007.
115. (意)蒙台梭利. 童年的秘密[M]. 单中惠译. 北京:中国长安出版社,2010.
116. (印)克里希那穆提. 浩渺无垠——生命的注释 II[M]. 李立东等译. 上海:华东师范大学出版社,2005.
117. (印)克里希那穆提. 生命之书——365 天克里希那穆提禅修[M]. 陶稀译. 上海:华东师范大学出版社,2005.
118. (英)奥布赖恩,吉内. 因材施教的艺术[M]. 陈立译. 北京:北京师范大学出版社,2006.
119. (英)波兰尼. 社会、经济和哲学:波兰尼文选[M]. 彭锋等译. 北京:商务印书馆,2006.
120. (英)波普尔. 客观知识:一个进化论的研究[M]. 舒炜光等译. 上海:上海译文出版社,2005.
121. (英)哈维・弗格森. 现象学社会学[M]. 刘聪慧等译. 北京:北京大学出版社,2010.
122. (英)怀特海. 过程与实在:宇宙论研究[M]. 杨富斌译. 北京:中国城市出版社,2003.
123. (英)怀特海. 思维方式[M]. 刘放桐译. 北京:商务印书馆,2010.
124. (英)洛克. 教育漫话[M]. 杨汉麟译. 北京:人民教育出版社,2005.
125. (英)马尔霍尔. 海德格尔与《存在与时间》[M]. 亓校盛译. 桂林:广西师范大学出版社,2007.
126. (英)培根. 善待人生[M]. 龙婧译. 西安:陕西师范大学出版社,2005.
127. (英)休谟. 人性论[M]. 关文运译. 北京:商务印书馆,1980.

二

1. 陈望道. 修辞学发凡[M]. 上海:复旦大学出版社,2008.
2. 陈桂生. 教育学的建构[M]. 上海:华东师范大学出版社,2008.
3. 陈向明. 质的研究方法与社会科学研究[M]. 北京:教育科学出版社,2000.
4. 陈永明. 现代教师论[M]. 上海:上海教育出版社,1999.
5. 邓晓芒. 思辨的张力:黑格尔辩证法新探[M]. 北京:商务印书馆,2008.
6. 丁钢. 声音与经验:教育叙事探究[M]. 北京:教育科学出版社,2008.
7. 冯友兰. 一种人生观:冯友兰的人生哲学[M]. 北京:中国人民大学出版社,2004.
8. 顾明远. 实用教育学[M]. 北京:北京师范大学出版社,1990.
9. (汉)许慎. 说文解字[M]. 北京:中华书局,1963.
10. 胡谊. 教师心理学[M]. 北京:中国轻工业出版社,2009.
11. 李其龙等译. 赫尔巴特教育论著精选[M]. 杭州:浙江教育出版社,2011.
12. 李泽厚. 哲学纲要[M]. 北京:北京大学出版社,2011.
13. 联合国教科文组织国际教育发展委员会编著. 学会生存:教育世界的今天和明天[M]. 北京:教育科学出版社,1996.
14. 联合国教科文组织总部中文科译. 教育——财富蕴藏其中[M]. 北京:教育科学出版社,1996.
15. 梁漱溟. 东西文化及其哲学[M]. 北京:商务印书馆,1999.
16. 梁漱溟. 人心与人生[M]. 上海:上海人民出版社,2011.
17. 梁漱溟. 中国文化要义[M]. 上海:上海人民出版社,2011.
18. 林崇德. 学习与发展:中小学生心理能力发展与培养(修订版)[M]. 北京:北京师范大学出

版社，2003.
19. 刘晓东. 儿童文化与儿童教育[M]. 北京：教育科学出版社，2006.
20. 陆有铨. 教育是合作的艺术[M]. 北京：北京大学出版社，2012.
21. 陆有铨. 现代西方教育哲学[M]. 北京：北京大学出版社，2012.
22. 陆有铨. 躁动的百年：20 世纪的教育历程[M]. 北京：北京大学出版社，2012.
23. 牟宗三. 生命的学问[M]. 桂林：广西师范大学出版社，2005.
24. 莫雷主编. 教育心理学[M]. 北京：教育科学出版社，2007.
25. 倪梁康. 自识与反思：近现代西方哲学的基本问题[M]. 北京：商务印书馆，2002.
26. 潘慧玲主编. 教育研究的取径：概念与应用[M]. 上海：华东师范大学出版社，2005.
27. 钱理群. 做教师真难，真好[M]. 上海：华东师范大学出版社，2009.
28. 钱穆. 人生十论[M]. 桂林：广西师范大学出版社，2004.
29. 瞿葆奎主编. 教育与人的发展[M]. 北京：人民教育出版社，1989.
30. 瞿葆奎主编. 李涵生，马立平选编. 教育学文集・教师[M]. 北京：人民教育出版社，1991.
31. 施良方. 学习论[M]. 北京：人民教育出版社，2001.
32. 石中英. 知识转型与教育改革[M]. 北京：教育科学出版社，2001.
33. （宋）黎靖德编. 朱子语类[M]. 王星贤点校. 北京：中华书局，1986.
34. 索振羽. 语用学教程[M]. 北京：北京大学出版社，2000.
35. 唐君毅. 人生之体验[M]. 桂林：广西师范大学出版社，2005.
36. 田正平，肖朗主编. 中国教育经典解读[M]. 上海：上海教育出版社，2005.
37. 王国维. 人间词话[M]. 李维新注译. 郑州：中州古籍出版社，2011.
38. 王枬. 智慧型教师的诞生[M]. 北京：教育科学出版社，2006.
39. 吴非. 不跪着教书[M]. 上海：华东师范大学出版社，2004.
40. 修毅编著. 人的活动的哲学[M]. 北京：中国大百科全书出版社，1994.
41. 徐复观. 中国人性论史[M]. 上海：华东师范大学出版社，2005.
42. 杨伯峻译注. 论语译注[M]. 北京：中华书局，2009.
43. 杨伯峻译注. 孟子译注[M]. 北京：中华书局，1960.
44. 杨自伍编译. 教育：让人成为人——西方大思想家论人文与科学[M]. 北京：北京大学出版社，2010.
45. 叶秀山. 思・史・诗：现象学和存在哲学研究[M]. 北京：人民出版社，2010.
46. 张世英. 哲学导论[M]. 北京：北京大学出版社，2002.
47. 张中行. 顺生论[M]. 北京：中华书局，2006.
48. 钟启泉. 现代课程论（新版）[M]. 上海：上海教育出版社，2003.
49. 朱光潜. 文艺心理学[M]. 上海：复旦大学出版社，2009.
50. 朱光潜. 无言之美[M]. 北京：北京大学出版社，2005.
51. 邹广胜. 自我与他者：文学的对话理论与中西文论对话研究[M]. 北京：中国社会科学出版社，2009.

三

1. 常宝宁，崔岐恩. 农村中小学教师生存状态变革：2000～2007[J]. 教育科学，2010，（3）：58—63.

2. 陈丽萍. 中学教师生存状态及改进对策研究[D]. 东北师范大学博士学位论文，2009.
3. 陈向明. 对教师实践性知识构成要素的探讨[J]. 教育研究，2009，(10)：66—73.
4. 郭元祥，胡修银. 论教育的生活意义和生活的教育意义[J]. 西北师大学报（社会科学版），2000，(6)：22—28.
5. 胡惠闵. 从实践的角度重新解读教师的专业发展[J]. 上海教育科研，2004，(8)：14—16.
6. 姜勇. 作品到文本：论教师研究的叙事转向[J]. 全球教育展望，2005，(12)：25—27.
7. 李冲锋. 教师生存困境分析及改进建议[J]. 当代教育科学，2008，(20)：3—6.
8. 刘岸英. 反思型教师与教师专业发展——对反思发展教师专业功能的思考[J]. 教育科学，2003，(4)：40—42.
9. "全国中小学教师专业发展状况调查"项目组. 中国中小学教师专业发展状况调查与政策分析报告[J]. 教育研究，2011，(3)：3—12.
10. 苏春景. 概念与教学任务的关系[J]. 教育理论与实践，1988，(1)：64.
11. 陶炳增，孙爱萍. 论威特罗克的生成学习理论的教学含义[J]. 开放教学研究，2004，(6)：61—64.
12. 田慧生. 时代呼唤教育智慧及智慧型教师[J]. 教育研究，2005，(2)：50—57.
13. 童莉. 舒尔曼知识转化理论对教师知识发展的启示[J]. 上海教育科研，2008，(3)：10—13.
14. 王鉴，李泽林. 教师研究课堂：意义、路径和模式[J]. 教育研究，2008，(9)：87—92.
15. 王力娟. 中小学教师状态焦虑研究[D]. 西南大学博士学位论文，2008.
16. 吴红耘，皮连生. 任务分析与教师的教学技能成长[J]. 心理科学，2004，(1)：66—68.
17. 萧诗美. 论"是"的本体意义[J]. 哲学研究，2003，(6)：19—25.
18. 俞宣孟. 论生存状态分析的哲学意义[J]. 社会科学，2004，(5)：79—90.
19. 张传燧，谌安荣. 论教师生存方式及其现代转型[J]. 教师教育研究，2007，(3)：6—11.
20. 张培. 生命的背离：现代教师的生存状态透视[J]. 教师教育研究，2009，(1)：50—55.
21. 折延东，龙宝新. 论教师的专业教育生活重建[J]. 教育研究，2010，(7)：95—98.
22. 钟启泉. 教学研究的转型及其课题[J]. 教育研究，2008，(1)：23—29.

四

1. 方海涛. 江老师，您操碎了心[EB/OL]. http://www. taizhou. com. cn/tzxjz/2011-09/10/content_441924. htm.
2. 李睿. 尽量让老师少操心[EB/OL]. http://epaper. sxqnb. com. cn/shtml/sxqnb/20110122/34134. shtml.（《山西青年报》）
3. 刘见闻，郭政. 一位小学教师的操心事[EB/OL]. http://fjrb. fjsen. com/fjrb/html/2011-09/03/content_269503. htm.（《福建日报》）
4. 茅卫东，李炳亭. 从能做事到会操心——杜郎口中学的管理之道[N].《中国教师报》2007-12-12(A01).
5. 王蔚. 最幸福：小学教师　最操心：学生成绩[EB/OL]. http://xmwb. news365. com. cn/kjw/201109/t20110906_3129223. htm.（《新民晚报》）
6. 网友. 放心、开心、操心[EB/OL]. http://blog. 66wz. com/? uid-197198-action-viewspace-itemid-218011.
7. 袁桂林. 关注农村教师的生存状态，三大困境待破除[EB/OL]. http://news. xinhuanet.

com/edu/2011-09/08/c_121999154. htm.
8. 中华人民共和国教育部. 国家中长期教育改革和发展规划纲要(2010—2020)[EB/OL]. http://www. gov. cn/jrzg/2010-07/29/content_1667143. htm.

五

1. Arlin, P. K. The wise teacher: A developmental model of teaching [J]. Theory into Practice, 1999, vol. 38, 12 - 17.
2. AULI TOOM, HEIKKI KYNÄSLAHTI. Experiences of a Research-based Approach to Teacher Education: suggestions for future policies. [J]. European Journal of Education, Part II, 2010, vol. 45, 331 - 344.
3. Bennett, R. E. Formative assessment: A critical review [J]. Assessment in Education: Principles, Policy & Practice, 2011, vol. 18, 5 - 25.
4. Berliner, D. C. Learning about and learning from expert teachers [J]. International Journal of Educational Research, 2001, Vol. 35, 463 - 482.
5. Cochran-Smith, M. Lytle, S. Relationships of knowledge and practice: Teacher learning in communities [J]. Review of Research in Education, 1999, vol. 24, 249 - 306.
6. Coleman, L. J. "Being a teacher": Emotions and optimal experience while teaching gifted children [A]. In J. J. Gallagher (Ed.), Public policy in gifted education [C]. Thousand Oaks, CA: Corwin Press. 2004. 131 - 145.
7. Connie Titone. Virtue, Reason, and the False Public Voice: Catharine Macaulay's Philosophy of Moral Education [J]. Educational Philosophy and Theory, 2009, Vol. 41, 91 - 108.
8. Darling-Hammond, L. Sykes, G. (Eds.). Teaching as the learning profession [M]. San Francisco: Jossey Bass. 1999.
9. DEBORAHP. BRITZMAN. Between Psychoanalysis and Pedagogy: Scenes of Rapprochement and Alienation [J]. Curriculum Inquiry, 2013, vol. 43, 95 - 117.
10. Elmore, R. F. Bridging the gap between standards and achievement [M]. Washington, DC: Albert Shanker Institute. 2002.
11. Garet, M. Porter, A. C. Desimone, L. Birman, B. Yoon, K. S. What makes professional development effective? Results from a national sample of teachers [J]. American Educational Research Journal, 2001, vol. 38, 915 - 945.
12. Kansanen, P. Tirri, K. Meri, M. Krokfors, L. Husu, J. Jyrha¨ma¨, R. Teachers' Pedagogical Thinking. Theoretical Landscapes, Practical Challenges [M]. New York: Peter Lang. 2000.
13. Little, J. W. Teachers' professional development in a climate of educational reform [J]. Educational Evaluation and Policy Analysis, 1993, vol. 15, 129 - 151.
14. Mevarech, A. R. Kramarski, B. The effects of metacognitive training versus worked-out examples on students' mathematical reasoning [J]. British Journal of Educational Psychology, 2003, vol. 73, 449 - 471.
15. Moje, E. B. Wade, S. E. What case discussions reveal about teacher thinking. [J].

Teaching and Teacher Education, 1997, vol. 13,691 - 712.

16. PAUL E. ADAMS. GERALD H. KROCKOVER. Concerns and Perceptions of Beginning Secondary Science and Mathematics Teachers [J]. Science Education, 1997, vol. 81,29 - 50.

17. Shulman, L. S. Paradigms and research programs in the study of teaching: A contemporary perspective [A]. In M. C. Wittrock (Ed.), Handbook of research on teaching [C]. New York: Mac Millan. 1986. 3 - 36.

18. Spillane, J. P. Halverson, R. Diamond, J. B. Investigating school leadership practice: A distributed perspective [J]. Educational Researcher, 2001, vol. 30,23 - 26.

19. Sternberg, R. J. Horvath, J. A. A prototype view of expert teaching [J]. Educational Researcher, 1995, Vol. 24,9 - 17.

20. Turner-Bisset, R. The knowledge bases of the expert teacher [J]. British Educational Research Journal, 1999, vol. 25,39 - 55.

21. Van Manen, Max. The tone of teaching [M]. Canada: The Althouse Press. 2002.

22. Wilson, S. M. Berne, J. Teacher learning and acquisition of professional knowledge: An examination of research on contemporary professional development [J]. Review of Research in Education, 1999, vol. 24,173 - 209.

后　记

我的操心

研究，归根结底是研究自己。

如果没有我父亲的睿智坚毅，没有我母亲的敏锐豁达，就没有我的操心。如果说珍惜时间、不畏逆境是我操心的底色，那这是父母赋予我的“源代码”。

1996 年，16 岁的我中师毕业后成为了一名小学语文教师兼班主任，这一干就是十年。这十年，让我体验到什么是激情澎湃，什么是倾情付出，什么是追求无尽。一路荆棘，一路鲜花。一路披荆斩棘，一路心怀感激。至今，我仍然喜欢和宋楚主先生一起回忆在他身边六年拜师学艺的日子，我所有的研究基本功就是在那六年、在那间烟雾缭绕的书房里一点一滴淬炼出来的。至今，如果有人能让我一想起就肃然起敬，那一定是余应源先生，淡泊名利、钟情学术，让我在他身边的三年一次次受到精神上的洗礼，一次次重思前方的道路。

在那段精力旺盛的时期，我拥有了五年省人民广播电台兼职节目主持人和记者的经历，拥有了五年知名少儿杂志社栏目策划和社外编辑的经历。不同角色的转换，让我认识到什么是简单中的复杂和复杂中的单一，什么是浅薄中的深刻和深刻中的肤浅，什么是今天中的明天和明天中的昨天。

这十年，是我操心的原点。当我被生活的浮尘“熏”得腾云驾雾时，这十年的回忆足以让我一次又一次认清自己、找回自己。

2006 年，我来到高等师范专科学校成为了一名高校教师。我发现，用语言传达自己的教育理解比用行动表达似乎要容易得多。那份轻松让我发现，我已失去全身心生气的能力和一往无前的能力。与此同时，我开始学习凡事留有余地和遇人皆可商量。

那份所谓的冷静和沉思，时常让我在与外界的融洽中内心分外别扭，让我身处热闹的境地时内心分外落寞。

在那段转型期，我拥有温暖的家庭生活。我的丈夫是那个无论我在何时何处，蓦然回首，一直在灯火阑珊处的人。我的公婆是默默站在身后，不断给予我支持和帮助的人。我的弟弟是那个无论我对错与否，都坚定站在我一边的人。我的儿子是那个让我纵有千言万语，都全然融进行动的人。还有我的父亲母亲，所有伟大的词汇都不足以诠释他们对我的爱。

这些人，是我操心的栖息地。当我被世事的纷乱“搅”得遍体鳞伤时，这些人的温暖足以让我一次又一次抚平自己、补给自己。

2010 年，我来到国内知名师范大学，成为了一名博士研究生。在我看来，没有什么是理所当然的。当年，吴刚平先生可以有十足的理由将我收入门下，也同样可以有十足的理由将我拒之门外，而他的这份取舍之情我永存感念。在吴老师身边的这三年，是我日新月异的三年。我非常怀念那些被吴老师“骂”得入木三分、体无完肤的日子，那种日益更新的感受让我体验到久违的酣畅淋漓，更让我在褪尽铅华后找回了自己原初的判断和本真的喜好。我发现，变化是常态，矛盾是本质，内心的宁静才是心灵的归宿。

从误解到理解的循环，是我操心的内在公式。这个公式得以运算的根本不在于对他人了解多少，而在于对自己了解多深。我并不急着要揭晓自己的“谜底”，因为这才是我的操心。

余闻婧

2014.11

图书在版编目(CIP)数据

教师的操心/余闻婧著.—上海：华东师范大学出版社，2015.1
(创智学习)
ISBN 978-7-5675-2975-5

Ⅰ.①教… Ⅱ.①余… Ⅲ.①中小学教育-教育研究 Ⅳ.①G63

中国版本图书馆CIP数据核字(2015)第012931号

教育部人文社会科学研究青年基金项目“存在论视域下中小学教师的专业意识研究”资助(项目批准号：14YJC880104)

教师的操心

著　　者　余闻婧
策划编辑　彭呈军
审读编辑　李惠明
责任校对　时东明
装帧设计　陈军荣

出版发行　华东师范大学出版社
社　　址　上海市中山北路3663号　邮编 200062
网　　址　www.ecnupress.com.cn
电　　话　021-60821666　行政传真 021-62572105
客服电话　021-62865537　门市(邮购)电话 021-62869887
地　　址　上海市中山北路3663号华东师范大学校内先锋路口
网　　店　http://hdsdcbs.tmall.com

印 刷 者　常熟高专印刷有限公司
开　　本　787×1092　16开
印　　张　14.5
字　　数　257千字
版　　次　2015年4月第1版
印　　次　2015年8月第2次
书　　号　ISBN 978-7-5675-2975-5/G·7876
定　　价　29.80元

出 版 人　王　焰